湖北经济学院学术专著出版基金资助

中西法律文化冲突与中国国际法实践研究

徐　敏　著

湖南师范大学出版社
－长沙－

图书在版编目（CIP）数据

中西法律文化冲突与中国国际法实践研究／徐敏著. --长沙：湖南师
范大学出版社，2024.7 --ISBN 978 - 7 - 5648 - 5469 - 0

Ⅰ. D909

中国国家版本馆 CIP 数据核字第 20244FQ779 号

中西法律文化冲突与中国国际法实践研究

Zhongxi Falü Wenhua Chongtu yu Zhongguo Guojifa Shijian Yanjiu

徐 敏 著

◇出 版 人：吴真文
◇责任编辑：胡 雪
◇责任校对：谢兰梅
◇出版发行：湖南师范大学出版社
　　　　　　地址/长沙市岳麓区 邮编/410081
　　　　　　电话/0731 - 88873071 88873070
　　　　　　网址/https：//press. hunnu. edu. cn
◇经销：新华书店
◇印刷：长沙雅佳印刷有限公司
◇开本：710 mm×1000 mm 1/16
◇印张：13. 5
◇字数：250 千字
◇版次：2024 年 7 月第 1 版
◇印次：2024 年 7 月第 1 次印刷
◇书号：ISBN 978 - 7 - 5648 - 5469 - 0
◇定价：59. 00 元

凡购本书，如有缺页、倒页、脱页，由本社发行部调换。

目　录

绪　论

一、选题的缘起和意义

　　冷战结束以来，国际法日益发挥着调整国家间关系、缓和国际争端和冲突之功能，体现人类共同价值和追求。以和平与发展为核心价值观的现代国际法是法律文明进步的标志，反映了国际社会共同发展的必然规律。国际法的构建初衷就是体现正义和公正，反映全人类的理性的价值追求，是以整个国际社会为背景并跟随国际情形的演变而不断变化和发展的，其内涵主要是国际法主体之间所共同认同的观念和意识。在国际法关联论中，决定正义认同的民族文化及其融合，是最终的决定性要素，它决定了政治和经济因素所追求的社会价值。①

　　国际争端解决机制作为和平理念的重要构建之一，虽然为国际社会带来了相对稳定的局面，但国际法律秩序仍然不断受到区域争端与国际冲突的挑战，影响和平与稳定的传统与非传统因素在全球化背景下频繁出现，并持续发酵。在众多国际冲突中我们不难发现，当多元法律价值产生冲突时，争端当事国往往各执一词，依据的是他们自身所认定的价值评判体系，国际范围内尚无统一的价值判定标准。追根溯源，对主体间差异的不宽容就是冲突产生的根源，从这个意义上说，国际争端或国际冲突就是不同文

---

　　① 江河. 国际法的基本范畴与中国的实践传统［M］. 北京：中国政法大学出版社，2014：35.

化冲突的表现和结果。从某种意义上说，国际法主体间不同的社会制度、发展程度、意识形态的差异是导致国际争端的主要原因，看似是利益或领土的争端，实则是国际法主体之间法律价值的巨大差异。

近代的国际法体系体现着西方大国强权规则，国际法沦为西方列强欺凌中国的工具，近代中国一直是国际法规则的被动接受者。经过中国人民一系列艰苦的斗争，我们国家已发展为政治、经济、文化大国。作为当今最大的发展中国家，中国需要在国际规则层面发挥更大的作用，实现从规则的被动接受者到主动参与者乃至制订者的角色转变。当前，中国在国际场合表述不同于西方的理念和主张，无论是在广度还是深度上，中西法律文化交流逐渐频繁，冲突进一步加剧。本书以探究国际法历史上的中西法律文化的互动与冲突为研究起点，探究中国当代国际法价值体系的形成与确立，揭示全球化背景下国际法领域法律文化互动的总体趋势和规律，探索国际法价值存在的内在逻辑，从而探寻构建中国国际法价值体系在中西法律文化互动中的认同路径。

二、主要概念界定及说明

本书从中西法律文化冲突的视角探讨中国国际法的实践价值与认同问题，其中包含了法律文化、法律文化冲突两个核心概念，因此有必要对这两个核心概念进行界定。

（一）法律文化

法律文化概念的提出者是美国著名的法律史学家弗里德曼，法律文化最初被定义为与法律体系密切关联的价值与态度，这种价值与态度决定法律体系在整个社会文化中的地位。[①] 弗里德曼在他的研究中对"法律文化"的概念与特征进行了较为系统的阐述，构建了比较完整的法律文化理论。他认为现代法律文化呈现了趋同的发展趋势，并系统论述了现代社会个人选择法律文化的起源，阐释了现代社会中个人选择与法律秩序之间的张力，

---

① FRIEDMAN L M. Legal culture and social development [J]. Law and Society Review, 1969 (1): 34.

并将现代社会秩序的正当性基础置于个人选择之上。弗里德曼将法律文化视为社会态度、价值要素等对法律起作用的社会势力，认为法律文化植根于历史与文化，这种法律价值和观念不仅包含占主导地位的法律理论或意识形态，而且还包括大众的法律态度、观念和意识。① 美国学者 H. W. 埃尔曼在弗里德曼的定义基础上进一步拓宽法律文化的比较研究视野。埃尔曼结合法学、文化学以及政治学对法律文化进行了比较分析，他认为文化是历史的形成和渐进发展的，法律文化是文化系统中的子系统，充当了个体观念与政府组织，执法者与普通公民之间的沟通桥梁；他认为法律文化是一系列观念的总和，其结构便是诸多观念要素的内部组合。② 法律文化的定义曾被广泛解释为包括了生活中的法律意识、法律体系的完整性、法律制定的情况，以及法律实施机构的操作实际。这一概念涵盖了法律意识、法律制度、法律组织以及其运作的整体过程。西方法学界对法律文化的概念、内涵和外延的理解充满争议。究其原因，与他们自身的知识背景及其看法的不同角度不无关系。由奈尔肯主编的《比较法律文化论》一书收集了 13 篇多国学者关于比较法律文化的学术论文，他们从各自角度出发，将法律文化界定为态度或意识，或是与司法实践相关的文化维度，或是一种权利话语等。《法律的文化研究》是由美国学者保罗·卡恩撰写的学术著作。该著作主要关注法学与文化之间的关系。卡恩深入分析法律如何在社会文化中嵌入，并试图重新思考法学的理论基础。他强调法律不仅仅是抽象规范，还是社会文化的产物，对法学范式进行了挑战，并提出了关于法律、权力结构和意义的新思考。通过对法学的文化维度进行探讨，该著作为理解法律在社会中的演变提供了新的视角。③

正如国外学者对法律文化的争论一样，法律文化自 20 世纪 80 年代传入中国以后，国内学界从未停止过对法律文化问题的争议，包括其概念、内

---

① FRIEDMAN L M. Legal culture and social development [J]. Law and Society Review, 1969 (1): 34.

② H. W. 埃尔曼. 比较法律文化 [M]. 贺卫方，高鸿钧，译. 北京：清华大学出版社，2002：9 – 11.

③ 保罗·卡恩. 法律的文化研究 [M]. 康向宇，译. 北京：中国政法大学出版社，2018.

涵与外延的理解及释义等。笔者梳理了国内学者对法律文化的几种主要释义：梁治平教授在《比较法与比较文化》一文中提出，用法律去阐明文化，用文化去阐明法律。① 他认为法律文化既是一种法律现象，又是一门学科，还是一种方法。谈论法律文化，首先是把法律作为一种文化现象来把握。② 张中秋教授认为，法不仅由文化所生，也是文化的重要组成部分，而且指出了法和文化的连接点，即两者均是人类活动的产物。③ 刘进田和李少伟在合著的《法律文化导论》中认为法律文化概念需从法律文化概念的思想基础或哲学形而上基础上得到最终解释，法律文化是对一定社会关系、社会结构的反映以及形式化和制度化。④ 法律文化的实体内容可以被细分为两大部分：其一是纵深结构，这包含了法律心理、法律意识和法律思想体系这三个层面；其二是表层结构，涵盖了法律规范、法律制度、法律组织机构和法律设施这四个方面。高鸿钧教授认为法律文化是人类文化的组成部分之一，其概念应有广义和狭义之分：广义的法律文化是指所有法律现象，包括法律器物（刑具、监狱、法袍等）、法律制度、法律行为、法律意识、法律观念等；狭义的法律文化是指特定社会中植根于历史和文化的法律价值和观念，法律文化是一个非常抽象的概念，法律文化研究者有必要将它置于特定的关系与语境中加以阐释。⑤

从学者们对法律文化概念的阐释和深入的研究，我们不难得出法律文化的几个重要特征：其一，法律与文化密不可分，任何一种法律的产生、存在和发展，均离不开特定的社会文化土壤和背景，与该社会的经济条件、政治环境、社会文化均不可分割，任何一种法律规范或法律现象，实质上都是特定社会之文化在法律现象上的客观反映。其二，法律文化是文化大系统的重要组成部分，是文化的一种组成形态，体现了文化大系统与子系统的相互关系，它具备其他文化的基本特征，如人类理性、经验性、民族

---

① 梁治平. 比较法与比较文化 [J]. 读书，1985（9）：80–88.
② 梁治平. 中国法的过去、现在与未来：一个文化的检讨 [J]. 比较法研究，1987（2）：17–32.
③ 张中秋. 人与文化和法：从人的文化原理看中西法律文化交流的可行与难题及其克服 [J]. 中国法学，2005（4）：186–191.
④ 刘进田、李少伟. 法律文化导论 [M]. 北京：中国政法大学出版社，2005：13–164.
⑤ 高鸿钧. 法律文化的语义、语境及其中国问题 [J]. 中国法学，2007（4）：23–38.

性、历史传承性等。但因其独具的权威性和政治性使其在整体文化建构中占据主导地位，即法律文化主导着整个文化体统中其他文化形态的发展方向，并为其他文化形态进行服务，而其他文化形态反过来在不同程度上也对法律文化产生一定的影响。其三，法律意识与法律制度作为法律文化的两个重要组成部分，有着紧密的联系。法律意识是社会物质生活条件与法律制度的中介，是法律制度产生的主观意识基础。两者在辩证发展的过程中相互作用并互为因果，即法律制度是社会意识和社会需要的产物，法律意识的变化会引起法律制度的相应变化并影响和制约法律的制定和实施。

笔者在本书中重点考察的法律文化包括隐性和显性两个方面，即处于深层结构的观念、态度、价值等方面的隐性法律文化，和处于表层结构的规范、制度、机构等方面的显性法律文化。由于隐性法律文化发挥着核心功能的效用，它包括人们关于法律现象的态度、价值、信念、心理、感情、习惯以及学说理论等观念的范畴。本书更注重考察隐性法律文化的一部分，因为不管差异表现在表层法律文化的哪一个方面，追根溯源是由其深层的、精神层面的观念性法律文化因素所决定，因而把握隐性法律文化的差异是研究中西法律文化冲突的关键。

（二）法律文化冲突

庞朴先生指出，文化之间的交流过程带给人们启示，物质文化因为处于文化系统的表层，因而最为活跃，最易交流；制度文化和行为文化处于文化系统的中层，是最权威的因素，因而稳定性大，不易交流；精神文化因为深藏于文化系统的核心，规定着文化发展的方向，因而最为保守，较难交流和改变。① 自古以来冲突状态始终支配着人类的生活，社会的生命就是一连串冲突的循环。法律文化的发展也不例外。社会生产力和生产关系的矛盾运动（生产方式的变更）是整个人类社会形态变迁的最终决定力量。法律文化冲突是由一定社会的生产方式最终决定的，是某一具体的国家或民族在其特定的物质生产方式基础上所形成的法律文化，在其发展变迁过程中，由于其内在的矛盾性，已经不适应不断发展变化的社会生活，加之

---

① 俞新天. 国际关系中的文化［M］. 上海：上海社会科学院出版社，2005：24.

各类不同法律文化之间存在的差异性等因素，所产生的一种社会文化冲突方式。简言之，法律文化的冲突就是不同性质的法律文化之间的内在矛盾性的反映和表现。

从范围来划分，法律文化冲突主要有同质法律文化冲突和异质法律文化冲突两种。两者的主要区别在于，同质法律文化冲突发生在同一国家或民族同一性质的法律文化内部，异质法律文化冲突发生在不同的法律文化之间。

由于历史发展所形成的传统性和现代性之间的冲突，同一国家内部的不同民族、不同区域、不同群体之间的法律文化冲突，属于同质法律文化冲突。社会物质资料生产方式的变化是法律文化变迁以及冲突的最根本原因。包括文化在内的上层建筑相对于经济基础发展的相对独立性和滞后性，会导致文化发展与经济基础的矛盾和冲突。此外，如果法律文化的变革不能够适应当时的政治、经济、社会等的需要，必然就会与其发生冲突，这种冲突既有旧的法律文化与新的法律文化发生冲突，也可能包括旧有的法律文化与其他社会变量之间的冲突。①

异质法律文化冲突发生在不同的法律文化之间。因为任何一种法律文化都有其产生、形成、发展的社会历史条件和地域的、民族的土壤，所以形成各种不同的法律文化类型和模式。各种法律文化无论是在其表层的表现于法律制度的法律文化，还是其深层的精神层面的法律文化，都存在着很大差异。异质法律文化冲突是发生于本土法律文化与域外法律文化之间的冲突，即不同性质的法律文化类型和文化体系，在传播和交流过程中彼此发生的碰撞和冲突。当两种不同传统、不同类型、不同模式、价值观念悬殊的异质法律文化交汇时，每一个国家地区对异质文明都会依照自己的传统和思维模式进行解读，并且产生一种排外性，发生冲突就不可避免。诚然，优秀的、先进的文化是世界文明发展总体进步的走向和最终的归宿，它从某种程度上说明了文明的冲突与融合的必然性，但两个异质法律文化体系之间的对立和统一、冲突与融合是一个漫长的过程，这是毋庸置疑的。

---

① 王晓广. 全球化背景下中西法律文化冲突论纲 [D]. 长春: 吉林大学, 2009.

因此，本书重点考察中西两种异质法律文化相互交流的冲突和影响，中国在国际法实践上如何应对中西法律文化冲突。本书不仅从历史的角度纵向探讨中西法律文化冲突对中国的国际法实践的影响，也从横向的角度重点分析新的时代背景下在当代国际法领域依然存在的中西法律文化冲突的新变化及新特征，这对于认识和把握当代中国国际法发展的客观规律，运用中国优秀的法律文化指导中国的国际法实践，建构具备中国特色的先进国际法律文化具有极其重要的理论意义和实践价值。

三、相关研究概述

就目前的研究现状来看，法律文化在西方的法学研究中已经成为一个比较重要的课题，尤其是美国的研究比较深入。国内虽然起步较晚，但也取得了较丰富的成果。

如前所述，西方对法律文化的研究起步较早。美国学者劳伦斯·弗里德曼继 20 世纪 60 年代最先提出了法律文化的概念后，先后出版了三本有关法律文化的专著：《法律制度——从社会科学角度观察》（1975 年出版）、《法律与社会》（1977 年出版）、《选择的共和国——法律、权威与文化》（1994 年出版）。弗里德曼主要从法史学和法律文化与法律制度关系的角度论证法律文化概念的建构及其观念之维的重要性。其后，梅里曼、埃尔曼、拜尔、保罗·卡恩等学者也出版了一些与法律文化相关的著作。埃尔曼的《比较法律文化》（1976 年出版）、苏联法学家阿列克谢耶夫的《法的一般理论》（1988 年出版，黄良平等译）等开启了比较法律文化的研究。有关法律文化的论文以奈尔肯主编的《比较法律文化论》（1977 年出版）中 13 篇有关法律文化的探讨为起点，开启了多学科多角度的研究，为后期研究拓宽了思路，开辟了更广的研究路径。

20 世纪 80 年代自法律文化传入中国以来，专门研究法律文化的专著主要集中在传统法律文化以及中西传统法律文化的比较研究等方面。代表性专著有：梁治平的《法律的文化解释》（三联书店，1994 年出版）、徐忠明的《思考与批评：解读中国法律文化》（法律出版社，2000 年出版）、刘旺洪的《法律意识论》（法律出版社，2001 年出版）、刘进田和李少伟合著的

《法律文化导论》（中国政法大学出版社，2005 年出版）、张中秋的《原理及其意义：探索中国法律文化之道》（中国政法大学出版社，2010 年出版）和《中西法律文化比较研究》（中国政法大学出版社，2006 年出版）、张志京的《法律文化纲要》（复旦大学出版社，2014 年出版）、王娜娜和高健合著的《中外法律文化概要》（南京大学出版社，2018 年出版）、刘砺的《法律职业共同体视角下的中西法律文化要览》（四川大学出版社，2018 年出版）、怀效锋和曹全来合著的《传统法律文化与当代法治研究》（中国政法大学出版社，2020 年出版）、韩业斌的《中国传统法律文化概论》（南京大学出版社，2019 年出版）等。

研究法律文化方面的论文相对较多，笔者在 CNKI 期刊网上以"法律文化"为篇名搜索到的中文文章从 1984 年到 2023 年 8 月共 2067 篇，以"法律文化冲突"为篇名的中文文献 56 篇。就论文而言，学者们主要在三个方面进行了分析、探讨和研究，即法律文化概念的基本内涵、外延和特征；法律文化的比较研究包括同质法律文化与异质法律文化，传统法律文化和现代法律文化的比较；现代法律文化构建的主体、路径、意义等。我国比较法律文化研究始于 1985 年，学者们关于西方强调权利，中国强调义务；西方重平等，中国古代重等级；西方重契约，中国古代则服膺权力；西方强调个人价值，中国传统强调集体；西方以公民立国，中国古代却无公民意识；西方尊崇法律，中国以道德为归依；等命题的研究，对我国比较法律文化的发展具有重要的启蒙意义。但总体看来，国内外多数学者都侧重于法律文化的个案分析以及法律文化的比较研究，近年来学者更加关注中国传统文化复兴，因而更侧重考察中国传统法律文化，但多数成果都是从静态分析着手、抱着以史为鉴的心态，试图作一些对现代法律文化有启示的研究。王晓广博士 2009 年的论文《全球化背景下中西法律文化冲突论纲》对中西法律文化交流、冲突及演进趋势作动态研究，其研究目的对当代中国法律文化建构具有一定的现实意义。

总之，国内外学界进行的这些有益的探索，对于笔者理解和认识法律文化的冲突及演进趋势有很重要的参考价值，给笔者不同角度、不同层面的启示。笔者将基于这些已有研究通过对中西法律文化冲突的动态探索，立足于中国的国际法价值实践及其发展规律，在构建中国特色国际法理论的基础研究方面做一点尝试。

四、本研究的思路和方法

本书首先从对鸦片战争以前中西法律文化冲突的历史回溯入手，然后对鸦片战争以后国际法上的中西法律文化冲突的历史和发展进行了纵向梳理，继而考察全球化背景下中西法律文化冲突的新特点和新变化，指出冲突演进趋势和方向，并提出国际法价值认同是解决冲突的关键，以及构建当代中国国际法价值认同的路径。本书主体分成五个部分，第一部分研究国际法上中西法律文化冲突的缘起，分析鸦片战争前在东方与西方不同的历史背景下，国际法律秩序在法律价值体系上的主要冲突和具体表现，进而分析中国传统国际秩序观与近代国际法价值观的主要冲突。第二部分主要对近代国际法时期、现代国际法时期和当代国际法时期这三个不同历史阶段，中国应对中西法律文化冲突的国际法实践进行实证研究，梳理中国传统法律文化与近代国际法的初步融合，中国现代法律文化与现代国际法的共同发展，中国当代法律文化与当代国际法的共同进步。第三部分主要探讨中西法律文化冲突在当代国际法几个具体领域中的突出表现，对相关领域的国际法案例作实证分析，说明在当代国际法各领域中仍然存在很多中西法律文化冲突与碰撞。第四部分重点分析全球化背景下中西法律文化冲突呈现的新特点，进而分析国际法在调整中西法律文化冲突时的障碍因素。第五部分提出解决中西法律文化冲突的关键是促进国际法价值认同，并提出一些构建国际法认同的建议和思路。本研究的主要研究方法如下：

第一，文献与实证研究相结合的方法。从分析传统中西法律文化冲突，到分析当代国际法价值认同中仍然存在的中国与西方国家之间的国际法价值认同鸿沟。研究不能光从历史的概念性内容出发，必须由概念回归实践。因此，在进行历史性先期研究和当代研究中，本书结合了大量中国在国际法实践领域中的实证材料，注重对事实的分析和归纳。

第二，文化社会学分析方法。由于法律文化是文化社会学的一个分支，二者是普遍与特殊、一般与个别、共性与个性的关系，因此只有运用文化社会学的方法，才能通过对理论的综合分析，揭示法律文化自身发展的一般规律，继而挖掘其背后所蕴含的特殊规律。

第三，跨学科研究的方法。本书立足于国际法学视角，但在研究过程中借鉴了历史学、国际关系等学科的研究方法和研究成果，从不同的角度对中国国际法实践中应对中西法律价值冲突的结果进行了交叉分析的研究。跨学科研究是必要的，这能更深刻和全面地揭示出国际社会中法律形成和发展的原因。

第一章
国际法上中西法律文化冲突的历史缘起

15 世纪以前，由于生产力的落后，科学技术的低下，人类还处于一种分散孤立、各自封闭的状态，世界的普遍联系还未确立。随着资本主义大工业开辟了世界市场，为打破限制民族与国家交往的屏障提供了条件，使得各民族和国家间的不同的法律体系与法律文化有了相互交流与影响的机会。国际法的萌芽与诞生源自西方世界，当近代西方法律文化以文明之态展现在中国法律文化面前时，两种不同的文化模式碰撞到一起，必然会产生排斥和冲突。本章考察鸦片战争以前中西传统法律文化的主要差异及形成基础，探索近代国际法与中国传统法律价值冲突的实质与原因，有助于进一步研究近代国际法与中国传统法律文化的在冲突中相融和共同进步的发展规律。黑格尔认为，在整个世界历史形成以前，与民族文化的相互封闭一样，不同法律体系及法律文化之间也是彼此封闭的。历史法学派的观点认为，法律像风俗、语言、习惯一样具有民族特性，是民族精神表达的重要形式。法律的形成、法律规范的制定都是带有特定群体性、民族性特征的文化活动。区别于欧洲大陆法系、英美法系等其他法系的中华法系，是以中国古代社会农耕生产、宗法家族、集权政体三合一的社会存在所决定的。各大法系都与所在的特定区域、特定国家的民族文化不可分割。国际法上中西法律价值冲突源自东方与西方法律文化的区别，是人类在自身进化中逐渐产生的。包括法律在内的一切文化，都源于其自身发展的规律。① 不同国家的

① 田涛，李祝环. 接触与碰撞：16 世纪以来西方人眼中的中国法律［M］. 北京：北京大学出版社，2007：6.

人们生活在各自特定的文化背景中，在宗教信仰、风俗习惯、道德观、伦理观等方面存在巨大的差异。中西之间在历史上的相遇，束缚在土地上的农业大国专心致力于土壤的精细耕作、人的自我修养以及社会内部控制，与历史上扩张性的西方相斗争，而西方的根基和成长模式则是建立在全然不同的环境之中的。① 由于鸦片战争之前晚清固步自封的心态及闭关锁国的政策，使得两种文明交流与碰撞的空间非常有限。在这样的历史背景下，本章首先对国际法上中西法律文化冲突的缘起做一个静态考察，中西相遇前存在两种截然不同的国际秩序，一个是威斯特伐利亚条约体系下的主权平等的国际秩序，另一个是华夷天下的国际秩序，两种不同的法律文化必然呈现出不同的法律价值体系差异；然后探讨中西法律价值体系的冲突在中国涉外法律上的具体表现；最后分析近代国际法与中国传统对外关系法律的主要价值冲突：和平稳定与武力征服的国际观、重义与重利的价值取向、不平等与平等的外交观、封闭与扩张的经济发展观。值得注意的是，古老的中国法律曾经是世界法律发展史上独具辉煌的一页，它延续了中华文明几千年的历史，其核心价值理念在客观历史条件下纵然有其落后与消极的一面，但同时也有值得中国在当代国际法实践中继续发扬的一面，笔者在第五章节将阐述和论证中华法律传统文化的国际观与价值观对当代国际法律秩序的启迪。

第一节　鸦片战争以前的中西方法律文化

一、东方的"中国世界秩序"

在一个国际体系中，具有压倒优势的一个国家拥有绝对的政治实力和

---

① 狄百瑞. 东亚文明：五个阶段的对话 [M]. 何兆武，何冰，译. 南京：江苏人民出版社，1996：72.

经济实力，会成为强权下的一个帝国。人类社会进入到国家文明阶段以来，绝大多数时期都处于帝国理念的支配之下。在融入西方国际社会之前，东方版图中的中国在近千年的帝国统治下早已构成"普天之下莫非王土"之大势，形成了东方世界里以中国为中心的"中国世界秩序"。① 中华法系的巨大影响力辐射到周边。一方面，以唐律为代表的中国传统法律一直是日本、朝鲜等东亚诸国学习和模仿的一个榜样，同属中华文明圈范围之内的周边国家，也愿意接受、学习、采纳、仿效我国的法律精神与法制文化；另一方面，周边国家与地区若想受其"恩泽"与其睦邻友好地进行往来，需向帝国行"朝贡之礼"，接受儒家的"三纲"文化，臣服于帝国之下，这就是著名的朝贡体制。② 据文献记载，朝贡礼仪在不同的历史时期随当时的形势变化而略有不同。例如，西汉甘露三年（公元前51年），汉宣帝对前来称臣朝贡的匈奴呼韩邪单于，"以客礼待之，令单于位在诸侯王上，赞谒称臣而不名"③。元世祖至元元年（1264）令高丽国王"修世见之礼"，④ 乾隆《清会典》谓：朝贡诸国遇有嗣位者，先遣使请命于朝廷。朝鲜、安南、琉球，钦命正副使奉敕往封；其他诸国，以敕授来使赍回，乃遣使纳贡谢恩。无论在何种历史时期，朝贡礼仪的基本框架都表明：外国只有通过朝贡或以朝贡的方式，才能与中国进行贸易。因此，贸易行为受到政治意识形态的约束，附属于朝贡体系之下。基于这种框架形成的中国国际秩序体现了天朝上国的观念：在理论上，无论是否实际向中国进贡，所有国家都被视为中国的朝贡国。臣服于帝国体制下的贡国一方面能维护帝国尊严大国地位，又能受其庇护，不但在出现其他大国侵扰时能得到武力援助和道义支持，还能在遭受突如其来的自然灾害时得到经济救助。朝贡双方似乎都乐意接受这样的状态，因为在这样的体制中他们能彼此互利，友好往来。

---

① 亨利·基辛格. 论中国 [M]. 胡利平，等译. 北京：中信出版社，2012：11-12.
② "朝贡体制"（tribute system）是以费正清（John King Fairbank）为首的美国学者，为描绘明清两代对外关系所建构出来的概念，以费正清的构想出发，经过曼考尔（Mark Mancall）的理论细致化后所构筑的朝贡体系论。
③ 陈延嘉，王同策，左振坤. 全上古三代秦汉三国六朝文（第一册）[M]. 石家庄：河北教育出版社，1997：309.
④ 宋濂. 元史（上）[M]. 长沙：岳麓书社，1998：48.

这是一个以中国的儒家文化中的"夏夷"理论为根本的对外交往制度，国家间是如"君臣""父子"般的等级关系。鸦片战争以前，"中国世界秩序"一直保持着稳定的状态，也曾发展到非常成熟的地步。在明代，以朝贡制度为基础的中国世界秩序曾扩展到 30 个国家以上。① 朝贡制度是中国文化优越性在制度上的表现形式，因而历代王朝都对之不遗余力地加以强调。这一制度也就是为礼仪制度化地表达不平等和等级制而精心设计出来的。② 长期的天朝大国观念、相对保守的心态、文化优越的印象、与邻邦相处的中心地位使得帝国与外界交往时有一种排外的优越感，无视一切外来文化，更不屑于主动与这些异质文化的国家交往。

二、西方主权平等的"国际法秩序"

西方社会也曾身处饥寒交迫、经济落后、文化封闭的状态，在经历文艺复兴、宗教改革、工业革命等变革后，经济发展水平得到了极大的提升，进一步巩固和强化了政治、军事、文化实力。大国在自身崛起后，往往都开始要推广他们"优秀"的法律文化，这几乎是人类文明发展史上的普遍规律。在 17 世纪欧洲三十年战争后，1648 年的《威斯特伐利亚和约》的签订，确定了国家主权和国家主权平等这两个国际法原则，被视为近代国际法的开端。③ 可以说近代国际法与国际法原则的形成是在残酷的战争和斗争中产生和发展起来的。此后尽管欧洲仍然充满战争，但在外交活动中，普遍遵守国际公法。④ 无论各国从战争中捞到多少好处，在表面上他们都信誓旦旦地忠于主权和平等的原则。⑤ 欧洲国家体系是由许多大小不一的国家构成，构成国际秩序的基本准则是至少在法律层面上的平等关系，基于国家主权平等的近代国际法从根本上维持着欧洲国际秩序。随着资本主义殖民扩张加剧，欧洲国际社会在空间上逐步向全球推进，他们的法律制度和法

---

① 邓正来. 王铁崖文选 [M]. 北京：中国政法大学出版社，2003：29.
② 李胜渝. 中国近代国际法探源 [J]. 四川教育学院学报，2001 (7)：53 – 55.
③ 杨泽伟. 国际法史论 [M]. 北京：高等教育出版社，2011：56 – 58.
④ 守肃. 论国际公法关系中国之前途 [J]. 政法学报，1903 (3)：41.
⑤ 李世安. 历史学与国际关系学：略论国际关系研究中的几个重要问题 [J]. 河南师范大学学报，2004 (1)：104.

律价值开始向外输出。在西方人看来，把世界版图纳入到他们的殖民体系中是上帝赋予的神圣权利，于是他们不远万里来到中国以满足他们殖民扩张的野心。

第二节 鸦片战争以前的中西方法律价值冲突

政治和法律是特定历史环境下的社会表现，不同时期、不同社会环境必然产生不同的法律。中西传统法律价值体系与判断标准的根本立足点和理论重心是截然不同的，它们是在两种不同的历史背景、社会经济以及政治文明条件下生长出来的法律精神的载体形态。中国封建社会的法律是以农业经济为主，以皇帝为中心，按照君臣、父子、夫妇三纲五常划分，以上下尊卑为秩序的自我运行机制的封闭的法律形态。在两千多年的发展运行中，逐渐形成了以儒家思想为主流，刑罚和礼教互相辅助的独特形式。[①]在一个农耕社会里成长并影响深远的儒家法文化本身就是一个稳定的体系。而近代西方的法律和制度是从曾经的专横残酷，到十九世纪的重大变革，经历了血雨腥风而形成的评判自身的法律价值体系。因此，可以说鸦片战争爆发的直接原因是禁烟引起的中英关系紧张，但从隐性法律文化方面而言，这也是无法以和平的方式解决因不同的法律价值体系与判断标准而发生的法律冲突的表现。

一、中西法律价值冲突的突出表现

不同的法律文化都有其特有的价值体系与判断标准。在广义的法律文化中，同一种法律文化现象在一种法律文化中会被看作是正常之举，而放在另一种法律文化中可能就会被认为是离经叛道。两种法律文化是在不同

---

① 田涛，李祝环. 接触与碰撞：16 世纪以来西方人眼中的中国法律 ［M］. 北京：北京大学出版社，2007：33.

文明条件下生长起来的两种法律精神的载体形态，两种法律文化之间有着巨大的历史差异。因此，两种截然不同的价值观念构造的价值体系与评价标准使得两种法律文化在接触过程中产生激烈的碰撞。

（一）法治与礼治的冲突

西方社会从主流上讲，是一个理性化的社会，这就决定了西方社会走的是道德法律化的道路。法治最高权威是法律，而不是个人或组织。人们之间的关系，从一开始就蒙上浓重的法律色彩。它追求法律的稳定性、普遍适用性、自治性、道德无涉性等，不允许任何个案衡平、对弱者倾斜、道德干涉等影响、破坏法律效力的因素存在。在一个法治的社会中，法律就能够更好地保护弱小者不被强大者的力量欺凌。中国是典型的礼治社会，奉君主的道德和命令为最高权威，君主权威处在法律之上，讲究法律的伦理化（道德化）与道德的法律化。在中国社会，儒家伦理的原则深刻影响和规范着法的发展，它成为了立法和司法的核心思想。法的具体内容渗透了儒家的伦理精神。"礼""法"二元结构和法律的儒家化是中国传统法律最显著的两个特征，礼所体现的精神自汉代以后一直是中国法的价值取向。因此中国的思想家极力推行礼乐教化，定分止争，经常是以情废法，法律通常会受到君主的权威、家长的命令、社会的舆论、个人的情感等影响，从而最终影响法律的效力。除此之外，为保护弱势群体，还会出现不按法定程序进行审判而实行个案衡平的现象，从而削弱了法律的普遍适用性。所以客观而言，西方对于中国传统法律的批判是源自法治、平等等启蒙文化的基础上，用法体现最大的公平性是西方法律追求的最高价值目标。

（二）平等与特权取向冲突

西方文化强调个人的独立性。他们认为每个人都是独立的个体，都应为自己负责。个人权利必须被尊重，不能为了集团和社会的利益而牺牲个体利益。在他们看来，法律要承认和保护个人的权利是至高无上的，以便使每个人在个性、精神、道德和其他方面的独立获得充分与自由的发展。西方法律的平等、自由、民主思想深入人心，特权思想早被人们摒弃。而中国近代文化中轻权利重义务的等级制取向与西方文化中权利至上的个体主义取向是一对显著冲突。中国人习惯把自己看成是群体的一员，认为个人不应特立独行，而应尽量合群，与群体保持和谐的关系。当个人利益与群体利益发生冲突时，个人应牺牲自己的利益保全群体利益。个人在中国的社会中不具备"公民"那样独立的社会政治身份，每个人的地位首先取决于其伦理身份，即作为父子、兄弟、男女、夫妻的血缘身份。由于家国一体，血缘身份与作为君臣官民良贱的社会身份又是相通的。中国社会重视的是义务，为了家庭和国家的利益，不惜牺牲个人利益，这就决定了轻权利重义务的法的集团本位观念在中国社会根深蒂固。被历代帝国君王在对外关系上所推行和实施的"朝贡体制"就是这一等级观念在天朝处理国家关系问题上的显著体现，实际是帝国王朝向周边显现国威的体现，这种礼仪方式能满足历代中国皇帝的优越感和自尊心。

（三）正义与无讼取向冲突

在西方，正义是西方法律的最高价值目标，法律的所有其他价值，都是正义原则的具体化。[①] 所以，正义作为西方社会法律价值取向符合人类文明的进步，是千百年来人们孜孜追求的理想之一。而在中国，孔子和经书上的贱讼论经过权势者们的泛化和强化，在以儒家思想为主导的近代中国社会里表述为，"人们之间的关系，是个道德问题，而不是法律问题"。为追求无讼的大同世界，中国的法治往往受到情感的约束与驾驭，人类过去的情感成为影响法律效力最大的障碍与绊脚石。"无讼""讼则凶"就变成了至高无上又普遍适用的"经训"，它与孔子的"和为贵"，以及老子的"不争""曲则全""不敢为天下先"的处世哲学相结合，形成了强烈的民族性的贱讼心理。但是，无讼取向实际是"以和为贵"的理念表现，在制度上的表现是限制诉讼，调解手段平息和解决争端，在社会和民众层面达到了人们和平求安的秩序追求，从而稳固封建帝国的统治。

二、中西法律价值体系冲突在涉外法律上的具体表现

（一）对外关系法律冲突

1517年一批葡萄牙使团来到中国广州，他们用鸣炮来庆祝抵岸的胜利，

---

① 孙国华. 市场经济是法治经济 ［M］. 天津：天津人民出版社，1995：163.

明朝军队逮捕了这些不懂礼数的"蛮夷",并施与刑罚和牢狱,以示大明国威,这标志着中西法律文化冲突的开端。第一次见识中国法律的西方人,只是收获了一段难堪的触法经历。① 1793 年,乾隆非正式地召见了英国访华特使马戛尔尼,在承德避暑山庄皇帝的行宫里,乾隆皇帝向"朝贡者"给予了赏赐,并以"天朝物产丰盈,无所不有,原不借外夷货物以通有无"拒绝了英国通商的要求,责令英国使团尽快离开中国。显然英国使团的目的没有得到实现,中国没有像英国国王希望的那样打开市场,刚刚崛起的海上大国与有着两千多年封建历史的陆上大国失去了合作的机会。这次的英国代表团访华成为历史上"两个大国之间失之交臂的握手"②。表面看来的礼法之争,实质上是代表清朝等级地位与权威的"朝贡体制"与代表国际法平等理念的"多国体制"价值观念之争。

(二) 外国人地位的法律冲突

"诸化外人,同类自相犯者,各依本俗法;异类相犯者,以法律论。"③这是自唐开始中国人处理涉外案件的原则,清朝帝国对外来"蛮夷"沿用了这一原则,甚至更加严苛。1689 年,英国商船"防卫号"的水手因杀死一名中国人,被迫适用中国法律。为此,"防卫号"留一位大班,七个水手在中国人手下做囚犯,另外还有一位垂死的医生。④ 清统治者使用了上述原则的同时还使用了"株连"原则。英国人认为中西法律是相互冲突的,中方没有规定陪审制度、没有证据制度、实行连坐,缺乏西方法律的公正和人道。1784 年"休斯女士号"案爆发,起因是该船在鸣放礼炮时误毙两名中国低级官员,中国最终将炮手拿获并处以绞刑。英国人对中国法律做出如下评价:"顺从屈服这种观念对我们来说,似乎是与欧洲人所相信的人道或公正相违背的;假若我们自动屈服,结果就是我们把全部有关道德上及人性上的原则抛弃——我们相信董事部即使冒丧失他们的贸易的危险,也

---

① 余丰泳. 西方人眼中的中国法律 [J]. 浙江人大, 2015 (4): 72.

② 田涛. 西方人眼中的中国法律 (之七): 英国使节访华未获成功因循守旧失之交臂 [N]. 法制日报, 2007 – 05 – 13 (13).

③ 长孙无忌. 唐律疏义 [M]. 北京: 中华书局, 1983: 109.

④ 马士. 东印度公司对华贸易编年史 (1935—1834 年) 第一、二卷 [M]. 广州: 中山大学出版社, 1991: 168.

必然赞助我们尽我们的权力来避免这样做。"①　1821 年的"陀巴士号"案件中，两广总督阮元在其奏折中明确表示，中国法律同样适用于欧洲人，主张"外国人在内地犯罪，即便是外邦人犯罪，也应按照本地法律处理"。然而，在 1839 年的一个事件中，一位英国水手在九龙杀害了中国人林维喜。面对此事，清朝钦差大臣林则徐坚持根据"行为地法"（即犯罪行为发生地的法律适用于该案件的国际法原则）要求交出凶手，并与英国驻华代表义律展开辩论。义律拒绝此要求，认为这违背了英国的政策与惯例，最终只以骚乱罪对几名水手在中国进行了简单的处罚，并将案件移交英国。这些水手被带回英国后很快被释放，原因是英国政府认为义律无权对在中国的英国公民进行审判。因此有学者指出："当西方人批评'中国法律，不仅是极为专断的和极为腐败地实施的'，而且大肆指责'它（指中国法律）的体系在许多方面与欧洲人公平或正义的观念不兼容'的时候，隐藏在背后的动机却是如何逃避中国法律的制裁。"②

（三）通商关系法律冲突

清朝初期，厦门、宁波等地贸易口岸虽曾一度开放，但时至 1757 年，乾隆皇帝下令把广州作为唯一的贸易口岸，把西方国家对华贸易限制在广州，并规定了一种特殊的贸易形式"公行"。"公行"被朝廷赋予了特殊的法律地位，来华经商的西方人，被限制在指定的地点居住，只能和官方指定的商人进行交易。除此之外，来华贸易的商人和水手的人身自由也受到种种限制。据史料记载，中国对来华贸易外国人的限制是极为苛刻的。例如，规定每年的贸易期为五月至九月或十月，超过这一期限，外国人不得居留广州；在广州居留的外国人必须住在行商馆内，接受行商管束，不得私自沿街行走，不得在江中划船取乐，不得雇人传递信件至内地，等等；甚至规定不得将妇女带到商馆，外国人不得乘轿，不得雇佣华籍仆役。③　公行时期所诱发的法律冲突可见一斑，来华贸易的西方人给在华的诸多贸易

---

① 马士. 东印度公司对华贸易编年史（1935—1834 年）第一、二卷［M］. 广州：中山大学出版社，1991：168.
② 张晋藩. 中国法律的传统与近代转型［M］. 北京：法律出版社，1997：79.
③ 王绍坊. 中国外交史（1840—1911）［M］. 郑州：河南人民出版社，1988：151 - 170.

争端抹上浓厚的"不公"色彩，打上"对外国人不公"的标签，为他们今后追寻在华的治外法权埋下伏笔。

第三节　近代国际法与中国传统世界秩序观念的冲突

秦始皇统一中国后建立了中央集权君主专制的政治体制；汉武帝罢黜百家，独尊儒术，使得儒家思想文化成为中国占统治地位的思想文化。"天下观""华夷一统""四夷来朝"等都是在儒家世界秩序中发展而来，运行了上千年的朝贡制度是儒家世界秩序的具体表现。儒家经典《中庸》中表述的"柔远人"和"怀诸侯"，"怀柔"思想体现在儒家世界秩序中主要有以下几个方面：对待境外人民，关心帮助并感化他们，使他们对中国友好；对待弱小国家在政治上主持正义；对待遇到危难的国家，会施以援助；在经济上使别国得到实惠；在外交上使别国敬畏而不敢轻易侵犯。当延续了上千年的中国传统法律价值与近代国际法相遇，打破了从前中西文明天各一方、势均力敌的态势，结果必定此消彼长，在相遇之初的冲突是显而易见的。

一、和平稳定和武力征服的国际观

中国历代统治者所推崇的儒家世界秩序主张通过道德力量来影响世界，并强调与周边国家的和谐相处，这种做法与欧洲殖民时期的征服和被征服模式形成了鲜明的对比。朝贡制度主要通过道德治理和怀柔策略来维护一个稳定和和平的国际环境。在这一体系下，中国历代帝王被看作是道德的楷模，各地来朝的诸侯则证明了皇帝道德力量的远播和治世的有效性，这同样被视为太平盛世的象征。古代中国很少插手朝贡国的内政，也不在这些国家设置官员进行直接的统治或管理。在朝贡体系中，中国与朝贡国之间保持一种不统治、不干涉的和平关系，这个制度主要目的是维护中国作为"中央国家"的安全和不可侵犯性。

在"华夷一统"的大家庭里，国与国之间不相干预，不必对其他国家承担责任；向中国进贡的国家，中国不侵犯，不干涉，且必要时对这些朝贡的国家予以同情和体恤，不时给他们恩赐；不与中国往来和不向中国进贡的，中国也不侵犯它们，亦从不使用武力手段强迫。在这样一个国际秩序中保证了中国上千年的繁荣与稳定。近代欧洲国际法确定了主权平等国际法原则，与此同时隐晦地保留了战争的合法可能性，因为主权是至高无上的，战争便是这种主权至上的逻辑延伸，可作为国际关系的合法的工具。正如克劳塞维兹在回顾《威斯特伐利亚和约》的形式和内容时所说的名言："战争是通过其他的手段的政治的继续。"① 当两个主权国家意见不一时，冲突的解决必须通过战争。正如 18 世纪绅士之间的决斗被看作是一种解决贵族之间争执的方法，只要遵守某些规则，国家之间的战争也是可以被接受的。鸦片战争之前，外国使团来到中国提出建立平等的国际关系和对外贸易往来的要求均以失败告终，近代欧洲国际观念认为国与国是相互关联并互有一定义务的，因此最终以中国的禁烟运动为借口，蜂拥而至，用武力打开了中国的大门。

二、重义与重利的价值取向

中国通过朝贡之礼将所有国家置于一个"礼义"文化下，日渐形成以"中华帝国"为中心的经济、文化和军事共同体，在形式上承认与贡国在政治上的隶属关系，经济上的朝贡与封赏关系。朝贡之礼体现着"怀柔"的儒家思想与"礼治"的传统法律价值。"天朝不宝远物"，他们认为允许对外贸易只是对外夷的一种恩赐。同时，朝贡制度体现了国与国之间的互利性质，中国皇帝通过朝贡制度满足君临天下、四海臣服的虚荣心和确保边境安宁，有时中国皇帝对朝贡国的赏赐甚至比朝贡的价值还高得多，而朝贡国则通过朝贡制度获得统治的合法性、安全保证和经商的好处。在贡国方面，它们获得的利益更多。它们的统治者由于皇帝的册封，使他们的统治合法化，因而他们的统治地位在人民面前提高了。他们受到帝国的保护，

---

① 克劳塞维茨. 战争论：第一卷 [M]. 北京：商务印书馆，1978：43.

从而防止外国的侵略，而且还可以在遭受自然灾害时请求援助。由于朝贡，贡国从皇帝那里得到丰盛的赠品，而且更重要的是，它被允许与中国进行有利的贸易。中国重礼义轻利益，由此，"礼"与"义"一直是历代皇帝关注的焦点。与互不侵犯、相安无事的中华文明圈形成鲜明对比的是以扩张为主的欧洲资本主义的迅速发展。从 1648 年至 1815 年，在《威斯特伐利亚和约》条约体系保障下，欧洲各国往来频繁，迎来了资本主义的发展、贸易及海运业的兴盛，最终导致更大的国际贸易和殖民扩张，大公司的地位更加突出，欧洲各国与其海外殖民地和欧洲之外国家之间的联系日趋紧密。欧洲列强重利益，扩大贸易是其追求的主要目标。这种使国家目标服从于经济利益的做法在 18、19 和 20 世纪对于大多数西欧国家仍然是国际关系的最突出的特征。[①] 威斯特伐利亚体系一方面承认了欧洲列强对已有殖民地的瓜分与统治，另一方面成为他们在世界各地进行殖民扩张的合法依据。

三、不平等与平等的外交观

古代中国朝贡制度下的中央政权理论上高于周边国家，这本身是儒家"礼"的要求。中国皇帝视他国君主为臣民，以"天朝"为中心，周围夷狄各国接受册封，向中国朝贡，中国承认与贡国在政治上的隶属关系，事实上是中国内部封建身份等级制度在对外关系上的延伸，是从华夏中心意识和大一统理念的儒家文化发展而来，是古代中国处理民族关系、对外关系的制度体现。诚然，朝贡制度不符合国家平等的国际法基本原则。事实上，中国皇帝只是在朝贡制度的运行下象征性的"君临天下"，享受"中央帝国"的优越性，重名不重实，朝贡制度所体现的不平等性主要体现在礼仪上。这种制度在 19 世纪中叶西方资本主义入侵中国以前已实行了几千年，当西方使团来到中国表示希望通过贸易建立这种平等关系时，对皇帝的恭敬和行臣子之礼成为首要条件，如不肯就范便驱逐回国。鸦片战争以前，出访中国的英国大使从马戛尔尼到律劳卑，他们的访华之旅均因礼仪之争

---

① 朱景文. 古代中国的朝贡制度和古罗马的海外行省制度：中华法系和罗马法系形成的制度基础［J］. 法学杂志，2007，28（3）：153 - 156.

以失败告终即是显例。而威斯特伐利亚模式中建立的是一个主权平等的国际秩序，在各个主权国家的法律制度之间并不存在隶属关系。国家主权完全平等体现在每一个国家政府拥有最高的国内主权，对外拥有绝对的主权，完全独立且不受任何权威的影响或限制，这也使得对外掠夺和发动战争便都属于主权原则中的应有之义。值得注意的是，威斯特伐利亚体系所确定的主权平等只限于主权国家之间，是欧洲列强相互承认的对殖民地的瓜分的既成事实，也就是说它只是整个世界秩序的一部分，因为对于殖民地、半殖民地国家而言不可能享有平等的主权，他们都被排斥在威斯特伐利亚体系之外，它们只能作为列强征服的对象，而不可能成为真正国际法的主体。因此，近代国际法是欧美主权国家间的法规范，只适用于近代欧美国际社会成员国之间的国际关系，非欧美国家对国际法的适用是不可以或不完全的。近代国际法是象征"文明世界"的法秩序，国际法的适用范围以及主权的保障是以国家是否为"文明"国而定。各国可以用有悖于"公法"的原则、规范和习惯的行动对待那些"野蛮"国家。在奥本海的著作中的表述亦能见其详："在第一次世界大战以前，波斯、暹罗、中国、阿比西尼亚等国家的地位是有些疑问的。当时，它们的文明还没有达到使它们的政府和人民能在一切方面了解和履行国际法规则所必要的程度。另一方面，这些国家和所谓西方文明国家之间却发生了广泛的交往。"[①] 基于这些学说，西方列强一直歧视性地坚持"基督教文明圈"，即只有欧美基督教国家才是文明国家，才能平等享有国际法上的权利，而西方以外的广大地区即非基督教文明地区均被视为野蛮或未开化之地，则无此资格。西方列强从一开始就不打算将适用于它们之间的国际法适用于他们与中国的关系，19 世纪国际法学家詹母斯·洛里默（1818—1890）将人类分为三种，"文明人""野蛮人""未开人"。对待"不文明"成员，国际法的适用中西有别。中国显然是被排除在拥有完整主权国家之外的国家，因而不能以平等原则相待。

---

① 劳特派特．奥本海国际法（上卷第 1 分册）［M］．王铁崖，陈体强，译．北京：商务印书馆，1971：65.

四、封闭与扩张的经济发展观

两种不同的经济文明体系造就了两套完全不同的经济发展观，两者相遇必定会形成两大法律文明系统的冲突，其根源在于商品经济与自然经济的价值对立。西方的法律文化建构于商品经济的基础之上，而中国传统法律文化则建构于自然经济的基础之上。西方国家的一般商品难以打进中国市场，中国在明朝时期进口的商品主要是奢侈品，如宝石、戒指、香料等。明朝因为始终保持贸易顺差，大量白银流入中国。清朝仍然继续着这种贸易顺差，而这是西方殖民者不能容忍的。从 17 世纪开始的西方主要资本主义国家已逐渐从封建社会过渡到资本主义社会，英、美等国在 19 世纪上半叶完成工业革命，带来了资本主义国家的快速发展。资本主义生产方式是社会化大生产，需要不断开辟海外市场来保障原料输入和商品输出。当时的清朝作为世界大国，潜在的巨大市场让西方资本主义大国垂涎三尺。西方主要资本主义国家最开始试图通过正常贸易，将清政府纳入世界经济体系。此时的清朝仍然以中央帝国自居，且害怕与"蛮夷"的对外关系将危及帝国，拒绝和西方国家进行正常贸易，进行更加严苛的闭关锁国政策。在清政府的规定下，指定广州作为唯一的通商口岸与西方国家进行正常对外贸易，在广州的外商只能在中国进行物物交换。一方面，西方商人在中国备受歧视和屈辱，另一方面，由于清政府一直保持贸易顺差，他们的商品很难打进中国市场。当英国将大量鸦片运送到中国，导致中国对外贸易由顺差变成逆差，并危及大清王朝的生存时，清政府实行"虎门销烟"，禁止鸦片输入中国，鸦片战争一触即发。扩张型的商品经济体系随着西方的坚船利炮打开了中国封闭的大门，必定要冲击中国传统封闭型的农业经济，客观来看，一方面，这种冲击不自觉地打破了古老中华法系的封闭结构，注入了西方商品经济的元素，改变了中国的法律传统，但另一方面，西方资本主义文明与近代法律文化对中国的冲击与渗透，充分展示了其赤裸裸的野蛮对外扩张的本性。

第二章
中国应对中西法律文化冲突的国际法实践

　　从社会学理论的角度来看，冲突主要包括交流、交锋、交融、交织等四个过程，成为国际交往的某种形式。从国际交往的历史过程来看，近代历史上的中西法律文化之间的交锋就是双方发生的冲突与碰撞，晚清政府无法将西方世界融入"中国世界秩序"，西方世界也无法将中国融入"欧洲国际法秩序"，西方列强以战争为手段结束冲突，以签订不平等条约的方式将中国纳入西方主流的国际法律制度。传统的东方朝贡制度被近代国际法的不平等条约制度取代，中国从此沦为半殖民地半封建社会。基于天朝大国的儒家世界秩序瓦解，中国官员和学者开始学习、接受和适用国际法。探讨中西法律文化之动态发展，需要把握同一时期的国际法背景、历史及渊源，才能准确把握其动态原理和变化规律。

　　本章的主要目的在于对中国国际法实践中应对中西法律文化冲突的主要历史事件进行宏观的纵向梳理，以揭示法律文化互动与法律文化冲突之间的辩证关系。

第一节　西方国际法在中国的初步传播与接受

一、鸦片战争前国际法的初步接触与应用

（一）1662—1690 年中荷关系——中国对西方国际法的初步接触

中国与近代国际法的第一次接触发生在 1662—1690 年清朝和荷兰的关

系中，荷兰人与清朝官员进行过谈判，在商谈中，荷兰人坚持使节不受扣留的豁免权，提到了"万国法"和"一切王君的习惯"。这些当然是中国人所不了解的，也不可能接受。清朝官员对于平等国家信守一个共同交往法典从而组成一个社会的概念没有什么了解。他们坚持他们自己的传统，努力维护中国世界秩序和朝贡制度。① 这段历史充分说明了清朝对西方国际法和欧美世界一无所知，他们从内心抵触和排斥一切外来法律，而且也认为没有必要甚至根本无需考虑去接受或了解来自另一个世界的法律规则，中国传统法律文化失去了与外界交流的机会。

（二）中俄《尼布楚条约》的签订——初次应用

条约本身就是西方国际法的产物。中国和外国之间的、近代第一个完全平等的条约是 1689 年的中俄《尼布楚条约》，标志着西方近代国际法第一次在中国得到应用。从条约的几项条文规定来看，无论是形式或内容，都反映了近代国际法的国家主权平等原则。② 中国放弃了朝贡制度与俄签订条约，最终按西方国际法律规范与俄达成条约，这是否表示清朝对于自身传统文化的舍弃？深入分析事件发生的历史背景以及双方的法律文化能给我们一个有事实依据的理性判断。

首先，需要探讨一下《尼布楚条约》签订前的历史背景：1652 年（顺治九年）俄国人东入黑龙江，开启与中国之间在外交和军事上的冲突。直到 1685 年康熙派兵，两次击退俄军，交战后的俄方伤亡惨重，因而遣使与中方举行边界谈判。此时的清王朝已平定三藩之乱，局势稳定，并建立了对黑龙江上游地区的有效统治，但此时西北噶尔丹叛乱，为能保持东北边疆的稳定，康熙皇帝同意议和，希望能约束俄国扩张行为及遏制俄国的侵略野心。

其次，引起中俄战争的直接原因是边界冲突，但更深入的原因是事件背后所蕴藏的两国迥异的法律文化：和平稳定与武力征服的国际观冲突。

---

① 杨泽伟. 近代国际法输入中国及其影响［J］. 法学研究，1999（5）：120－131.
② 杨泽伟. 近代国际法输入中国及其影响［J］. 法学研究，1999（5）：120－131.

从中方而言，康熙皇帝欲将俄国纳入自己的朝贡体制，但双方势均力敌。事实上，在中俄已经发生的两次交战中，清政府都是最终的战胜方让对方伤亡惨重，以武力的方式开启东征并非毫无胜算。但康熙选择放弃战争，同意条约议和，而非继续通过武力征服俄方，从另一方面证明帝国的朝贡体制没有建立在战争和征服的基础上，奉行的是追求和平稳定的国际观，并能接受"和而不同"的相处模式，是对中国"大而不霸"价值取向的表述，体现的是"以和为贵"的中国传统法律文化精神。但回顾历史上最负盛名的沙俄对外扩张史，不难得出俄国奉行的是以对外扩张和征服与被征服为主的国际观，这与当时的西方文明是非常接近的。彼得大帝在17世纪末至18世纪初对俄国进行的改革，使俄国实现从东方文明向西方文明的转变，俄国从文化、政治、经济、军事、宗教等各个方面进行了全方位欧化改革，对外也与欧洲如出一辙，奉行领土扩张主义以加强沙皇的统治，以武力征服的方式实现对外扩张，与此同时，西方通行的国际法与外交规则也被运用于国家实践中，当其武力征服扩张到中国的东北区域时，遇见了与其势均力敌的中国，这也解释了俄方提出通过条约的方式解决冲突的原因。因此，可以说中俄《尼布楚条约》解决的是一场因中俄传统法律价值冲突而引起的边界战争。

最后，需要关注的是，中国传统法律文化未因此事发生转变，而法律文化转变与否成为此事件定性的关键。中俄双方在缔结了条约之后都能履行条约规定，信守互不侵犯盟约，因而换来了中俄边界较长时间的安宁。事实上，继《尼布楚条约》之后，中俄陆续达成了七份边界条约，中俄冲突的解决始终通过缔结和修订条约，对条约的信守是近代国际法原则之一，清政府的条约实践和在尊重国际法原则的基础上信守条约，代表了对条约制度有了一定程度上的了解。《尼布楚条约》订立以后，到19世纪30年代中期，无论在中国的学术界或官方均未发现有人谈及有关国际法的史料，有关此次谈判的中文资料极其少见，这表明清政府并不愿意把谈判的经过公之于众，因为迁就俄国的一些要求，放弃处理夷务的传统做法，对于清政府而言，并非一件光彩的事情，尼布楚谈判仅仅是一个孤立的事件。① 清政府虽然以条约代替战争的方式解决边界冲突并持续多年，康熙和有关官员与一些国际法知识和原则发生过接触，但在此后的 150 年间，中国和外国从未发生过此种意义上的条约关系，可以说中俄条约关系在中国的对外关系中是绝无仅有的。也就是说，中俄的条约关系的出现并未对清朝处理对外关系产生影响，因此不能表明清政府接受将条约视为一种法律外交制度，也不能代表清政府不以朝贡国的态度对待俄国，正如耶稣会士徐日升在其日记中所言，这位俄国使臣如果去到中国，就绝不会有这样有利的地位，因为在中国他们会迫使他如同以前到中国来的那些人一样，要么服从中国的习俗，否则就缔结不了和约而回国。② 综上，中俄《尼布楚条约》的签订对于中国传统法律文化而言，无论在其表层结构还是在其深层结构上并未发生任何转变。

（三）国际法在禁烟运动中的运用

雍正、乾隆以后，清政府实行闭关锁国政策，该政策不仅遏抑了中西之间的贸易通商和文化交流，也妨碍了近代西方国际法传入中国。清朝末期，道光皇帝于 1838 年 12 月派林则徐为钦差大臣，赴广州采取禁烟措施。林则徐与外国交涉过程中曾两次主动尝试运用国际法，并促成了西方国际法著作的翻译。1839 年，林则徐因清政府受到英商鸦片走私困扰，被任命为钦差大臣，到广东查禁鸦片。他依此为法律依据，实行禁烟和惩办不法外商。他因查禁鸦片而不得不对英国人采取行动时，他首先宣布鸦片为违禁品，要求英商交出并焚烧。又发照会给英国女王，指出鸦片对中国居民有害，敦促女王禁止这项贸易。林则徐在信中称："闻该国禁食鸦片甚严，是固明知鸦片之为害也。即不使为害于该国，则他国尚不可移害，况中国乎?"③ 最后，他才采取武力行动，严令禁止鸦片。林则徐的禁烟运动标志

---

① 田涛. 国际法输入与晚清中国 [M]. 济南：济南出版社，2001：20.

② 约瑟夫·塞比斯. 耶稣会士徐日升关于中俄尼布楚谈判的日记 [M]. 北京：商务印书馆，1973：182.

③ 方之光，周衍发，倪友春，等. 林氏家藏林则徐使粤两广奏稿 [M]. 南京：南京大学出版社，1988：89–92.

着西方近代国际法第二次在中国得到应用，时隔第一次中国全面接触国际法，即《尼布楚条约》的签订将近 150 年。笔者从法律文化的角度再次分析两次事件，并试图说明一些问题：

1. 林则徐在禁烟运动中的对外交涉

林则徐禁烟期间的法律行为包括：向外商宣布禁烟、缴烟、销烟、补偿以及对烟商和鸦片船的驱逐乃至武力攻击等。需要说明有以下几点：首先有关林则徐要求外商具结一事。林则徐试图通过具结达到要求外商遵守中国的禁烟法律的目的，"彼愈不肯轻易具结，即愈知其结之可靠，亦愈不能不向其饬取"[①]，这是林则徐认为的具结效力之根源，可见他认为外国人的诚信值得信赖。"查尔国王恭顺有素，知感天朝通市之恩，必遵天朝禁私之令。"[②] 林则徐要求具结的法律依据实际上是在主张中国对外商的管辖权，但该主张依据并非国际法意义上的主权，而在天朝之恩，他认为天朝允许外国人在华贸易是一种恩赐，作为回报，外国人需要遵守中国的法律。因此在具结这件事情上，可以说林则徐未运用任何国际法。

另外，从林则徐照会英国女王一事来看，据笔者对《拟颁发檄谕英国国王稿》原稿的分析，林则徐照会英国女王有以下目的：（1）中国禁烟运动的合法性；（2）要求英方停止向中国出口鸦片；（3）约束外国人在华行为。林则徐完全可以依据国际法主张，即一国的贸易权和对外国人的管辖权。但全文除了带有深厚的中国传统法律文化的色彩，找不到任何与国际法相关的依据。如："而外来之物，皆不过以供玩好，可有可无，既非中国要需，何难闭关绝世！"[③] 此句只为强调中国是"物质资源丰富"之强国，说明对外贸易对于中国可有可无，因而可以随时断绝一切贸易，这与一国在国际法上有权宣布某些商品是违禁品，并禁止其流入毫无关系。"至夷商来至内地，饮食居处无非天朝之恩膏，积聚丰盈无非天朝之乐利，其在该

---

① 中国第一历史档案馆. 鸦片战争档案史料（第 1 册）［M］. 天津：天津古籍出版社，1992：702.

② 林则徐全集编辑委员. 林则徐全集（第 5 册，文录卷）［M］. 福州：海峡文艺出版社，2002：151.

③ 林则徐全集编辑委员. 林则徐全集（第 5 册，文录卷）［M］. 福州：海峡文艺出版社，2002：222.

国之日犹少，而在粤东之日转多，弼教明刑，古今通义。"① 此句意为，外国人感激天朝之恩膏理所当然，应以自觉遵守法律作为回报，这是典型的华夷观念之表达。"闻该国禁食鸦片甚严，是固明知鸦片之为害也。既不使为害于该国，则他国尚不可移害，况中国乎？""譬如别国人到英国贸易，尚须遵英国法度，况天朝乎？"此处也并未为要求在华英人服从中国法律提供任何国际法依据。这种合乎"天理"的法律论证也极具中华法系重义重礼的特色，并无任何法律主张。综上，林则徐在照会中更多是运用中国传统对外关系的处理方式在论证鸦片的危害及中方禁烟的合理性，而非近代国际法。

2. 林则徐处理林维喜一案时的对外交涉

如前文所述，1839 年 7 月，林维喜一案，林则徐要求英国驻华商务总督义律交出凶手，所依据的是《各国律例》中的在哪个国家犯法，就按哪个国家法律办的国际法原则（即"所在地原则"或"行为地法"）。张劲草教授就指出当时的译文对林则徐要求交凶的举动有着指导作用，并依据国际法据理力争。② 在林则徐眼中，无论是《法律本性正理所载》还是《禁约八条》中旬条文，都不是其要求交凶的最重要依据。笔者同意学者韩琴③、赖骏楠④的观点，在林则徐看来，之所以要求义律交凶，首要的依据在于《大清律例》中的"化外人有犯"。林维喜案发生后，林则徐在 8 月 17日的谕帖中即强调："且从前内地所办命案夷犯，历历有据，各国无不懔遵，岂义律独可违此例乎？"⑤ 而事实上，在林则徐禁烟期间与外国人交涉中就反复引用过此律例进行说明。如："恭查《大清律例》，内载'化外人有犯，并依律拟断'等语。从前办过夷人死罪，如打死人偿命之类，都有

① 林则徐全集编辑委员.林则徐全集（第 5 册，文录卷）［M］.福州：海峡文艺出版社，2002：223.

② 张劲草.林则徐与海难救助［J］.福建论坛（文史哲版），1984（4）：65 - 66.

③ 韩琴.论林则徐摘译国际法的选择性［J］.福建师范大学学报（哲学社会科学版），2008（4）：127 - 135.

④ 赖骏楠.国际法与晚清中国［M］.上海：上海人民出版社，2015：84 - 85.

⑤ 赖骏楠.国际法与晚清中国［M］.上海：上海人民出版社，2015：226.

成案。"①"查乾隆年间粤省办理英夷洪任辉等控案，动即监禁一二三年，无敢违抗，历有成案可稽。即近年奏办夷案，如道光二年之命犯非了，六年之命犯玛咯陁尔，皆引名例化外有犯依律拟断之条，处绞立决，夷人无不帖服。"②

3. 从法律文化的角度试图说明的问题

虽然承认林则徐在禁烟运动中立下的赫赫功劳，以及他作为清朝官员第一人所作出的通过翻译外国著作引介国际法的尝试，但基于以上的考察与分析，就当时的翻译条件及时代背景，禁烟运动从 1839 年 3 月延续到 1840 年短短一年左右的时间内，林则徐从通过翻译对国际法熟悉、使用的程度无可考证，因为事实上在实际操作中更多使用的是大清律法而非国际法。根据以上分析，林则徐在实际操作中仅限于只言片语地提及国际法，难以称为对国际法知识体系或规则体系的使用。传统华夷秩序观和中华法律在很大程度上主宰着林则徐的对外交涉，如怀柔、羁縻、以夷制夷、重义轻利，等等，限于篇幅，笔者不一一列举。但可以肯定的是，鸦片战争之前，以林则徐为代表的清朝官员以及统治者的传统法律文化观念是"老祖宗"的遗产，根深蒂固，难以动摇。

二、鸦片战争期间国际法的全面应用与挫折

（一）总理衙门的成立与使节的相互派遣

鸦片战争后，伴随条约的签订，中外关系进入了一个新的局面，各国公使进驻北京，外国人进入内地游历和传教，清政府的对外事务日益繁重，原来专管藩属的礼部及理藩院在制度与功能上都无法应对这种全新的局面，需要建立一个专门机关办理对外交涉事务。"《南京条约》签订以后，原有的政权机构已无法支撑新的变故，'理藩院'就是其中的一个。不管清统治者在内心如何看待西方，但客观上已没有力量把它们与过去的'藩国'相

---

① 赖骏楠. 国际法与晚清中国 [M]. 上海：上海人民出版社，2015：127.
② 中国第一历史档案馆. 鸦片战争档案史料（第1册）[M]. 天津：天津古籍出版社，1992：550.

提并论了。"① 1861 年 1 月新的外交机关——总理各国事务衙门（简称总理衙门）建立。该机构受到西方列强的称许，被看作是"中外各国永敦睦好最妙良法"。② 这标志着晚清的对外关系的转变以及外交机构在性质上的变化。1901 年签订的《辛丑条约》规定重整中国的对外机关，将原来只属临时机构，处理一切中外事务的总理衙门改为外务部，正式成立近代国家的外交机构。③ 值得注意的是，外务部的成立是清政府主动把握成立新外交机关的契机，进而付诸制度化的产物。④ 外务部被置于六部之上，均因庆亲王奕劻和李鸿章与列强的交涉，最终决定将此要求插入《辛丑条约》第十二款。这表明清政府在鸦片战争后的对外交涉中不得不做出了结构上的自我调整，传统中华世界秩序瓦解，清政府的传统国际观亦发生转变，中国不可避免地开始应用国际法解决国际纷争。新成立的外务部较之前总理衙门有所进步，专设储才馆培训及储备职业外交官，开设讲习课、翻译课、评议课、编辑课等，进行专门训练。⑤

但总理衙门设立后，外国使节同清朝中央政府直接联系的问题解决了，但觐见皇帝的问题仍然存在争论。⑥ 1858 年《天津条约》已明文赋予了外国公使驻京的权利。但是清政府一直拖延仍未批准外国使节觐见，直到 1873 年 6 月，同治皇帝亲政时，才由皇帝亲自接见了外国公使。虽然从《天津条约》的签订到同治帝接见外国公使，清政府与各国纠缠多年，但这次事件的划时代意义在于清政府接受国际法的中外对等关系，这种对外礼仪上的转变从一定程度上说明清政府对于传统中华世界秩序华夷观念的改变。1877 年，郭嵩焘成为中国第一任驻外（英）使臣，胡璇泽是第一任驻外（新加坡）领事，也顺应了近代国际外交惯例的做法，从此迈出了对外

---

① 王攻黎. 国际法观念与近代中国法律改制 [J]. 郑州大学学报（哲学社会科学版），2003（4）：149 – 152.

② 蒋廷黻. 咸丰朝筹办夷务始末补遗（第四册上卷）[M]. 北京：中华书局，1979：680.

③ 王铁崖. 中外旧约章汇编（第一册）[M]. 北京：生活·读书·新知三联书店，1957：1008.

④ 林学忠. 从万国公法到公法外交 [M]. 上海：上海古籍出版社，2009：245.

⑤ 张晋藩. 中国法律的传统与近代转型 [M]. 北京：法律出版社，1997：358.

⑥ 杨泽伟. 近代国际法输入中国及其影响 [J]. 法学研究，1999（5）：122.

派驻使节的关键一步。

（二）总理衙门的国际法实践

鸦片战争后签订的《南京条约》是西方列强使用武力逼迫清王朝以签订双边条约的方式解决法律冲突和其他国际问题的开端。条约签订本身标志着中国开始接受以条约方式确认国际法准则和国家间权利义务关系这一近代国际法基本原则。下面笔者通过总理衙门运用国际法进行对外交涉的几个事例来说明清政府在这一时期的国际法实践以及其国际法观的变化：

1. 普丹大沽口船舶事件

时逢 1864 年 1 月，欧洲的普鲁士联合奥地利和丹麦交战，丁韪良译本《万国公法》于总理衙门成立半年后完成校稿，发生了同年 4 月的普丹大沽口船舶事件。普鲁士公使李福斯来华进驻，在天津大沽口突命所乘兵舰"羚羊号"拿捕了三艘丹麦商船。总理衙门随即抗议："缘滋事之处，系属中国洋面，中枢政考所载，界限甚明。外国无论与何国有隙，在中国洋面扣船，即属轻视中国。所以本王大臣等不能不向贵大臣理论者，非为丹国任其责，实为中国保其权。""查外国在中国洋面，扣留别国之船，乃系显夺中国之权，于中国大有关系。贵大臣既系贵国派来，即应将贵国与中国大有关系之事，先为办结，方可定期接待也。""外国持论，往往以海洋距岸数十里外，凡系枪炮之所不及，即为公共之地，其间往来占住，即可听各国自便。"① 李福斯辩称："扣留该船系属按照欧罗巴所定军法，其扣留处所，相去海岸远近，亦属万国律例准拿敌船之处。是以专办此事之责，竟为我国家定夺，非本大臣所能干与。"② 总理衙门随后反驳："查此次扣留丹国货船处所，乃系中国专辖之内洋。贵国兵船前来中国，自当入境问禁，不得任意妄为。中国所辖各洋，例有专条，各国和约内，均明此例。贵国和约内，载有中国洋面字样，较各国知之尤切。何得云殊不可解。至欧罗巴所定军法，则不能强中国以必知。来文所称专办此事之责，为贵国定夺，非贵大臣所能干与等语。查贵大臣既来中国为全权大臣，所谓全权者，系

---

① 贾桢. 筹办夷务始末·同治朝（卷26）[M]. 北京：中华书局，1979：29 - 30.
② 贾桢. 筹办夷务始末·同治朝（卷26）[M]. 北京：中华书局，1979：33.

于贵国之事无不可以作主。今贵国首先违约，贵大臣不能干与，本王大臣将来何以与贵大臣办事，或俟贵国另简真正有权之员前来，本王大臣方能与之共事。"①

总理衙门代表清政府抗议此事，宣称普国扣留丹麦商船之地"系属中国洋面"，中国此举"非为丹国任其责，实为中国保其权"，实际上依据的是西方国际法之领海主权原则，从清政府当时对西方国际法知识来源来看，应出自丁韪良译本《万国公法》卷2中第4章第6节"管沿海近处之权"和第10节"大海不归专管之例"有关领海主权之说。但由于在上奏中是以"外国持论"宣称，并非依据西方国际法，李福斯便以为清政府不懂国际公法常识，试图辩称他的行为既符合"欧罗巴所定军法"（战时国际法），亦符合《万国公法》，并推脱此事竟为我国家定夺，他本人无权处理。但最终总理衙门据理力争，再次强调扣留丹麦之处所系"中国专辖之内洋"，因此"不得任意妄为"，依然没有公然依据《万国公法》，"贵国和约内，载有中国洋面字样，较各国知之尤切"，并再次警告李福斯，如不释放丹麦商船，将对来华履新的他不予接待。最终，李福斯在同清政府交涉之初释放二条丹麦商船之后，又备钱一千五百块，作为第三条商船的抵价，付给丹麦，并于6月灰溜溜地离华返德。直到1865年底他回来时，才被总理衙门接受为公使。

在普丹大沽口船舶事件中，总理衙门并未公然依据《万国公法》，只是"暗采该律例之言与之辩论"，举"外国持论"和"条约"等主张本国权利，有学者认为这是因为总理衙门认为惠顿的《万国公法》可能是柄双刃剑，或是西方送给中国的"屠城木马"，恐怕将来会有缚人反被人缚的危险。笔者认为，此时的清政府处于被纳入西方国际秩序之初，对西方国际法知识的了解有限，仍然不能确信国际法是否可以被中国信赖，是否可以成为以夷制夷的工具。但清政府借用西方国际法原则以及条约据理力争，成功处理普丹大沽口船舶事件，能证明其欲维护中国主权、反对外来侵略

---

① 贾桢. 筹办夷务始末·同治朝（卷26）［M］. 北京：中华书局，1979：32 - 33.

的立场，也表明清政府从传统的中华秩序中走出去接纳并接受西方国际法的重要一步。此次事件也能证明西方国际法具备一定的合理成分，并能在实践中服务于中国的对外关系。国际法不只是欧洲国际法，代表列强的殖民工具，清政府亦可以援引国际法在对外交涉中规限外国行动，维护中国主权。

2. 条约的签订与修订

（1）不平等条约的签订

如前所述，1689 年中俄《尼布楚条约》（康熙二十八年）是中俄双方通过和平谈判在平等基础上签订的一个边界条约，为使中俄中段边界得以保持安宁，雍正期间陆续与俄签订的条约多达 7 项。如 1727 年签订《布连斯奇条约》《阿巴哈伊图界约》《色楞额界约》，1728 年签订《恰克图条约》，等等。通过这些划界和通商条约的缔结，双方确定了在蒙古北部的边界及政治、经济、宗教等关系。如前所述，清政府并未以此作为中国对外交涉的一种法律形式。但严格意义上说，从中俄《尼布楚条约》签订之日起，清朝的对外关系就开始建立在朝贡制度为主，条约制度为辅的两种制度上，因此可以说，清政府对条约制度可能并不陌生，从这点意义上说，清政府对条约的拘束力与条约信守的理解与西方的观念能够达成一致。

1842 年与英签订的《南京条约》结束了第一次鸦片战争，其后列强纷至沓来，逼迫中国签署了中美《望厦条约》（1844）、中法《黄埔条约》（1844）、中国与瑞典、挪威《五口通商章程》（1847）等不平等条约，这些条约都是以领事裁判权和最惠国待遇为主要内容的通商条约，实现了西方列强武力打开中国大门的目标。第二次鸦片战争之后，清朝又与德国（1861）、葡萄牙（1862）、丹麦及荷兰（1863）、西班牙（1864）、比利时（1865）、意大利（1866）、奥地利（1869）等国缔结了名为"通商条约"、"通商章程"或"和好贸易条约"等条约，这些条约在内容上首先规定双方互派公使，因此可以说是建立外交关系的条约。虽然以《南京条约》为起点的条约实践开启了清政府时期的条约外交，清朝与西方十几个国家均建立了条约关系，并与英、美、法三国修约（以新约代替旧约），但这一时期的条约实践是被动且痛苦的，是在武力迫使下签订不平等条约，履行条约"是为了避免国家权益遭致更严重的损失"。① 自从鸦片战争后，中国不得不接受一套条约体系，以此确立与西方的交往基础，中国传统世界秩序从制度到观念都开始走向崩溃。

（2）平等条约的缔结和修订不平等条约的努力

清政府对不平等条约的不满与抗议从《南京条约》开始，其中第二次鸦片战争的爆发，与清政府起初抗拒不平等条约既而不愿信守不无关系，有学者认为，在信守条约方面中国与西方国家观念上的冲突终于爆发，如果详细讨论，就是一部第二次鸦片战争史。② 但笔者认为，中国自古就有"人而无信，不知其可也""自古皆有死，民无信不立"等信义观，中国对《尼布楚条约》的信守就是中国信义观的体现。但咸丰所提出的"自古要盟不信，本属权宜"反映了清朝政府签订不平等条约时的中国传统法律文化观念：其一，他们认为没有价值没有建立在道义基础上的盟约乃无道之信，是不需要遵守的；其二，签约议和只被视为"暂事羁縻"的"权宜之计"，这反映了清朝政府的传统中国秩序观念并未转变，依旧采用传统对付夷国的方式处理对外关系。

正因为这样的观念使得清政府"怠慢"已签订之条约，更无视列强后来的修约要求，第二次鸦片战争爆发，中国与列强签订了更多的不平等条约，丧失更多的国家利权。清政府对条约和国际法规则较从前有了一些深刻且明确的认识，一方面不敢贸然懈怠列强要求，认识到条约必须信守的国际法原则，中国只有遵守条约，才能避免争端维持和局，咸丰十年七月二十七日上谕称："（英法）攻踞海口炮台，直驶天津。爰命大学士桂良等往与面议，息事罢兵，所请条约数十余件，多有肆意要求，桂良等为之恳乞恩准。自古要盟不信，本属权宜，旋令桂良等驰往上海各国贸易地方议定税则，再将条约讲求明允，以为信据。"咸丰在第一次鸦片战争之后认为被迫而立的条约可以不必信守，但是一战之前的国际法规则是：对国家实

---

① 李育民. 近代中外关系与政治 [M]. 北京：中华书局，2006：110，152-153.
② 张建华. 孙中山与不平等条约概念 [J]. 北京大学学报（哲学社会科学版），2002（2）：115-123.

施强迫而缔结的条约是有效的，当时的国际法承认战争是合法的，如果否认对国家实施强迫而缔结的条约的效力，则和约无法成立，战争不能及早结束，只能以更加残酷的方式进行到底。就当时的历史条件来说，这样的规则可以减轻战争的破坏和野蛮程度。在《万国公法》卷2，第2章第5节，页18中也有描述，就算是被胁迫下签订的条约，"犹必遵守"，否则战争将无终期，必至"被敌征服尽灭而后已"。① 另一方面，对不平等条约的危害认识加深，在如何通过条约的改正甚至废除领事裁判权、最惠国待遇等不平等条款，争取独立司法权及关税自主进行了一定的努力。虽然列强的在华特权一直至清政府的灭亡都没有实质性的进展，但第二次鸦片战争之后清政府的条约实践中，通过运用国际法修订不平等条款以收回国家主权的努力与成果是值得肯定的，虽然此段期间中国的主权意识并没有那么深刻。

　　由于西方列强的顽固坚持，不愿放弃其既得权利，清政府通过修约争取国家主权的努力最终无法实现。例如比利时不愿放弃其1865年在中比《通商条约》中的单方面修约权，中国想要修约却因比方坚持而无从着手。鸦片战争以后在没有大军压境下进行的中西谈判，是1869年的《阿礼国协定》，因而被称为第一个"平等"条约。中英双方是在平等的地位下展开两国关系的谈判的。其中对最惠国待遇作出的限制性条款使之变成了有条件式的待遇，已是让列强作出了让步之举。而更重要的是，该条约第9款中清政府同意采纳一部关于商务的成文法。这显示了清政府开始掌握到西方法规范与不平等条约之间的关系。② 谈判期间总理衙门还提出将来设立"会审公堂"的建议，③ 使得阿礼国认为这为中国最终废除领事裁判权迈出了第一步，因为中国一旦在一定程度上修改了法律，就有可能达成协议，从而将外国人及其利益置于中国司法权之下。④ 但这条协定后来因为英国商人的强

① 蒋廷黻. 咸丰朝筹办夷务始末补遗（第四册上卷）[M]. 北京：中华书局，1979：61.
② 林学忠. 从万国公法到公法外交 [M]. 上海：上海古籍出版社，2009：245.
③ 贾桢. 筹办夷务始末·同治朝（卷63）[M]. 北京：中华书局，1979：48.
④ WRIGHT M C. The last stand of Chinese conservation: the T'ung-Chih restoration 1862—1874 [M]. Stanford, CA: Stanford University Press, 1957: 289 – 290.

烈反对而没有通过。

虽然《阿礼国协定》的最终结果打击了清政府的修约决心，但也为总理衙门此后的对外交涉活动起到指引与表率的作用。伴随主权意识的提升，清政府在近代领海、内河及铁路、电信等方面主动对外建立条约关系以争取更多主权。因此，中国在《阿礼国协定》之后所缔结的条约，并非都是不平等条约。在中国近代史上，外方从这些条约中确实得到了巨额利息、利润等好处，但从当时中国贫穷落后、受外来侵略等具体情况出发，客观地看待此类条约，不能一概否定其历史作用。① 条约内容涉及广泛，从国家关系、条约关系、领事关系、通商关系到外国人地位等，取消或限制他国在华的制外法权成为晚清条约活动的主要目的之一，也取得了一些进展。例如，在 1871 年 9 月与日本签订的《中日修好条规》中，成功驳回了日方提出的加入最惠国条款的请求。1874 年与南美国家秘鲁签署的《中秘通商条约》中，引入了互惠的最惠国条款，其中第四款特别规定领事官应为真正的官员，不得委派商人来执行领事职务。1881 年的《中巴和好通商条约》中同样明确领事官不得兼职商人或参与贸易活动，并提出：未来中国若与其他国家签订新的外交法规，巴国应依照相同的法规执行。即若将来其他国家放弃领事裁判权，巴西亦应照样办理。尽管在中巴条约中中方未能实现废除领事裁判权的目的，但清政府的坚持与谨慎已将他们希望取消领事裁判权的愿望表露无遗。随后中国与墨西哥、瑞典等国的通商条约中也签订了类似条款。

在协定关税制度的取消方面，清政府也做出修订关税税率的努力，在与各国条约期满修约之际提出修改税率的要求。但由于各国不愿放弃既得利益，成效甚微。值得注意的是，在《中法越南边界通商章程》中，法国最终同意"出口货照税则三分减一分，进口货照税则五分减一，若估价之货为税则所未载者，无论进出口仍照值百抽五征收"。这不仅改变了此前《中俄陆路通商章程》相关规定，并且按照西方关税制度对进出口税作出明确规定，实现了进口税率高于出口税率。

---

① 牛创平，牛冀青. 近代中外条约选析［M］. 北京：中国法制出版社，1998：前言.

在日本与西方国家修约活动的启发下，清政府的修约意识从 1871 的中日订约开始有一定提高，曾国藩曾对 30 年间中外条约作出反思："窃思自道光二十二年间，与洋人立约议抚，皆因战守无功，隐忍息事。厥后屡次换约，亦多在兵戎扰攘之际，左执干戈，右陈盘敦，一语不合，动虞决裂。故所定条约，间有未能熟习审处者。"① 清政府晚期的条约实践证明了其运用国际法维护主权反对侵略的决心。另外，由于不平等条约概念在西方国际法学界的缺失，国际法历史中鲜有废除不平等条约的案例供之效仿，中国政界与法学界的国际法认知能力有限，未能熟练掌握和运用国际法知识，也未对所签订的条约进行深刻剖析。因此，清政府虽然在晚期的条约实践中初步具备了主权意识，但其维持和局保守防御的心态始终未能让清政府有废除不平等条约的勇气和决心，这种心态同样也反映在中国参与国际组织与国际活动的国际法实践中。值得注意的是，清末维新派从国际法角度分析了不平等条约对中国的危害，并主张可以运用国际公法进行修约和废约。如唐才常提出援引公法，"执约章自约章，税则自税，则之公法"② 来使国家关税自主。谭嗣同提出："每逢换约之年，渐改订约章中之大有损者……但有一国能改定约章，余俱可议改矣。"③ 虽然这些主张因清政府对维新派的镇压没有产生实际效应，但他们揭示了不平等条约对中国的严重危害，对条约的性质做出了有利的分析与解读，他们史无前例地宣传和普及了国际法知识，为不平等条约理论的发展与运用奠定了基础。

（3）参与国际组织活动和参加国际会议

19 世纪末 20 世纪初期，清政府在融入国际社会方面的努力表明了清政府积极主动参与国际事务承担国际义务的一面。需要说明的是，清政府在此期间参与国际公约的条约实践与第二次鸦片战争期间的条约实践有本质上的不同，国际公约的签署是以各国主权平等为基础的。

由于西方列强强加的不平等条约制度和中法、甲午战争的连连惨败，国内亦需镇压太平天国起义，在内忧外患的重重压力之下，清政府亟须对

---

① 贾桢. 筹办夷务始末·同治朝（卷80）[M]. 北京：中华书局，1979：108.

② 唐才常. 唐才常集 [M]. 北京：中华书局，1980：126.

③ 谭嗣同. 谭嗣同全集（上册）[M]. 北京：中华书局，1981：162.

外维持和局以争取自强新政的时间与精力。清政府在接触、参与国际会议与国际活动的过程中，开始重新调适与国际社会的关系，表现出争取国际社会"文明国"的资格、成为与欧美国家对等的一员的愿望。有关清政府如何参与国际会议与国际活动，以及其在外交政策的转变，学界不乏此类著作，笔者主要着重探讨清政府在国际组织和国际活动中传统观念的转变以及进行的国际法实践。

清政府早期参与国际会议和国际活动，基本以"联络邦交"为宗旨，在参与方式上以"随众周旋"为主，可以说，无论是范围，抑或是程度，都显得防御保守有余，进取不足。① 这与中国饱受中外不平等条约之苦，在与他国尤其是西方列强打交道时总是心有余悸，唯恐中其圈套不无关系。这一方面说明清政府还未能了解国际会议和国际活动的主要功能，另一方面，清政府在内忧外患的情形下，首先考虑的是了解敌情、避免引发他国新的干涉和操控。如1876年的美国费城世博会是中国第一次参与国际博览会，事实上1867年的法国巴黎博览会，总理衙门并未派员参加。进入19世纪80年代，中国参与的国际会议与活动有所增多，如1882年的世界保护海线会议、各国公议电学总会，1883年的荷兰阿姆斯特丹博览会，1884年伦敦国际健康保险博览会，1885年意大利召开的养生公会，1889年在美国华盛顿召集的国际海事会议，1890年比利时布鲁塞尔召集的国际海关税则出版联盟会议，1892年比利时开办的考核罪犯会，等等。从1881年起，中国首次受邀参加在美国华盛顿的万国公会，这一时期的参与相对较少，大约每年一次。进入20世纪初，参与频率明显增加，尤其是从1901年到1905年，中国平均每年参加四次国际会议。到了1906年至1911年，中国的国际会议参与达到高峰，这六年间共出席了46次，平均每年约8次。连续增长的参与度反映了清政府对国际交流日益重视的态度，以及在国际舞台上的逐步活跃和影响力的增强。值得注意的是，1904年晚清政府参加作为展示"文明先进国"霸主地位的万国博览会，被视为中国走进国际大家庭的重要外交活动之一。中国于1889年4月参加美国华盛顿的万国会议，参与议定

---

① 尹新华. 晚清中国与国际公约 [M]. 长沙：湖南人民出版社，2011：110.

《航海避碰章程》，是中国首次参与国际规则的议订。中国于 1894 年 4 月 1 日加入《国际海关税则出版联盟公约》意味着中国迈出了加入国际公约，承担国际义务的第一步。在此期间，中国还接触到了其他领域的一些国际公约。

晚清在最后十余年里，顺应国际化的趋势，积极参与国际会议、国际组织，并开拓了参加国际公约的新局面。晚清政府先后于 1899 年及 1907 年参加了两次和平会议，期间中国参加国际公约的数量大增，而且涉及的领域覆盖到了和解纷争、战争法规、农业等各方面，同时还承载了建构平等条约关系、谋求大国地位的使命。

1898—1899 年，国际局势日趋紧张，俄国沙皇先后两次致函各国政府，呼吁召开国际会议，研究限制军备、和平解决国际争端等问题。1899 年 4 月，荷兰政府向各国发出正式的邀请。1899 年 5 月 18 日召开第一次海牙和平会议在俄国沙皇的呼吁下在海牙召开，于同年 7 月 29 日闭幕。中国出使俄、奥大臣杨儒率同驻俄使署二等参赞官何彦升、三等参赞官胡维德、二等翻译官陆征祥起程赴会。1899 年 12 月 13 日，中国出使俄、奥大臣杨儒遵令照会荷兰外交部，申明承政府之令，拟准将《和解公断条约》《推广日来弗原议行之于水战条约》及声明文件一律画押，对于《陆地战例条约》第五款有关红十字旗号的规定提出保留，提出此项保留的生效以其他各国允准为前提。后由于日、俄开战，中国虽宣布中立，但"东省因应尤处两难"，遭日、俄指责，在外交上十分被动，遂对以调解争端为核心的保和会公约寄予厚望。① 因此，中国决定立即补签 1864 年《红十字公约》。《辛丑条约》签订后，不平等条约体系发展到高峰，同时中国的国际地位降至谷底。中国备受战争摧残，尤为渴望和平、限制战争。与此同时，国际形势也日趋紧张，进一步加速了第二次海牙保和会的召开。1907 年 6 月 15 日开幕，10 月 18 日闭幕。中国于第二次海牙保和会前后完成了数项国际公约的增订和签署，中国参与和解纷争及战争法规方面的国际公约在数量上的增

---

① 孙学雷，刘家平．清代孤本外交档案（第38册）［M］．北京：全国图书馆文献缩微复制中心，2003：15929.

加，范围上的扩展，批准时间上的加速，表明了中国通过融入国际社会和解纷争、限制和规范战争的愿望，这也是在特殊情势下追求自身安全的结果。

三、中国传统法律文化与近代国际法的初步融合

（一）华夷观念的崩溃与外交机构的现代化

有学者认为自 19 世纪中叶以来，在西洋列强"坚船利炮"的打击下，晚清封建统治阶级对待外国人的华夷观念发生了相应的变异，开始了解体崩溃的过程，其间共经历了四个阶段的变化：第一，19 世纪 40 年代到 60 年代是晚清华夷观念的"松动期"。第二，19 世纪 60 年代到 90 年代初是晚清华夷观念的"解体期"。第三，从 1895 年甲午战争的惨败到戊戌变法的勃兴，是华夷观念开始"走向崩溃"的时期。第四，庚子事变后的 20 世纪初期是华夷观念的"最后崩溃"。①

第一阶段：松动期（19 世纪 40 年代至 19 世纪 60 年代）

这一阶段始于鸦片战争，中国传统对外观念遭遇初步挑战。西方的军事和技术优势首次大规模地在中国展示。通过不平等条约的签订，如《南京条约》，清朝政府被迫开放通商口岸，与西方国家的互动变得频繁，传统的朝贡体系受到挑战，尽管官方层面仍然排斥西方，但不得不开始接触和了解西方的政治经济制度。

第二阶段：解体期（19 世纪 60 年代至 19 世纪 90 年代初）

华夷观念的进一步解体标志着这一阶段的开始，特别是林则徐摘译《万国公法》等西方法律和政治理念的引入。清朝官员通过这些翻译作品，开始系统地理解国际法和国际关系，认识到传统的华夷区分已难以为继。此外，洋务运动的兴起体现了中国开始尝试吸收西方科技和制度以自强的努力，中国对外交往的模式已有明显变化，开始有选择地采纳西方的外交和管理模式。

---

① 宝成关，田毅鹏. 从"甲午"到"庚子"：论晚清华夷观念的崩溃［J］. 吉林大学社会科学学报，2002（1）：79－85.

第三阶段：走向崩溃（1895 年甲午战争至 1898 年戊戌变法）

甲午战争的失利成为华夷观念崩溃的转折点，战败不仅带来领土和赔款的损失，更重要的是打破了中国天朝上国的幻觉。戊戌变法的尝试虽然失败，但标志着中国知识分子和部分官僚开始系统地思考政治、法律和教育等方面的深刻改革。

第四阶段：最后崩溃（1900 年庚子事变后）

庚子事变后，西方列强的联军进入北京，这一事件彻底震撼了清朝及其统治阶级。《辛丑条约》的签订在政治和军事上给予清政府更为严格的限制，标志着传统华夷观念的终结。随后的新政改革反映了清朝在政治体制和外交机制上的现代化尝试，特别是 1901 年外交部的设立，标志着中国外交管理体制的根本变革。

这一时期中国的对外交往模式由朝贡制逐步转变为基于国际法和平等原则的条约制，清朝政府的外交机构和外交思维的现代化转变，象征着中国传统世界秩序走向崩溃。这一过程中，中国官员的思维方式经历了从抗拒到调适，最终接受并仿效西方的外交体制与思想。这不仅是对外压力的直接结果，也是内部觉醒和自我革新的必然产物。通过这一系列的变革，中国开始以一个全新的姿态参与国际社会，逐步形成了更为平等和现代的国际关系。

在传统法律文化与近代国际法的融合方面，清朝通过翻译和学习西方的国际法著作、思想和学说，逐步建立起对国际法和国际关系的认识。这种融合不仅体现在法律文本的翻译上，更体现在实际外交政策和对外条约的制定中。例如，通过翻译《万国公法》，清朝官员开始意识到传统的朝贡体系无法应对现代国际关系的要求，这促使他们在外交政策上进行了调整和现代化改革。

此外，清朝还开始派遣留学生到西方国家学习，目的是培养能够理解并运用西方科学、法律和外交知识的新型人才。这些留学生回国后，在外交部等新设机构中发挥了关键作用，推动了外交观念和实践的进一步变革。

这一时期的变革不仅改变了中国的对外政策和法律框架，也促进了中国社会对国际法的理解和接受。中国传统法律文化与近代国际法的初步融合，虽然起步艰难，却为后来的法律改革和国际交往奠定了基础，逐步帮助中国构建起与国际社会接轨的现代法律体系和外交策略。这不仅反映了外部压力的影响，也体现了中国逐步认识到与国际社会平等互动的必要性和迫切性。

（二）主权概念的启蒙

对近代国际法的思想和原则的体认与接受，是中国近代主权观念萌发的重要原因。杨泽伟教授在其《主权论：国际法上的主权问题及其发展趋势研究》中指出："'主权'是源于西方政治学中的一个概念和术语，但'主权'一词在中国古代就已经存在。例如，《管子·七臣七主》曰：'藏竭则主权衰，法伤则奸门阀。'不过，中国古代所谓的"主权"仅指君主的权力。"① 丁韪良的译著《万国公法》第二章专门探讨了"治国之上权，谓之主权。此上权或行于内，或行于外。行于内，则依各国之法度，或寓于民，或寓于君……主权行于外者，即本国自主而不听命于它国也，各国平战、交际皆凭此权"，惠顿书为"Sovereignty"，这可能是汉语主权一词第一次在中国出现。② "主权"一词虽然代表近代西方进步的法律文化思想，在一定程度上唤醒国人的民族意识和国家观念意识，但中国各个阶层在体认"主权"这一概念的过程中是模糊不清的。

如最早摘译外国国际法著作的林则徐在对外交涉期间曾采取强硬措施禁止鸦片贸易，是遵循"各国皆有当禁外国货物之例"的精神；普丹大沽口船舶事件中清政府援引国际法主张领海主权之显例，正是由于清政府主权意识的增强，才引发修订条约收回主权的思想，并与越来越多的国家主动签订了与领海、内河、铁路主权等相关条约以争取更多主权。从晚清的修约历程来看，晚清官员很早确认了中国主权的丧失，所以主权意识可以说是普遍存在的。正因为他们认识到不平等条约中的最惠国待遇的危害，才使得他们在1869年的《阿礼国协定》中尝试对相关条款加以限制和在《中日修好条规》（1871）中成功删除了日本原来要求的"利益均沾"的

---

① 杨泽伟. 主权论：国际法上的主权问题及其发展趋势研究 [M]. 北京：北京大学出版社，2006：13.

② 惠顿. 万国公法 [M]. 丁韪良，译. 北京：中国政法大学出版社，2003：27.

条款。

晚清时代的知识分子日益意识到主权的重要性，洋务运动和戊戌维新派等思想进步人士针对国家的领事管辖权、治外法权、关税自主权、片面最惠国待遇等问题发表了大量的言论，王韬、陈炽、郑官应、薛福成等从各个角度论证收回主权的重要性。田涛先生作了一个总结：国际法知识的输入，实际上成为近代知识分子探讨现实问题的一个重要参照，面对半殖民地的社会现实，不少知识分子认识到中国主权利益丧失的严重性。他们把列强强加给中国的不平等地位与国际法规范相比照，进行了大量的论述，集中谴责了欧美列强在中国的种种侵略行径，其目的就在于为中国寻求自身的国际地位和权益。这些论述正是中国知识界开始形成主权利益观念的表现。①

（三）对"文明国"的向往

20 世纪之前，清政府实际上并未真正视自己为国际社会中平等地位的国家之一。随着中国与外国交涉的增多，不平等条约事实上带给外国人在中国的治外法权，以及干涉中国司法的自主独立和对中国协定关税的限制使清朝官员又深感"万国公法"的危害。因此，无论是政府官员还是知识分子都无法在现实面前探究中国不能与西方国家一样享有平等之主权的原因。进入 20 世纪初，清政府虽然以对外力保和平避免纷争为主，但也继续斡旋于修约并积极参与国际组织，以收回国家的主权与利权，对内亦开始变法修律，试图从"野蛮人"之国向"文明国"迈进。因为只有"文明国"才可以享有国际上主权国家的完整人格。

但是，无论国人主权意识或对主权的认识处于何种程度，最终他们的认识无助于清政府在当时的历史背景下取消不平等条约，摆脱被剥削被殖民的地位。正如前章所述，近代国际法的民族国家主权平等体制事实上是不平等的。惠顿的《国际法原理》中将国际法定义为"文明的基督教国家所理解的规范"，虽然"文明"并无概念界定或适用范围之说明，若"文明"指的是基督教文明，那可能涉及基督教、神学、教会、宗教等众多复

---

① 田涛. 19 世纪下半期中国知识界的国际法观念 [J]. 近代史研究，2000（2）：102-135.

杂的文化因素。仅从字面意义上理解，基督教国家与非基督教国家被归类于"文明"与"不文明"国家，也即所有与其法文化土壤不同的非基督教国家，被认定为不文明的、落后的、野蛮的国家。丁韪良的译著《万国公法》将原著中"文明的基督教国家"变为"文明国"，"公法"行于"有化之国""服化之国"，这些词语都用来形容"文明国"，除《万国公法》中可见其用意，《公法便览》《公法会通》中都有反复强调公法之适用对象。19 世纪至 20 世纪初西方的国际法著作长久以来在讨论中国的地位时，都把中国描述为一个不可信赖、弱而无力、不能忠实履行国际法原则的国家，并未接受中国为国际社会的"文明"成员。① 正如有学者言，中国历史这一特殊的过渡时期，呈现了资本主义文明与封建主义文明的碰撞、传统国际法中的反动规则与进步规则的交汇、强权与公理的混杂等相互抵牾的现象。

第二节　民国初期中国现代国际法的实践与发展

一、过渡时期的国际法实践

（一）争取对新政府的承认

北洋时期是个非常特殊的历史时期。辛亥革命的胜利推翻了清朝的统治，南京临时政府为了获得列强的支持，承认前清条约皆继续有效。而窃取革命果实的袁世凯政府为得到列强支持，获得西方国家的承认，公开保证会恪守一切不平等条约。袁世凯政府基本上满足了日、英、俄的要求，英、日、俄、法等 13 国相继宣布承认中华民国。美国、巴西、秘鲁、墨西哥、古巴等国也都陆续承认了中华民国。1913 年 10 月 10 日，袁世凯在就职演说中声明："所有前清政府及中华民国临时政府与各外国政府所订条

---

① SVARVERUD R. International law as world order in late imperial China ［M］. Leiden：Brill，2007：102 – 103.

约、协约、公约，必应恪守，及前政府与外国公司人民所订之正当契约，亦当恪守；又各国人民在中国按国际契约及国内法律并各项成案成例已享之权利并特权豁免各事，亦切实承认，以联交谊，而保和平。"① 为了获得列强的承认，成为国际社会大家庭中的一员，袁世凯不但没有改变中国在国际关系中的不平等地位，还作出了更多妥协。"为了求得西方列强的支持，实施对中国人民的剥削和统治，不仅继续承认清王朝与外国签订的一系列不平等条约，而且进一步出卖中国的各项主权，与帝国主义列强签订了新一轮的各种不平等条约，从而使西方国际法的各项基本原则与其在中国的实践的固有矛盾进一步加深。"② 袁世凯政府只是表面上获得了与其他国家一样的主权平等的地位，但是不平等条约体制依旧存在。

（二）第一次世界大战时期的国际法实践：谈判与修约

一战期间，中国与德奥断交并对其正式宣战，宣布废除此前同德奥签订的所有条约，取消德奥一切在华特权。一战后，中国在《对奥合约》上签字，废除了奥地利在华的所有特权，并在战后同两国分别签订的《中德协约》和中奥《通商条约》中予以正式确定，建立了国际法上的法律依据。值得注意的是，《中德协约》是中国与曾经侵略过中国的西方大国所签订的第一个平等条约，中国于一战后与其他国家所签订的新条约基本建立在平等的基础之上。

在 1919 年的巴黎和会上，中国作为战胜国之一，其代表团发布了《中国希望条件说帖》，正式提出旨在废除外国在华特权的七大目标：废弃势力范围，撤退外国军队、巡警、裁撤外国邮局及有线无线电报机关，撤销领事裁判权，归还租借地，归还外国租界，关税自由权。尽管由于列强的阻挠与破坏，未能实现中国修约废约的目标，但这是中国首次向世界发出反抗不平等条约的呼声。列强否决了中国关税自主的要求，并且就裁撤厘金征收附加税等问题在三个月内召开关税特别会议。会议通过《关于在中国之领事裁判权决议案》，各国虽然对中国的愿望表示同情，但是认为必须对

---

① 程道德. 近代中国外交与国际法 [M]. 北京：现代出版社，1993：104 - 105.
② 程道德. 近代中国外交与国际法 [M]. 北京：现代出版社，1993：109.

中国的法律制度进行考察，才能确定是否撤销领事裁判权。关于租借地，除了在取消在华邮局上取得了唯一的实质性结果，其他要求并没有得到实质性进展。时逢 1917 年 11 月，俄国爆发十月革命，新成立的苏维埃俄国政府在 1919、1920 年两次发表对华声明，放弃苏俄在华特权，这为中国的废约运动打了一剂强心针。中苏于 1924 年 7 月 17 日正式建交，苏联成为中国第一个建立大使级外交关系的国家。

巴黎和会最大的成果，就是成为国际联盟的创始国，中国正式以独立身份进入了一战后的国际体制。两年后的华盛顿会议上，中国再次提出废除不平等条约的各种方案供列强讨论。其中最重要的成果是《九国间关于中国事件应适用各原则及政策之条约》的第一条即"尊重中国之主权与独立暨领土与行政之完整"。[①] 尊重中国主权的原则由此得到承认，为以后中国的修约提供了法律依据。值得注意的是，在华盛顿会议之外，中日签订《解决山东悬案条约》。日本归还胶州湾租借地，退还胶济铁路。

1925 年 10 月 26 日，在北京召开关税特别会议，各国列强承认中国的关税自主权，同意"各缔约国（中国在外）兹承认中国享有关税自主之权利……并允许中国国定关税定率条例于 1929 年 1 月 1 日发生效力"[②]。但是法权会议否决了废除领事裁判权的要求。

1926 年 1 月 12 日法权会议正式召开。9 月 16 日，法权会议通过了《调查法权委员会报告书》，该报告提出了有关中国司法制度的若干建议，并表示只有当这些建议得到切实的落实时，各国才可能放弃其享有的治外法权。就这样，中国要求废除治外法权的目标完全落空了。

1924 年 5 月中俄签署《中俄解决悬案大纲协定》，在协议中明确废除了中俄之间的不平等条约，废除俄国在华特权，两国按照平等公正的原则建立外交关系，并且相互派驻大使级的外交代表。

1926 年 2 月、4 月、10 月、11 月，北京政府分别向法国、比利时、日本和西班牙政府提出重新修订有关条约的请求。11 月 6 日，中国政府发布

---

① 王铁崖. 中外旧约章汇编（第三册）[M]. 北京：三联书店出版社，1957：218.
② 章伯锋. 北洋军阀（第五卷）[M]. 武汉：武汉出版社，1990：221.

宣言，单方面宣布 1865 年中比条约失效。宣言中反复使用了不平等条约概念，这是中国在国家实践中首次使用不平等条约概念，在世界范围内也是破天荒。① 中国政府在近代以来首次面对另一个缔约国的反对，单方面宣布废除不平等条约，虽终未成功，但这是一个史无前例的举措。因为比利时拥有单方面修约权，在法律意义上应是修约中最艰难的环节。中国与西班牙签订新约的谈判与比利时如出一辙，在旧约期满之时，双方无法达成平等互惠的新约，北京政府于 1927 年 11 月 12 日宣布废除中西条约。

1926 年年末进行的中法以及中日修约谈判，但直到北洋政府垮台，中日中法旧约还在延长期内。虽然在此阶段，北洋政府在废除不平等条约上取得的实际成果不多，但是北洋政府展开的修约外交为以后南京国民政府废除不平等条约打下坚实的基础。

二、南京政府时期的废约与缔约实践

广州国民政府在孙中山的领导下制定了联俄反帝、争取民族独立的革命外交路线，1925 年 6 月，国民党发表关于废除不平等条约宣言，随着北伐胜利进军，中国成功收回了汉口和九江两处英租界，取得了废约运动的巨大成果。1928 年国民政府统一全国后，继续进行废除不平等条约和收回国权的斗争。1928 年 7 月外交部发表《关于重订条约之宣言》，表明中国废除不平等条约的决心，其行动主要针对协定关税和领事裁判权的废除。

在关税自主方面，1928 年 7 月 25 日，《整理中美两国关税关系之条约》是南京政府修约运动的第一个成果，也是鸦片战争以来第一个中国在正常情况下通过谈判废除协定关税权的条约。虽然美国在条约上承认了中国有关税自主之权，但美国通过最惠国待遇，在其他任一国没有放弃协定关税之前都可以享受关税特权，所以该条约并未改变现有的关税情况。但该约为中国取消其他各国对中国关税事务的控制，指明了一条道路，提供了一种模式，此条约的达成对此后中国所修订和达成的关税条约，都产生了极

---

① 张建华. 孙中山与不平等条约概念 [J]. 北京大学学报（哲学社会科学版），2002（2）：115.

大的影响。中美关税新约签订之后，5个月内与12个国家签订12个条约，可谓成绩斐然。① 到1928年底，在与中国有商贸关系的主要国家中，除了日本外，均已同中国签订了关税条约，承认了中国的关税自主权。因此，与日本的交涉就成为中国争取关税自主中最为关键的一步。中日之间最终于1930年5月6日订立了新的《中日关税协定》。自此，所有国家都承认了中国的关税自主权，中国终于收回了关税自主权。中国于1930年12月29日颁布《中华民国海关进口税税则》，定于1931年1月1日实行。

在取消领事裁判权方面颇费周折，因为遭到了列强尤其是英、美、日等国的顽强抵抗，他们找出各种各样的理由来推迟和延缓中国收回司法主权的进程。在中外有关交涉过程中，九一八事变的爆发使得已经草签的中英新约和即将达成的中美协议都就此停顿，国民政府外交重点转变为应对日本侵略，中国废除治外法权的进程又一次受阻。

但值得注意的是，在进行关税自主和废除领事裁判权的同时，南京政府还收回了部分租界和租借地。这些租界和租借地或是此前对方已应允归还，但并未实际归还的，如天津比利时租界，威海卫英国租界；或是大革命时期已经收回，但并没有完成法律手续的，如镇江和厦门英租界。这些地方的收回扩大了南京政府修约外交的成果。

1943年分别同英国、美国签订新约，废除两国在华特权，之后中国陆续同有关国家订立平等新约，不平等条约全面废除。从1842年中英《南京条约》开始，到1943年中英、中美新约的签订，套在中国人民身上一百年的枷锁终于解开。1943年1月11日，中国驻美大使魏道明与美国国务卿赫尔在华盛顿签署《关于取消美国在华治外法权及处理有关问题之条约》，中国外交部长宋子文与英国驻华大使薛穆签署《关于取消英国在华治外法权及处理有关问题之条约》。中美新约和中英新约的签订对其他国家起了重要的推动作用。中国陆续与其他国家签署新约、废除以往的不平等条约。不平等条约的废除，使得中国在法理上恢复了丧失的主权，中国在法律上已不再处于被歧视的地位，中国在世界民族之林中平等合法的地位得到了公

---

① 李育民. 中国废约史［M］. 北京：中华书局，2005：692.

认。近一个世纪以来套在中华民族身上的枷锁的解除也使得近代中国的社会、经济等方面得到一个充分发展的机会。

抗日战争全面爆发尤其是太平洋战争爆发后，中国正式对德意日宣战，随即取消了与日、意的不平等条约。中国抗日军民付出的极大牺牲有力地抗击着日本侵略，随着在战争中发挥着越来越大的作用，中国的国际地位也亟待提高，而旧的不平等条约无疑在法律上将中国置于不平等的地位，中国明确提出了废除不平等条约的问题。

1943 年美英分别同中国签署了《关于取消美国在华治外法权及处理有关问题之条约》和《关于取消英国在华治外法权及处理有关问题之条约》，取消了美英在华特权："领事裁判权、通商口岸特别法庭权、使馆区及一些铁路沿线的驻兵权、沿海贸易与内河航行权、外人引水权、英籍海关税务司权等。废除《辛丑和约》，将上海、厦门的公共租界，天津、广州的英租界及北平使馆区的各种权益归还中国。"① 但香港问题则因为英国的强烈反对而未包括其中。其后中国又陆续与各国签订类似条约，废除了自清以来与这些国家之间的不平等条约，取消了它们的在华特权。从法理上看，自《南京条约》以来的众多不平等条约的效力均归于无效，重立于独立自主国家之林的中国收回了曾经被迫割让的国家主权，在法律上已不再处于被歧视的地位。但实际上中国仍无法与英美苏等国处于平等的国际地位，这当然不是由于某一个条约的具体规定，而是因为国家之间实力差距以及中国近代历史上不平等条约造成的遗留影响。

三、中国传统法律文化与现代国际法的发展

（一）民国时期的主权平等观

伴随中国政治体制的变化，民国时期对于新国际秩序的理解完全脱离了华夷观念的传统理解。"主权平等"用语经常出现在民国政府的对外交往实践中。中国积极主动参加第一次世界大战，并最终作为一战胜利国成为国际联盟成员国之一。民国政府与晚清政府在对外交往上的目标、态度和方法都发生了重大的变化，一批出色的外交官员的涌现，在国际舞台上为

---

① 王建朗. 中国废除不平等条约的历史考察 [J]. 历史研究，1997（5）：17.

维护民族独立与国家主权据理力争，他们表现出前所未有的民族责任心和历史责任感。他们的主要目标一是要争取成为文明国，希望与欧美列强平起平坐成为一等强国，二是在争取夺回中国主权的努力上与列强进行艰苦的周旋。他们代表中国拒绝在《凡尔赛和约》上签字，在华盛顿会议上与日本据理力争，毅然宣布废除中比条约等，这些事件都表现出与清政府处理外交关系时完全不一样的民族气势和状态。

（二）实力外交观念的确立

中国的政治体制虽然发生了根本性的变化，但在对外关系上始终摆脱不了"不平等条约体制"的束缚。条约赋予外国人在中国的特权地位以及给中国人带来的沉重经济负担使得国人对国际法的理解始终是矛盾的，理想与现实总是相隔如此遥远。即使对于经常运用国际法规则与西方列强周旋的专业外交官来说，也不得不经常面对理想与现实的反差。巴黎和会、华盛顿会议上的失望，"文明国"的遥不可及又一次让国人深感国际法的"不可恃"性，也充分暴露了现有国际法体制自身的缺陷与不足。在巴黎和会、华盛顿会议上，列强让中国充分认识到了什么是实力外交，按各自力量的大小，实力的强弱分配战利品。尽管如此，中国对国际体制与国际规则的了解日渐深刻，使得中国能为自身的权益据理力争，为中国最终废除不平等条约，获得中华民族的独立和主权的真正平等打下了牢固的根基。

第三节　新中国成立后中国国际法的实践、贡献与进步

一、新中国的国际法实践

回顾一下中国与国际社会之间关系的历史，便可以看到中国经历了所有这五种不同反应，即抵抗（1840—1860 年）、屈服（1860—1919 年）、趋同（1919—1949 年）、反叛（1949—1971 年）、协调（1971 年以后）。应当说，每一时期内的反应实际上都相当复杂，难以一概而论又全无偏颇，但

各个时期内最基本的倾向还是清楚的。① 前文已回顾了中国与国际社会之间关系从抵抗到趋同史，以下将梳理 1949—1971 年及 1971 年至今的新中国国际法实践，即中国与国际社会之间关系的反叛及协调史。

(一) 1949—1971 年中国的国际法实践

1949 年至 1966 年，西方和社会主义之间呈现非常明显的军事对立和意识形态对立。新中国外交政策在这种背景下制定出"一边倒"、"打扫干净屋子再请客"和"另起炉灶"三个方针，再加上"彻底废除伪法统"等原则，这些方针与原则极大地影响到了新中国初期国际法的发展。新中国初期的国际法理论与实践进入了全方位学习苏联的阶段。这种国际法全面"苏化"阶段一直持续到 60 年代中期中苏关系出现公开破裂。1956 年始直到"文革"结束，我国在此期间受到法律虚无主义的影响，特别是在"文化大革命"十年浩劫期间，使中国的国际法学研究和国际法实践长期处于停顿状态。新中国国际法理论与实践的发展并不是一帆风顺的，期间因为受到国内极左的势力影响在较长一段时间处于停滞阶段。中国在这一时期基本上只与社会主义国家进行对外交往，基本脱离了西方发达国家主导的国际法律体系，与西方国际法学界几乎完全隔离，也基本没有与西方国家交往的国际法实践，与其他社会主义国家一道被定义为"体系外国家"。

新中国因为经历了长达一个半世纪的殖民侵略，面临严峻的国际国内形势，尤其知道国家独立和主权平等来之不易，在国际场合反复强调国际法上的国家主权，坚持国家独立与领土完整，重视不干涉内政等原则。维护国家主权和领土完整、保障国家独立和平等、反对侵犯和干涉自然成为新政府对外交往中的首要使命和基本准则。新中国成立之初对于国际法的运用处于谨慎运用与检验的状态，对于国际法中与我国国家利益相符合的部分，尤其是主权平等原则给予高度重视和尊重，传统国际法规则能否为我国所承认，现代国际法规则能否为我国所接受，都要看其是否符合这些使命和准则的要求。此外，由于战后国际上长期存在的冷战局面使得国际

---

① 时殷弘，吕磊. 美国对华态度与中国之加入国际社会：一个半世纪的历史概观 [J]. 太平洋学报，1995 (3)：34 - 45.

法成为许多国家进行政治斗争的工具，加之我国国内持续二十余年的法律虚无主义的影响，国际法的法律性和进步性在我国实践和理论中都曾受到全面的怀疑或否定。直到 20 世纪 70 年代末期，我国对国际法的态度才开始逐渐开放和积极起来。根据外交部制作的"中国参加的国际公约一览表"统计，在 2002 年底之前我国以签署、批准、加入、接受、核准、承认、恢复席位或活动等形式参加的 268 项国际公约中，1979 年以前参加的公约仅为 35 项，约占总数的 13%，其中含技术类公约 17 项、国际组织类公约 10 项、外交类公约 1 项、人道类公约 6 项、惩治航空器内犯罪和其他行为的公约 1 项。中国依据国际法据理力争，在一切国际活动中表明立场。中国"在一系列的国际法问题上，如对承认、继承、国籍、领土、条约、使领馆制度、和平解决争端等方面，都有新的创造，对国际法的发展做出了贡献"①。

1. 新中国处理条约继承问题

1949 年 9 月，中国人民政治协商会议第一次会议通过的《中国人民政治协商会议共同纲领》第三、五十五条就是有关取消外国在华特权的规定和有关新中国要分别进行审查所依据的原则，并非完全依据现行的国际法或国际惯例，而是自己所确立的原则。所有已有条约需按其内容，分别予以承认，或废除，或修改，或重订。"有的条约因为不适应两国关系的新情况留待另行处理。""有的则是以明文声明作废。""向来国际法认为国家必须继承的边界条约，在中国方面一般也是予以尊重的，但是对于某些有争执的边界，要考虑到条约的历史背景，根据具体情况，分别对待。"②

2. 新中国参加的国际会议与和平共处五项原则的提出

中国积极支持广大亚非国家争取民族解放和国家独立的斗争，先后参加日内瓦会议和亚非万隆会议，发展与亚非国家的友好关系，同它们一道以主权原则为武器，反对帝国主义、霸权主义和殖民主义。中国人民果断支持朝鲜对抗美国的战争，中国人民志愿军走上了抗美援朝的战场；而在

---

① 王铁崖. 中国国际法年刊（1994）［C］. 北京：中国对外翻译出版公司，1994：7.
② 周鲠生. 国际法（上册）［M］. 北京：商务印书馆，1983：156.

中印边界，中国因忍无可忍而最终爆发了中印边境自卫反击战；中国积极支持广大亚非国家争取民族解放和国家独立的斗争。在这样的时代背景下，中国先后参加日内瓦会议和万隆会议，发展与亚非国家的友好关系，支持第三世界国家的正义斗争，反侵略反霸权，维护世界和平。1954年7月21日的日内瓦会议上通过了《日内瓦会议最后宣言》，实现了印度支那停战，为印支三国人民的争取独立奠定了坚实的基础。

坚持和平共处五项原则是由中国、印度和缅甸共同倡导的。1954年1月29日，中国和印度之间达成一项《关于中国西藏地方和印度之间的通商和交通协定》。在协定的序言里，双方同意基于互相尊重领土主权①、互不侵犯、互不干涉内政、平等互惠、和平共处的原则缔结该协定。这是和平共处五项原则第一次出现。1954年6月，周恩来总理访问了印度和缅甸，并代表中国政府与这两个国家分别发表联合声明。在声明中，中国与印度、中国与缅甸共同提倡以和平共处五项原则作为国际关系准则，很快得到许多国家的响应。新中国在和平共处五项原则基础上进一步发展外交关系，同亚非国家，以及包括苏联在内的一些东欧国家都建立了外交来往。1955年的万隆会议提出了处理国际关系十项原则，基本涵盖了和平共处五项原则，1955年4月，在亚非会议全体会议上，周恩来指出，在保证实施和平共处五项原则的基础上，国与国间的争端没有理由不能够协商解决。② 中国在其丰富的国际法实践中坚持和发展了和平共处五项原则，得到一些重要国际会议及国际法文件中的确认，在国际社会受到广泛认可。

3. 新中国恢复联合国合法席位的努力

在新中国成立初期，急需解决的国际法问题就是要获得国际社会对中华人民共和国的政府承认，恢复中华人民共和国在联合国的一切合法权利，实际上就是恢复新政府代表的国际法主体在国际上根据国际公约《联合国宪章》所享有的权利。国家作为国际法主体在国际关系中享受权利并承担

---

① 现在有关第一项和第四项原则的措辞中，第一项原则在1954年10月12日中苏发表的联合宣言中改为"互相尊重主权和领土完整"，在中印的声明中，将第四项"平等互惠"改为现在的"平等互利"。一直沿用至今。

② 王铁崖. 国际法 [M]. 北京：法律出版社，1999：610.

义务，权利义务的行使要靠代表它的政府来实现。1949 年 10 月 1 日以前中国的国际权利义务由清政府、国民党政府来行使。1949 年 10 月 1 日以后，国民党政府被推翻，代表中国的唯一合法政府是中华人民共和国中央人民政府这个新政府。中国在国际上包括在国际组织中的合法权利理所当然应由中国的新政府行使。

美国执行敌视我国的政策，在恢复我国在联合国的合法代表权问题上搞"两个中国"，长期以"拖延讨论"的方式阻挠联合国大会讨论恢复我国的合法代表权问题。1961 年 9 月，美国又声称中国代表权问题是需要联合国大会三分之二多数通过的"重要问题"。美国的这种做法实际上是在制造"两个中国"。根据《联合国宪章》第十八条第二款的规定，所谓"重要问题"是指接纳新会员国。停止会员国的权利及特权等问题。如果按美国所说的把中国代表权问题以接纳新会员国的问题对待的话，无异于制造"两个中国"，美国的行为遭到中国政府的强烈谴责。支持中国恢复代表权的国家越来越多，最终于 1971 年 10 月 25 日以七十六票赞成、三十五票反对和十七票弃权的多数，通过了阿尔巴尼亚等二十三国的提案，决定恢复中华人民共和国在联合国的一切合法权利，承认中华人民共和国政府的代表是中国在联合国唯一合法代表，承认中华人民共和国是安理会的五个常任理事国之一。这就是联合国历史上著名的第 2758 号决议。这是新中国正式加入国际社会的重要标志。

（二）1971 年至今的中国国际法实践

新中国恢复了在联合国合法权利后，"国际法在中国的发展进入一个新的历史阶段"。[①]

1. 基于和平共处五项原则全面发展对外关系

中国坚持和平共处五项原则是中国对外交往的主要原则，在 1971 年中国恢复在联合国的合法权利后的中国对外交往中尤其是与西方世界建立外交关系中得到发展。"随着 70 年代末独立自主和平外交的开展，和平共处

---

① 王铁崖.中国国际法年刊（1993）[C].北京：中国对外翻译出版公司，1994：6.

五项原则开始适用于全世界"①，伴随着中国的改革开放政策，和平共处五项原则得到更为广泛的实践与发展。到 2023 年 3 月 26 日，与中国建交的国家有 182 个。② 1954 年后，中国与外国国家建交时都在建交公报或者声明中载明了和平共处五项原则的内容。③ 首先，重建与美国关系。1972 年 2 月 21 日，美国总统尼克松正式访华，中美两国发表了指导两国关系的《中美联合公报》，美国承认只有一个中国，台湾是中国的一部分，承认中华人民共和国政府是中国的唯一合法政府，中美关系走向正常化。其次，重建与日本、欧洲等国家的外交关系。1972 年，经过谈判与日本发表建交联合声明，正式建立外交关系，1978 年，签署中日和平友好条约；中美正式建交前后，中国与意大利、奥地利、比利时、希腊、联邦德国、冰岛、卢森堡、西班牙、葡萄牙、爱尔兰等西欧国家建立了外交关系；1975 年与欧共体建立了正式关系，同时与加拿大、澳大利亚、新西兰实现了关系正常化。最后，全面建立和发展与第三世界关系。大力支持他们的反帝、反殖、反对霸权主义的正义斗争，中国同大批第三世界国家建交，并积极深化和扩展与第三世界国家政治经济等各方面的合作。

2. 参加国际组织的活动与国际条约的缔结

伴随着 1978 年的改革开放政策，中国政府及时调整对外方针政策，主动与世界各国和主要国际组织加强联系，积极参与国际事务。（1）积极参与联合国改革和与国际法有关的主要活动。如，谈判与签署《联合国海洋法公约》、全面参加联合国外空委员会会议、联合国海底管理局和海洋法法庭筹委会会议、亚非法律协商委员会会议、国际海事组织法律委员会会议、世界法律大会、南极条约体系会议等。（2）中国开始加入或批准了涉及不同领域的多项国际公约。如，1980 年加入《消除对妇女一切形式歧视公约》，1982 年加入《消除一切形式种族歧视公约》，1986 年签署并于 1988

---

① XUE H Q. Chinese observations on international law ［J］. Chinese Journal of International Law, 2007, 6（1）: 3.

② 见外交部官网《中华人民共和国与各国建立外交关系日期简表》。

③ 黄进. 百年大变局下的国际法与国际法治［J］. 交大法学, 2023（1）: 6 - 19.

年批准《禁止酷刑和其他残酷、不人道或有辱人格待遇或惩罚公约》，等等。改革开放之前，中国仅参加了 20 个国际组织和 34 项国际条约以及 5000 多项双边条约，1978—2008 年的 30 年间，中国参加了 130 多个政府间国际组织，缔结了 15000 多项双边条约。中国以其勇气和魄力不断融入国际体系，加入了几乎所有普遍性政府间国际组织和国际公约，参加了 600 多项国际公约及修正案。① 据不完全统计，我国已加入 600 多项多边公约，缔结了 2.7 万多项双边条约，② 每年缔约多达 400～600 项。仅 2022 年，中国对外缔结的国家间、政府间和政府部门间的双边条约、协定及其他具有条约、协定性质的文件共 100 余项；多边条约方面，中国批准了《1930 年强迫劳动公约》《1957 年强迫劳动公约》，核准了《实施税收协定相关措施以防止税基侵蚀和利润转移的多边公约》，加入了《工业品外观设计国际注册海牙协定》。③（3）逐步恢复了中国在联合国专门机构的合法身份。如，恢复了在世界银行和国际货币基金组织的成员资格、成为联合国外空委员会的正式成员、成为国际电信联盟成员等。（4）开始更多地参与多边经济组织的活动。国内经济体制改革和对外开放政策成为中国发展经济的基础与前提，中国在多边经济组织的活动中扮演了更加积极和重要的角色，如恢复我国在国际货币基金组织的代表权，恢复在国际复兴开发银行、国际金融公司、国际开发协会的代表权。1980 年中国恢复了在世界银行和国际货币基金组织的成员资格。2001 年 12 月 11 日，中国正式成为世贸组织（WTO）第 143 个成员，标志着新中国在经济上正式融入世界贸易体制。2008 年由美国次贷危机引发的全球金融危机爆发。中国国家主席胡锦涛出席二十国集团金融峰会并发表了重要讲话，中国成为峰会上最受各国关注的国家。

---

① 国纪平．为联合国崇高事业不断作出新的更大贡献：写在中华人民共和国恢复联合国合法席位 50 周年之际 [EB/OL]．（2021－10－25）[2023－08－26]．https：//www. gov. cn/xinwen/2021 －10/25/content_ 5644704. htm.

② 黄进．百年大变局下的国际法与国际法治 [J]．交大法学，2023（1）：6－19.

③ 中国外交部．2022 年中国对外缔结条约情况 [EB/OL]．（2023－08－03）[2024－05－13]．http：//newyork. fmprc. gov. cn/ziliao_ 674904/tytj_ 674911/tyfg_ 674913/202308/t20230803_ 11121839. shtml.

3. 中国国际法专家学者的角色和分量

中国国际法专家学者开始在国际法律机构担任职务。倪征噢 1981 年当选为联合国国际法委员会委员，1984 年当选为新中国在国际法院的首任法官。中国先后有四位国际法学者被选入国际法研究院担任联系院士或院士。1990 年王铁崖和李浩培应邀至海牙国际法研究院暑期班讲学；1993 年，王铁崖、邵天任、端木正和李浩培当选为国际常设仲裁法院仲裁员；李浩培开始担任联合国前南斯拉夫国际刑事法庭法官；1994 年史久镛当选为国际法院法官，贺其治被选为联合国国际法委员会委员；1995 年以王铁崖教授和薛捍勤博士为主要成员的中国代表团参加了联合国国际公法大会，海洋法法庭正式成立，赵理海教授成为 21 名法官之一；2010 年，薛捍勤高票当选为国际法院法官，成为这一权威国际司法机构中的首位中国籍女法官。

4. 积极主动的区域外交活动

在经济全球化日益深入发展的时代，新中国也开始注重区域外交。中国高度重视亚太经济合作组织（APEC），并积极参与各项活动。中国还参与了各专业部长会议、专题工作组等具体合作活动，并于 2001 年承办了 APEC 年会。1997 年年底，建立中国－东盟面向 21 世纪的睦邻互信伙伴关系，自此，中国与东盟的全面对话合作框架运作良好，目前共有 5 个并行的总体对话框架：中国－东盟高官政治磋商、中国－东盟经贸联委会、中国－东盟科技联委会、中国－东盟联合合作委员会和东盟北京委员会。中国积极参与东亚峰会，该峰会旨在促进东亚地区的合作与对话，解决地区内的安全和经济问题，成为我国近年来深入参与全球治理，构建多边话语权和影响力的重要平台。2013 年，习近平主席提出的"一带一路"倡议受到世界关注，这一全球性倡议旨在推动亚洲、欧洲、非洲等地区之间的基础设施建设和经济合作，通过促进贸易、投资和人文交流，加强中国与共建国家的合作。2023 年是共建"一带一路"倡议提出的 10 周年，同时也是中巴经济走廊启动的 10 周年。在中巴双方共同努力下，中巴经济走廊作为共建"一带一路"重要先行先试项目取得长足进展，已成为共建"一带一路"合作的典范。2015 年底亚投行成立；2017 年 5 月在北京举行的"一带一路"国际合作高峰论坛；2017 年 9 月，金砖国家领导人厦门会晤；2023 年 7 月，上海合作组织成员国元首理事会第二十三次会议正式接收伊朗为成员国，使得上合组织成员国增至 9 个。中国作为上海合作组织的创始成员之一，积极致力于推动成员国间的安全、经济和文化合作。上海合作组织的覆盖地区包括中亚和俄罗斯等国家，为中国在该地区的外交活动提供了重要平台。此外，中非合作论坛已成为引领中非团结合作的旗帜和南南合作的重要平台，成果遍及非洲大地，惠及非洲各国人民。中国通过中非合作论坛加强与非洲国家的经济和政治合作，促进了中非之间的贸易、投资和发展合作，推动了双方关系的发展。

二、和平解决国际争端的努力和贡献

和平解决国际争端既是联合国的宗旨，也是一项国际法的基本原则。《联合国宪章》第一条明确规定了联合国的宗旨，其第一项规定："以和平方法且依正义及国际法之原则，调整或解决足以破坏和平之国际争端或情势。"第二条第三项规定："各会员国应以和平方法解决其国际争端，俾免危及国际和平、安全及正义。"第三十三条第一项规定特别强调："任何争端之当事国，于争端之继续存在足以危及国际和平与安全之维持时，应尽先以谈判、调查、调停、和解、公断、司法解决、区域机关或区域办法之利用，或各国自行选择之其他和平方法，求得解决。"新中国成立以来，中国坚持用和平的方式解决和处理与其他国家的关系和历史遗留问题及其现实问题，中国作为联合国的常任理事国，为和平解决国际争端做出了很大的努力和贡献。

（一）中国和平解决国际争端的理论及立场

在丰富的国际法实践中，我国最终形成了自己的理论原则和立场。我国主张"对话"是和平解决国际争端的正确途径，即政治解决国际争端的重要方法：谈判和协商。冷战结束以后，侵犯主权、干涉内政、非法使用武力的情况时有发生，妥善解决国家间可能产生的各种纠纷、冲突和争端成为当今国际关系中一个较为突出的问题。在今天的时代，平等的主权国家之间的纠纷和冲突，都应当采取对话的方式解决，这不仅有助于增强当事国各国的彼此了解，澄清事实，解决矛盾，又可避免可能给双方人民带来的深重灾难。我国在领土争端方面主要以谈判为主，在互谅互让基础上达成共识。自从邓小平于 1984 年 2 月提出"搁置争议，共同开发"的策略，即在尚未达成共识、彻底解决争端前，维持现状、搁置争议、共同开发，我国一直在实践中贯彻运用这种方法，取得较大成效。坚决反对贸然将争端单方面提交仲裁。

法律解决主要有提交国际仲裁和提交联合国国际法院两种方式。对于这类"法律方法"，中国一直持审慎态度。在恢复在联合国的合法地位后，我国政府宣布不承认过去国民党政府于 1946 年 10 月 26 日关于接受国际法院强制管辖权的声明，并对所有签署、批准或加入的国际公约中带有提交国际法院解决争端的争端解决条款，全部作出了保留。自 1985 年起，倪征燠、史久镛、薛捍勤等中国法学家陆续在国际法院出任法官或担任要职。伴随国际法的发展和国际法律制度的进步，一些案件在国际法院能够受到公正的审判，中国开始改变对国际法院的看法。20 世纪 80 年代后期，我国对于以仲裁方式解决国际争端的政策有所调整。在我国签署、批准或加入的国际公约中，除了对一些涉及我国重大国家利益的国际争端仍然坚持通过谈判和协商解决之外，对有关经济、贸易、科技、航空、环境、交通运输、文化等专业性和技术性的公约所规定的由国际法院解决争端的条款一般不作保留，开始同意载入仲裁条款或在争端条款中包括仲裁的方法。在实践中，也开始有一些经济、贸易、海运等方面的争端通过提交国际仲裁得到了解决。1996 年，我国批准了《联合国海洋法公约》，我国作为缔约国，接受了公约规定的商业仲裁程序。

2001 年，我国加入 WTO，意味着我国接受了关于 WTO 的争端解决机制。这种争端解决机制既不同于谈判等非司法解决争端，也不同于联合国国际法院的司法解决争端。我国认为 WTO 的争端解决机制倾向于根据规则解决争端方式，其中也包括谈判等非司法解决争端的方式，将发挥更大的作用。

我国主张解决国际争端不得使用武力,并认为应当加强联合国在预防冲突方面的作用,联合国维和行动不能代替政治解决国际争端。习近平在2017年1月联合国日内瓦总部的讲话中指出:"应该秉承中立、公正、独立的基本原则,避免人道主义问题政治化,坚持人道主义援助非军事化。"①

(二) 中国和平解决国际争端的国际实践

解决国际争端的方法有政治和法律两种手段。我国一直认为谈判是解决国际争端比较好的方法之一。谈判、协商、斡旋和调停都属于政治解决国际争端的方法。由于我国总体上不主张法律方式解决争端,目前也尚未向国际法院提交任何争端案件,因此,下面举出的主要是我国运用政治方法解决国际争端的实践与案例。

1. 谈判

我国政府分别与英国政府、葡萄牙政府通过和平谈判成功解决了香港、澳门问题,雄辩地说明了谈判的有效性。在《中英联合声明》《中葡联合声明》达成后,中国于1997年、1999年先后对香港、澳门恢复了行使主权,许多国家和政府纷纷发表声明称赞谈判的成功,值得推广。新中国通过谈判解决的第一个边界问题就是中国与缅甸边界问题。中缅通过平等的谈判和磋商达成互谅互让协议。中缅交换了部分土地,而中国也放弃了过去在缅甸拥有的一些权力,和平解决了中缅边界问题。除此之外,我国也成功解决中苏两国的领土边界争端。双方通过谈判进行多轮磋商,并最终达成中苏东段边界协定。苏联解体后,中国继续与俄罗斯、吉尔吉斯斯坦、哈萨克斯坦等国家进行谈判,逐渐解决原中苏边界问题的一大部分。2005年,中俄两国又通过共同协商的方式商议解决黑瞎子岛问题。至2008年,中国军队正式进驻黑瞎子岛中的中国领土,中俄边界与领土问题最终得到圆满解决。1953年8月,我国政府在关于和平解决朝鲜问题的政治会议的声明中建议,为了使政治会议能够和谐进行,以便在国际事务中给和平协商解决争端建立典范,政治会议应当采取圆桌会议的形式,即朝鲜停战双方在

---

① 习近平. 共同构建人类命运共同体:在联合国日内瓦总部的演讲 [EB/OL]. (2017 – 01 – 18) [2023 – 08 – 26]. http://news. xinhuanet. com/world/2017 – 01/19/c_ 1120340081. htm.

其他有关国家参加之下共同协商的形式,而不采取朝鲜停战双方单独谈判的形式。我国建议,在争端当事国单独谈判不方便的情况下,邀请其他有关国家在中立的立场上参加协商,这是创设了一种新的外交方法,使朝鲜的停战谈判取得了成功。

2. 搁置争议,共同开发

在领土争端方面,我国一直提倡并贯彻邓小平于 1984 年 2 月提出的"搁置争议,共同开发"策略来暂时解决国家之间的领土争端。中国在处理与不丹以及印度的边界争端时采用这一策略,成功签订《关于在中不边境地区保持和平与安宁的协定》,其中明确表明"双方同意,在边界问题最终解决之前,保持边境地区的和平与安宁,维持一九五九年三月以前的边界现状,不采取任何单方面行动改变边界现状"。① 在中印边界争端未得到根本解决的情况下,1993 年 9 月,中印两国签订《关于在中印边境实际控制线地区保持和平与安宁的协定》。2002 年 11 月,中国与东盟签署《南海各方行为宣言》②,宣言强调友好协商谈判作为争议解决的方式,并主张不采用使争议复杂化和扩大化的行动。这一宣言是中国在南海问题上维护国家主权的根本主张,也是中国与东盟各国签署的符合各方意愿的、具有约束力的政治性文件。

3. 斡旋和调停

我国直接以斡旋者和调停者的身份解决国际纠纷的实践并不多。但是,在 20 世纪 90 年代,我国曾通过斡旋和调停的方法,促成了一些纠纷或争端的解决,尤其是在解决亚洲地区国际争端中起了重要作用。例如,日本与朝鲜之间,有关嫁给朝鲜人的日本妇女回国省亲的问题,就是在我国的调停下,于 1997 年 7—9 月间,在北京经多次会谈和协商后初步解决的。1997 年 5 月和 7 月,韩国与朝鲜关于韩国向朝鲜提供粮食援助的问题,我国也是

---

① 新华网. 中国政府和不丹王国政府关于在中不边境地区保持和平与安宁的协定 [EB/OL]. (1998 - 12 - 08) [2023 - 08 - 26]. https: //www. mfa. gov. cn/web/wjb_ 673085/zfxxgk_ 674865/gknrlb/tywj/tyqk/200111/t20011106_ 9276807. shtml.

② 新华网. 南海各方行为宣言 [EB/OL]. (2011 - 08 - 12) [2023 - 08 - 26]. http: //newyork. fmprc. gov. cn/wjb_ 673085/zzjg_ 673183/yzs_ 673193/dqzz_ 673197/nanhai_ 673325/201108/t20110812_ 7491674. shtml.

以调停者的身份，在北京举行了多次会谈。

三、中国传统法律文化与当代国际法的进步

（一）磨合中的共同进步

从对新中国国际法实践七十多年的回顾中，我们可以看到改革开放的前三十年，是由民国时期对国际法律制度的趋同走向反叛的过渡期，是中国国际法实践与发展缓慢甚至处于停滞状态的三十年。新中国成立前十年，国际格局出现二强对立，使得中国国际法实践基本与西方世界隔离，新中国被视为既有国际法律制度的反叛者；60 年代初"文化大革命"与"闭关自守"的国内政策的实施使得新中国国际法实践几乎为零，国际法理论发展在十多年间止步不前。因此，新中国成立之初的前三十年的国际形势与国内政策，成为影响中国国际法实践与发展的重大外因。

与此同时，国际法的自身发展实现了从近代到现代的转变。国际法变革的根本动力，来自各个地区政治上的日益觉醒，在重视地区性国际体系建设进程中，开始审视和反思国际法与地区性法律体系建设的关系。① 两次世界大战的惨痛教训使得人类更加渴求世界和平与稳定的局面，人们开始反思近代国际法原则、规章和制度存在的明显不足与纰漏，一些反映西方殖民利益、维护殖民体系的规则已经成为历史，现代国际法在其约束对象、价值目标、规范范围等各方面得到全新的拓展。1945 年《联合国宪章》的签署实现了近代国际法到现代国际法的转向，51 个反法西斯国家共同签署了《联合国宪章》，建立了以维持和平与安全为首要宗旨的联合国组织，代表以联合国为主的国际社会初步形成。宪章特别强调了国际法的作用，国际法再度被受到重视，成为维护世界和平、安全、稳定的工具。

1. 维护国家独立与主权平等

饱受了一百多年殖民侵略伤害的中国人民，深刻体认到近代国际法的强权与扩张本质，因此，中国在与西方国际体系打交道的时候，难免存在

---

① 苏长和. 和平共处五项原则与中国国际法理论体系的思索［J］. 世界经济与政治，2014（6）：4 – 15.

犹豫和徘徊的心态，历史上不平等条约体系的记忆影响了中国接受西方国际法规范规则的决心，因此新中国在成立之初一直采用"一分为二"的政策对待国际法，并把捍卫国家独立和主权当作新中国外交政策的第一要务。尽管如此，新中国不仅承认国际法，而且在对外关系中适用国际法原则、规则。① 新中国对以联合国为核心的国际体系和以《联合国宪章》为基本内容的国际法体系保持着一定程度的尊重与期望，在成立之初就向联合国提出自己的合法权利要求，并一直谋求融入以联合国为核心的国际体系。中国虽然对传统国际法律秩序的许多方面持明显批评态度，但仍接受《联合国宪章》的宗旨和原则以及国际法基本原则。② 如前所述，新中国拒绝、排斥、否定传统国际法中维护帝国主义和殖民主义利益的原则和规则，强调遵守建立在国家独立和主权平等基础上的各项原则和规则。

2. 大国外交中的身份认同

身份认同是指某个行为体所具有的或展示出的个性及区别性形象，这类形象是通过与"其他者"的关系而形成的。从这一个定义而言，身份认同涵盖行为主体两种层面的内涵，其一是基于行为主体"自身"条件和环境构建的"自我"形象，展示出的形象与其独有的个性相符并区分于"他者"；其二是行为主体通过与"他者"之间的关系互动而构建的"他我"形象。

1840 年前，天朝大国的观念、文化优越的印象、与邻邦相处的中心地位等，是构建中国历代王朝帝国身份认同的核心要素。在中国古代封建王朝的统治之下，中国拥有无可比拟的地理、政治、经济、军事等优势，自身发展而成的优越条件及环境是构建中国"天朝上国"形象的"自我"身份认同要素。另一方面，分封和朝贡做法从周天子建立诸侯国时期各诸侯对天子需服从命令、定期朝贡等的责任与制度被扩大到处理中国与周边国家的关系上，并逐步巩固和完善。在朝贡体制下，周边国家若想得到中国的帮助或与中国建立睦邻关系，需臣服于帝国之下，行"朝贡之礼"，接受

---

① 邓正来. 王铁崖文选 [M]. 北京：中国政法大学出版社，2003：328.
② 王铁崖，陈体强. 中国国际法年刊（1983）[C]. 北京：中国对外翻译出版公司，1984：135.

"三纲"文化。朝贡制度是古代中国构建"天朝上国"形象的"他我"身份认同要素。作为历史悠久的东方巨龙，中国历代的统治阶层以"天朝"自居，沉浸在"天朝上国"的自我认同、基于朝贡体制的"他我"身份认同的梦境中，直到第一次鸦片战争的爆发。

朝贡制度自清代以后逐渐淡出了历史舞台，其终结主要与当时东南亚政局和世界经济格局的重大变化有关。一方面，进入近代以后，中国接二连三地遭到西方列强的侵略，作为战败国签订各种不平等条约，甚至割地赔款，不复有昔日东方强国的天朝荣誉与经济实力；另一方面，中国不再具备对东南亚商品市场的巨大的吸引能力，逐渐被卷入了资本主义全球大市场当中。"近代中国最重要的文化事件之一是传统的中华文明帝国瓦解，中国面临着共同体认同危机。"从中俄《尼布楚条约》开始以朝贡制度为主的对外交往模式开始全面被条约制度取代，鸦片战争之后的局势与中俄《尼布楚条约》签订之时完全不同，中国不得不接受一套条约体系，以此确立与西方的交往基础。以条约为基础的中外交往模式替代了朝贡体制，出现了严重的身份认同危机。《马关条约》签订后，清政府失去了最后一个"藩属国"，使得清政府的对外交往朝贡体制失去了形式上的支撑，从两种体制彻底变为一种体制。清朝政府对这一源自外界的西方外交体制与思想经历了"抗拒—调适—接受—仿效"的过程，意味着他们对传统华夷外交思维理念从"竭力维护到被迫抛弃"的转变，也宣布了"天朝上国"崩溃。新兴强盛的西方国家与没落衰败的清朝帝国形成鲜明对照，"天朝"迷梦被击得粉碎，王朝帝国变得千疮百孔，随之而来的是严重的身份认同危机。

在以民族国家为基础的世界体系逐步确立的时代背景下，近代中国认识到重塑民族身份认同的重要性。辛亥革命代表着中国古代传统王朝身份认同危机的总爆发，中国近代民族身份认同重塑自此也迈出了最为重要和关键的一步。一定程度上说，中华民国与外国的关系（1912—1949年），是现代国家之间的交往。但由于国民政府被迫继承一系列不平等条约，与列强外交延续晚清以来的颓势。追求国家主权平等的"他我"身份认同及来自民族的"自我"身份认同重塑困难重重。中华民国成立虽然推翻了帝制，国家在形式上保持了统一，而实际军阀割据，各自为政，中国国内陷入分裂，经济发展一再为战乱所破坏，综合国力并未获得改善；此外，中央与蒙藏地区的连接伴随着朝贡体制消失而断开，新的中央政权受到来自边疆地区的"独立"的挑战。加上来自国外势力的拉拢和利诱，加剧着蒙藏民族的"独立"意识。因而，"自我"民族身份认同重塑之路任重而道远。

新中国成立以后，和平共处五项原则成为中国外交核心价值体系和国际社会规范体系的重要组成部分，也是中国同世界上爱好和平的国家一起，共同引领世界走向和平发展、和谐共生道路的基本价值准则。但由于国际形势的复杂多变，新中国自成立以来历经几个阶段的外交策略调整。

新中国第一个对外策略有强烈的时代特征，是以毛泽东同志为核心的中共第一代领导集体在当时纷繁复杂、强烈冲突的国际局势下提出并执行了一系列对外战略，建立起独立自主、和平外交的对外关系框架，"一边倒"成为其中最核心的策略。1950年2月签署了《中苏友好民盟互助条约》，标志着中国正式加入了国际社会主义阵营。"一边倒"战略解决了国家安全问题，同时也争取了苏联的经济援助。但由于苏联的背信弃义，中苏关系开始不断恶化，中国的经济发展遭遇巨大的困难和损失。与此同时，中美关系陷入对峙态势。朝鲜全面停火之后，美国不愿在台湾海峡撤离其武装，还与台湾行政当局缔结了所谓的《共同防御条约》，公然干预我国内政；此外，美国拒不承认中国政权，极力阻挠恢复中国在联合国的合法席位，还启动了对越南的侵略战争，严重威胁到中国的国土安全。因此，中国在此期间将对外策略调整为"两面出击"，即"打倒美帝国主义、苏联现代修正主义"。

从20世纪60年代末到70年代中期，全球格局出现了新的变化：第三世界国家纷纷宣布独立，西欧、日本崛起，苏攻美守局面逐步建立。毛泽东同志毅然决定将外交战略调整为"一条线、一大片"，打开中美关系，摆脱与美苏同时对抗的不利局面。"一条线、一大片"战略有力抑制了苏军的膨胀态势，也争得了外部环境的相对安定，从而减轻了国家安全存在的巨大危险与压力。与此同时，中国主动积极与多国建交，中国的国际地位得到显著提高。经过一段时间的较量，美苏冷战，双方进入僵持状态，中美、中苏关系摇摆未定，国内"文化大革命"之后，邓小平做出了两个重要转变，其中之一就是改变了原先的"一条线"战略，高举反霸旗帜，维护世界和平。通过对外交战略的适时调整和对世界大势的准确把握，中国开展"全方位"外交，积极主动地融入了国际社会，赢得了和平发展的、有利的国际环境，与世界大部分国家尤其是第三世界国家建立了友好往来的关系。

"全方位"外交战略迎来中国外交的全新局面，极大地提高了中国的国际地位和影响力，在与世界联系的对外交往的过程中实现了"他我"身份认同的重塑。中国共产党领导中国人民，在马克思主义政党先进思想的指引下建立了人民民主专政的新中国，开辟了中国特色社会主义道路，实现了"自我"身份认同重塑的使命。中国共产党坚持马克思主义民族理论指导并让这一理论中国化，是真正意义上的人民民主专政，这种始终如一的价值取向符合中国国情，中国政府始终以民族大义为重，各民族交往、融合，逐渐形成了休戚与共的多元的文化格局。各族人民包括边疆少数民族坚定确立了对祖国的认同，并在务实灵活的民族政策中得到不断巩固，真正让各族人民成为国家和社会的主人，破除国家和民族发展的思想和体制障碍，克服了近代身份认同危机，实现了身份认同的自我重塑。

3. 和平共处五项原则的建立与发展

新中国始终希望通过努力在国际上建立新的更符合自身利益要求的国际法体系。中国同周边国家共同提出和平共处五项原则，与亚非国家共同致力于摆脱殖民体系，赢得了国际尊重，受到了广泛认可。中国在长期的外交实践中坚持和平共处五项原则，以国际法为武器进行反帝、反殖、反霸斗争，支持第三世界人民的利益和要求，维护中华人民共和国的合法权益。和平共处五项原则抓住了世界的大义，顺应了潮流，为新兴国家之间以及新兴国家与传统国家间的共处指明了一条出路。和平共处五项原则自提出之日起，便成为我国对外交往的基本准则，也因为中国的坚持与遵守和在中国广泛的国际法实践中的发展，以及在国际会议和国际文件中的普遍认可，其以极强的生命力一直延续至今。笔者在后面章节中将论证坚持和平共处五项原则在当代中国国际法价值实践与认同中的必要性与现实意义。

（二）中国现代法律文化与当代国际法的共同发展

1978 年底确立的改革开放政策，使新中国国际法进入改革与发展的新阶段。与此同时发生的"冷战"的结束使世界格局发生了结构性的变化，伴随改革开放政策，成为中国国际法迅速恢复和快速成长的动力。新中国与国际社会的关系经历了从反叛到协调的转变，逐渐从国际法律秩序的反叛者、批评者转变为主动参与者、积极维护者与重要建设者。这种态度上和立场上的变化，是新中国不断反思其与世界的关系的过程，离不开几代领导人的果断决策。[①]

新中国第一代领导人在 60 多年前的万隆会议上倡导和平共处五项原则；邓小平同志关于"和平与发展是当代世界的两大主题"的理论，精辟而深刻地揭示出当代世界的特征和国际格局的特点；[②] 1996 年 12 月，中共中央政治局集体学习，江泽民主席在听取了国际法讲座之后，就有关国际法问题发表了重要讲话，[③] 引领中国国际法理论与实践围绕"和平与发展"两大主题获得更加全面深入的发展；2005 年胡锦涛主席在雅加达举行的亚非峰会上提出了"构建持久和平、共同繁荣的和谐世界"的想法，并在中国共产党第十七次代表大会的报告全面阐述了"和谐世界"的具体内涵，"和谐世界"中"和谐"观念充分再现中国自古以来对世界际秩序的构想，儒家文化之精髓，也是新中国自诞生以来一直延续的国际法实践传统，"以和邦国""和而不同""以和为贵"自古有之，"和谐"思想是中国传统儒家文化的现代化表述，向世界表明中国大而不霸的历史文明；习近平主席在 2017 年 1 月 18 日在联合国日内瓦总部发表了题为《共同构建人类命运共同体》的主旨演讲，呼吁国际社会共同推进构建人类命运共同体的伟大进程。习近平主席重申和平共处五项原则是国际公认的原则，应该与平等和主权原则、国际人道主义精神、联合国宪章明确的四大宗旨和七项原则一道，

---

① 叶秋华，王云霞，夏新华. 借鉴与移植：外国法律文化对中国的影响 ［M］. 北京：中国人民大学出版社，2012：419.

② 周尊南. 我国对外政策调整的理论基础：学习邓小平同志的外交思想 ［J］. 外交学院学报，1988（1）：50 - 58.

③ 王铁崖. 中国国际法年刊（1996）［C］. 北京：中国对外翻译出版公司，1997：3 - 5.

成为构建人类命运共同体的基本遵循。国际社会要坚持对话协商、共建共享、合作共赢、交流互鉴、绿色低碳，建设一个持久和平的世界；中国维护世界和平、促进共同发展、打造伙伴关系、支持多边主义的决心不会改变。① 习近平主席的讲话是对中国几任领导人外交战略思想的继承和发扬，表达了新一代中国领导人为新世纪国际关系和国际法发展指明的发展方向，勾画了中国外交战略总目标，充分展示了中国从积极参与到主动构建国际法规则和体系的角色转变的负责任大国形象。作为负责任的发展中大国，不能再仅仅满足于做国际体系的积极参与者，要积极地扮演维护者和建设者。中国不仅要遵守国际法的现有规则，更要积极参与到制定国际法新规则的进程中去。

不同国家之间的法律文化交流过程也是推动冲突双方法律文化进步的过程，中国传统法律文化在冲突中逐渐向西方靠拢，促进了自身法律文化的进步。对待近代国际法这一外来的异质法律文化的态度从拒不接受到逐步适应，从运用到趋同，最后进行了选择性的融合，最终使中国摆脱了不平等条约的束缚，打破近代国际法的不合理性，在世界范围内获得了真正意义上的主权平等。总之，中西传统法律价值冲突在国际法实践中的互动，促进了传统国际法向现代国际法的迈进。

首先，不同民族国家间法律文化的互动交往在某些特殊情况下会引发国际纠纷或国际争端，在传统国际法时期以战争、武力或武力威胁的形式来解决。近代史上不乏国与国之间的交往中因贸易纠纷、宗教纠纷、边界纠纷等而引发争端，不同国家的法律文化的差异构成了引发争端因素中一个重要的变量。从近代世界史来看，欧洲殖民者的法律文化和价值观伴随欧洲的强势文化扩张扩散到中国乃至全世界，所到之处无不引发当地的拒绝和抗议，进而导致国际争端。当争端发生时，战争便是传统国际法解决纠纷的方式之一，在传统国际法中，战争可以被作为推行国家政策的工具。从法律文化的角度来看，第一次鸦片战争的爆发就是东西两种异质法律文

---

① 习近平. 共同构建人类命运共同体——在联合国日内瓦总部的演讲［EB/OL］.（2017 – 01 – 18）［2023 – 08 – 26］. http：//news. xinhuanet. com/world/2017 – 01/19/c_ 1120340081. htm.

化冲突的表现形式，是两者相互抵触、碰撞和排斥的结果，最终以西方通过强制中国签订条约的形式结束战争。但因条约存在实质上的不平等，清政府主观上不愿承认和履行条约，法律文化冲突导致了矛盾的再次激化升级，西方列强以清政府未履行条约为由发动了第二次鸦片战争，因此可以说，第二次鸦片战争仍然是中西法律文化冲突的继续。

其次，法律文化冲突反过来也会对冲突方各自的法律文化产生影响。客观上，法律文化冲突对于不同文化的互动有着直接的促进作用。鸦片战争的残酷与不平等条约的约束迫使清政府不得不认真地接触、适应国际法，了解西方法律文化，并开始主动学习对方的长处。从一定意义上讲，鸦片战争打开了东西方的交流屏障，推动中国开始走向开放的现代世界。从《南京条约》开始，中国人民就自发地开展起了反对不平等条约和争取国家独立、争取主权平等的不屈不挠的抗争，清政府、北洋政府和南京国民政府也都在修约、废约、收回主权方面做出过不同程度的努力，这个过程同时推动着中国法律文化与国际法的进步。

再者，法律文化冲突对于对立的法律文化自身的发展，也有重要的作用。法律文化冲突的结果对相关法律文化的后续发展影响很大。一般来说，经历了交锋与碰撞的法律文化归宿只有三种可能：被迫消亡、自我更新、彼此融合。事实上，法律文化的消亡并不多见，中华法系中的传统精髓始终未被中国人民摒弃，反而因为战争后的特殊环境激发了对抗中的文化活力，增强其抵御外来文化侵入的能力与自保能力。更常见的是，法律文化的碰撞为彼此相互采纳借鉴对方的文化优点提供了难得的机会。参与法律文化冲突的双方在碰撞中会自觉或不自觉地发现并了解其他法律文化的存在与独特性，进而反省并重新估价自己文化的价值与意义。总之，牵涉法律文化冲突之中的法律文化都会在不同程度上有所补充、修正或完善，获得更加成熟的适应能力。

从本章对中国应对中西法律文化冲突的国际法实践的梳理来看，中国法律文化与国际法从冲突走向融合、发展和共同进步就是这种互动的动态历史表述。总之，虽然异质法律文化之间可能因国家利益的矛盾而导致冲突，但是拥有异质法律文化的国家之间在发生碰撞的特殊条件下，也会吸纳与借鉴对方的文化优点，这使得他们在这种法律文化的互动中为可能出现的国际合作奠定基础。而同质或同源法律文化由于其自身强大的文化凝聚力和向心力，在法律文化交流中比较容易结成同盟或促成国际合作。

另外，近代国际法成为调解冲突的手段之一，饱受诟病。新中国在处理国际法问题时运用了一分为二的原则，有选择地运用国际法，一方面重视、尊重国际法中一切以国家独立，主权平等为基础的规则和原则，另一方面抵制、反对传统国际法中维护帝国主义、霸权主义、殖民主义利益的部分。中西传统法律价值从晚清时期通过与近代国际法接触，经历了交流、交锋，再到民国时期的交融，新中国成立初期由于特殊的国际环境和国内政策出现较长一段时间的停滞，直到中美关系出现历史性转机，中西法律价值才重新获得相融与交织的机会，中西传统法律文化在近代国际法实践的交流和碰撞中经历了自我审视与改革，共同促进了当代国际法的进步，为中国国际法价值在国际体系中的重新确立创造了机遇。

第三章
中西法律文化冲突在当代国际法领域中的突出表现

　　尽管中国的法律文化随着全球化浪潮正逐步完成从传统到现代的转变，但由于传统法律文化固有的殊异以及不同国家的社会制度差异，当今中西法律文化在国际法领域的交流中仍存在着很多沟通上的障碍。中国应当如何在当代国际法实践中应对中西法律文化冲突，这就需要准确把握冲突的特点、规律与发展趋势，在力求寻求认同和共识过程中找到合理的解决方式与途径。这是国际法研究中必不可少的课题，对于建构中国先进法律文化也有着重要的现实意义。有关当代全球化背景下出现的多元法律文化冲突对于中西法律文化冲突的影响，以及冲突的新特点和发展趋势，笔者将在第四章中探讨。

　　法律文化的发展必定会推动国际法律秩序的发展，因为国际法是调整不同的法律文化冲突的法律工具。然而，文明发展至今，发生着时间和空间维度上的变化，国际法律制度的发展相对于时刻发生着的法律文化的冲突而言是滞后的，冲突仍在各个领域发生，并随着时代的发展在数量上增多、在规模上变大。但发生的方式和表现的状态在国际法律秩序的调控下与近代有着明显不同，不再充满硝烟与战火，这是国际法发挥其秩序功能和国际法秩序价值的体现，尤其伴随 WTO 的发展，在国家自愿的前提下 WTO 争端解决机制发挥着巨大作用。从近代到现代，中西法律文化的冲突广泛存在，但在冲突的方式、广度、深度、特点上都与近代有明显不同。本章旨在探讨中西法律文化冲突在当代国际法几个领域中的突出表现，为本书后面的研究提供一些微观的思考。诚然，发生在国际法每一个领域中的中西法律文化冲突都能作为一个课题深入论述和探讨，但基于本书的研究范围，笔者选择了国际法范围内冲突发生得较为突出和频繁的三个领域，从微观角度探寻中西法律文化冲突在国际人权法、国际条约法、国际贸易法三个领域中的历程与动因，并进行实证分析，对两者存在的法律文化差异的显性与隐性因素进行了深入探讨和总结。

第一节　国际人权法领域

中国自改革开放以来，人权状况在日新月异地进步。但在国际社会中，中国的人权状况屡屡受到美国等西方国家攻击。究其原因，除了人权被政治化等诸多因素外，中西传统与现代法律文化的差异是导致两国人权理念大相径庭，导致两国在人权外交中针锋相对的根本原因。从个人权利和集体权利到人权和主权孰轻孰重的争论，无不反映出中西方传统法律文化对人权的国际法实践的深刻影响。美国在对待中国人权这一问题上，始终站在谴责、制裁中国的浪尖，人权问题是影响中美之间关系发展的主要问题之一。

一、中西方人权法律文化差异解析

（一）西方的人权传统法律文化

近代人权概念起源于西方，西方传统法律文化最显著的特征是重自由和重个体。早在古罗马时期，个人权利的概念甚至一系列体现私人平等和个人自由的法律原则就已出现，即使在黑暗的神权时代，个人主义与自由主义也在各种打压中存在和发展，表现出顽强的生命力。十二世纪以后，宗教改革与文艺复兴唤起的强烈的个人主义人性意识与罗马法的复兴贡献出来的宝贵的私人平等权利意识，为近代人权理论的产生奠定了坚实基础。1215 年英国在《大宪章》中确立了一些英国平民享有的政治权利与自由，保障了教会不受国王的控制，同时它改革了法律和司法，也限制了国王及皇室官员的行为。美国本是英国殖民地，在其独立之初吸收了许多英国的社会元素，包括文化、军事、经济、政治等方面，受文艺复兴运动的影响，十分崇尚自由，反对专政和压迫。为保障公民的基本权利，《独立宣言》中明确指出："我们认为下述真理是不言而喻的：人人生而平等，造物主赋予他们若干不可让与的权利，其中包括生存权、自由权和追求幸福的权利。为了保障这些权利，人们才在他们中间建立政府，而政府的正当权利，则是经被统治者同意授予的。任何形式的政府一旦对这些目标的实现起破坏作用时，人民便有权予以更换或废除，以建立一个新的政府。新政府所依据的原则和组织其权利的方式，务使人民认为唯有这样才最有可能使他们获得安全和幸福。"西方文化里的"人"是绝对的个体人（individual person），不仅独立于群体，而且先于群体和高于群体。将个人权利置于国家权力之上，保障个人权利免受国家权力的侵害，是西方个人主义人权理论的基本原则，这种基本原则与理念自然也沿袭于《世界人权宣言》，渗透于国际法的不同领域，尤其在国际人道法领域得到加强。从《世界人权宣言》到《公民权利和政治权利国际公约》，整个国际人权宪章体系被认为更多地反映出 20 世纪后期西方国家的人权观念，而这种影响一直都在。因此，可以说国际人权法和人道法的理念表述，均源于西方传统法律文化。

（二）中国的人权传统法律文化

中国自西周确立了宗法制及与其紧密结合的分封制，就形成家国一体，从天子到平民人与人普遍的依附关系。在西汉武帝时期，汉武帝"罢黜百家，独尊儒术"，从而儒家的人本思想得到了长足发展。孔子提出具有古典人道主义的性质"仁"，孟子主张施行仁政，并提出"民贵君轻""政在得民"。中国传统文化认为个人的价值在于以天下为依归，个人只有在社会关系网络中才有意义；在人群中做人是儒家学说的基本目标，① 个人与他人、自然、社会、家族、民族、国家这类整体被认为具有本体意义上的同一性，国家的利益、社会的利益高于个人的利益。儒家的所谓"修身、齐家、治

---

① 包天民．决定中国人权观的文化和政治因素［M］//白桂梅．国际人权与发展：中国和加拿大的视角．北京：法律出版社，1998：34.

国、平天下"，实际上就是服从社会的需要，服从国家的需要，个人是让与的、利他的、与人谐和的道德主体。个体从属群体，首先要为群体服务，人人都应恪守在群体中的责任和义务，① 新中国成立后，以中国传统文化为背景的中国人权观与马克思主义契合并得到了进一步分析和表述，它主张"人"应该是历史的、社会的和具体的人，反对西方人权观将"人"视为绝对孤立于群体的个体。同时，集体主义观念有了相当程度的发展。中国在国际社会中反复强调人权首先是人民的生存权利和发展权，中国与广大发展中国家人权观的一个共同认识就是要求集体人权，尤其是那些与中国一样有着相似的被殖民侵略的屈辱历史的国家。他们认为霸权主义和强权政治至今仍然存在，不公正的国际政治经济关系是它们寻求发展的最大障碍，因此，民族作为一个集体对抗外来不公的权利是个人权利实现的前提和基础，人权的主体应该包括集体。中国认为人的权利都是由主权国家根据本国的具体国情，通过立法来规定并保障其实现的。没有国家主权，人权只能是一句空话，因此主权应高于人权。

（三）中西现代法律文化在人权发展认识上的主要分歧

总体而言，中西法律文化在人权认识上存在着平等与自由、集体权利与个人权利、经济社会权利与公民政治权利相对立的根本性分歧。西方的人权观认为人权是天赋的，人权主要是指个人人权，只有个人才是人权的主体和承担者，不包括集体人权；人权包括公民、政治权利，主要指公民的生命、安全和政治权利；在人权问题上应该把权利和义务割裂开来，强调权利的绝对性和优先性；在人权和主权的关系上，人权应高于主权。而中国的人权观认为人权是社会历史的产物；人权是个人权利和集体权利的统一；人权是一个广泛的人类社会学概念，不仅仅是一个政治法律概念，不仅只包括公民、政治权利，还包括经济、社会和文化权利；在人权问题上，人权是权利和义务的统一；人权是一个具体的具有发展性的概念，与各国的政治、经济、文化发展以及历史传统相联系；在人权和主权的关系上，人权在本质上是一国范围内的事情。

---

① 夏勇. 人权概念起源 [M]. 北京：中国政法大学出版社，1992：185.

只要这两种政治制度、意识形态和政治信仰存在，这种在人权观方面的对立和斗争就会一直存在。① 也就是说，只要国际社会中资本主义和社会主义这两种社会制度长期存在，中国代表的马克思主义人权观和美国代表的自由主义人权观之间的分歧和对立不会消减，中西人权价值观的分歧会是一个长期客观存在的现象。

二、中西方人权价值问题在国际人权制度下的博弈

新中国成立后人权发展的阶段划分为四个阶段：从中华人民共和国成立到改革开放是初步阶段，对发展中国家的独立和发展权利，中国做出了贡献；改革开放初期至 20 世纪 80 年代，中国参与推动国际人权发展，逐步认同国际人权标准、融入国际人权机制；20 世纪 90 年代中国广泛参与国际人权事务，致力于维护国家主权的同时参与推动国际人权发展；21 世纪中国对国际人权发展的参与和推动进入了新的阶段。基于此划分，笔者立足于中西方法律文化在国际人权制度上的人权话语表达，对各时期中国在国际人权制度下的人权观、人权政策及西方在人权价值问题上的交流与冲突进行整体梳理。

（一）1949—1979 年中西人权价值之争

应该说，新中国的人权观念、人权制度体系是在西方人权价值和理念影响下构建起来的，是从公民权利与政治权利开始的。新中国在成立之初就通过国内立法对公民权利和政治权利加以确立。1949 年 9 月 29 日中国人民政治协商会议第一届全体会议通过了《共同纲领》，在人权保障方面确立了人民的权利、人民团体的权利、少数民族的权利、特定主体和不特定主体的权利、平等权。1949 年 10 月在国内政治经济体制改革中，逐步确立了人权保护的准则。1954 年宪法第三章"公民的基本权利和义务"详细规定了各项基本权利，包括：平等权（第八十五条），选举权和被选举权（第八十六条），言论、出版、集会、结社、游行、示威的自由（第八十七条），

---

① 罗艳华. 论中美人权之争的根源与特性［J］. 山西大学学报（哲学社会科学版），2007（3）：213－219.

宗教信仰的自由（第八十八条），人身自由不受侵犯（第八十九条），住宅不受侵犯、通信秘密、居住和迁徙的自由（第九十条），劳动权（第九十一条），受教育权（第九十四条），文化活动权（第九十五条），控告权和获得赔偿权（第九十七条）。新中国政府于 1952 年 7 月 13 日发表声明，宣布承认中华民国政府签署的日内瓦四公约，并于 1956 年 11 月 5 日批准加入。1957 年 6 月 28 日，四公约对中国生效。1971 年以前新中国由于没有恢复在联合国的合法席位，但也通过万隆会议等主要外交场合表达了支持第三世界国家独立、支持民族自决权的想法和决心。中国为争取第三世界国家的独立和发展权发出中国的声音，并在行动上给予有力支持，对发展中国家的独立和发展权利作出自己的贡献。尽管在人权发展停滞的 30 年，但在1971 年至 1973 年间，中国政府先后恢复了在联合国、联合国粮农组织、联合国教科文组织和世界卫生组织的合法席位，这标志着中华人民共和国政府继续受这些国际组织文件中与人权有关规定的约束。① 1947 年冷战开始，美苏两大阵营的对抗，人权保护演变为两种不同意识形态国家间的人权对抗。由于特殊的国际形势，中国又是作为社会主义阵营的一个重要组成部分，人权观念很大程度受苏联的影响。②

在美苏意识形态有关人权问题的斗争中，自由、正义、主权、平等是两种制度进行意识形态斗争的中心。③ 西方国家严厉地批评苏联人对政治权利的漠视和违背，认为经济权利并不是真正的法定权利。对于自由主义者而言，公民与政治权利具有优先权，目的是为国家活动设置范围，因此采用"消极自由"的概念，即缺少国家强制与约束。④ 经济权利并不是真正的法定权利，是由群体而不是由个人提出要求，经济权利在行动中却是积极的，要求国家干预经济和社会，加强税赋和中央计划。此外，自由国家不可能为经济权利提供立法保障，并且法院不可能强制其实施。而以苏联为

① 徐显明. 国际人权法［M］. 北京：法律出版社，2004：97.
② 周琪. 人权与外交［M］. 北京：时事出版社，2002：13 - 14.
③ В. А. 卡尔塔希金，韩延龙. 人权与国际意识形态斗争［J］. 环球法律评论，1987（4）：65 - 70.
④ 科斯塔斯·杜兹纳. 人权与帝国：世界主义的政治哲学［M］. 辛亨复，译. 南京：江苏人民出版社，2010：25.

首的社会主义国家认为，社会与经济权利比形式上的自由更重要，肉体的继续生存和生活条件比投票权更重要，因此社会与经济权利等级更高。

（二）改革开放初期至 20 世纪 80 年代

直到 20 世纪 80 年代后期，中国才重新进入国际人权公约领域。1982宪法相较于前三次国内宪法的修改，更进一步丰富了公民基本权利的内容和实现条件，将"公民的基本权利和义务"放在第二章，突出了公民的基本权利。

"人权"和"国家主权"本就是国际法中两个相互对立的原则，从诞生之时便有矛盾和悖理的一面。冷战期间，人权与主权之争在国际范围内经历了较长时间的争论，一度发展到白热化阶段，美苏大国在世界范围内划分势力范围，并分别开始强势干涉。针对西方社会提出的"人权高于主权""国权不可压人权"等论点，邓小平 1989 年指出"国权比人权重要"，并主张将"国权"提升到较高的位置，确定了中国的人权主流意识形态。

（三）20 世纪 90 年代中美人权与外交之争

20 世纪 50 年代至 70 年代中期，国际人权发展迅速，以美国为首的西方国家对国际人权运动并不持积极态度，并未将人权作为外交政策资源。直至 20 世纪 70 年代后期，西方想把人权经验推行到其他发展中国家，并为此形成了一整套的人权外交理论。美国主导的人权外交正式开启。

1. 美国人权外交政策实质

人权的运作方式，将政治与社会的矛盾和冲突放到了表面，但同时掩盖着冲突的深层次根源。

（1）隐蔽的对外扩张工具

人权文化输出对于西方而言是维系帝国霸权的一种行之有效的手段，与武力征伐和经济掠夺相比拥有更适应现代国际形势的优势。即人权文化可以以一种人道主义的面纱蒙蔽帝国主义的霸权目的。[①] 美国推出的人权外交不过是推进霸权主义事业的一种隐蔽的扩张工具，与曾经将近代国际法作为对外扩张工具的欧洲殖民侵略者的做法如出一辙，在人权的掩护下，

---

① 唐健飞. 国际人权公约与和谐人权观 [M]. 北京：社会科学文献出版社，2010：48.

谋划武装干涉，并演变为冷战后出现的"新干涉主义"。美国在评价别国人权状况上采用双重标准，某些非政府组织也加入到推行双重标准的行列中来。① 他们一边大肆宣扬"人权无国界""人权高于主权"，一边与西方部分国家积极插手和干预世界各地冲突和纷争的处理。在"人权高于主权"的口号下，以美国为首的西方国家公然挑战联合国权威，在未经联合国授权的前提下，对伊拉克、波黑、南联盟、科索沃、阿富汗等地实施军事干预。

（2）对主权和不干涉内政原则的颠覆

我们反对人权高于主权的观念，强调国家主权神圣不可侵犯。实际上，西方强势国家推行霸权主义和强权政治主要的理论依据之一就是人权高于主权的观念。认真分析起来，这一理论实际上存在以下几方面的悖论：首先，它的前提是假设其他国家都是侵犯人权的国家，西方国家是充分尊重人权的典范国家，由此西方便获得了对其他国家干预的权利。这实际上是破坏国家主权不可侵犯的法理基础，必然会造成国家之间的矛盾和对抗。其次，西方国家自认为其推广的人权观念和价值是普适的，是放之四海而皆准的，实际上没有充分考虑到发展中国家的实际发展历史和现实状况，而是完全以自己的道德标准和价值观念来判断是非。最后，所谓人权高于主权理论实际上是为西方国家对别的国家尤其是第三世界国家的干预行为提供非法理依据，属于践踏其他国家主权的反人权行为。

（3）美国的人权外交政策属于霸权干预主义行为

人权外交在文化帝国主义外交中占有无可替代的主要地位。汉斯·摩根索谈到文化帝国主义，认为我们拟称之为文化帝国主义的东西，是最巧妙的，并且如果它能单独取得成功，也是最成功的帝国主义政策。它的目的，不是征服领土，也不是控制经济生活，而是征服和控制人心，并以此为手段进而改变两国之间的强权关系。② 20 世纪 80 年代初，美国里根总统在提交给国会的"人权备忘录"中就公开提出了人权的双重标准：通过

---

① 房广顺，郑宗保. 西方国家推行人权双重标准的做法与实质 [J]. 思想理论教育导刊，2012 (11)：54.

② 姜安，王亚范. 意识形态与美国对华人权政策 [J]. 北华大学学报（社会科学版），2006 (5)：15-19.

"积极标准"对社会主义国家进行批评、指责、丑化、污蔑、孤立、制裁乃至动武，通过"消极标准"对美国的盟国和对美有战略意义的国家即使公认人权状况恶劣也只是采取口头批评。①

（4）美国人权外交政策是一种"法理霸权"

"法理霸权"是当代霸权主义的常用手段，是少数霸权国家为了将自己霸权行为合法化而以法制主义为幌子推行的霸权行为。西方国家一直以来标榜自己是法治完善的民主国家，其诸多国家行为包括外交政策的实施均是以法律为依据，因此在人权外交上自然要找到法理依据。另一方面，霸权是以牺牲弱小国家或相关国家的主权地位为代价的，在国际事务中必然遇到抵制和对抗，难以顺利进行，因此在所谓合法化的名义掩护下进行霸权努力则是较为可行的选择方案。

美国人权战略就是以法理为掩护的一个国家策划。人权在历史上曾起到过非常革命性的作用，曾作为精神武器引领资产阶级与封建阶级进行了不屈的斗争。然而，在现代国际经济政治体系中，人权一定程度上却成了发达国家实施霸权外交的重要手段。美国以吉米·卡特为高峰点，经罗纳德·里根和乔治·布什，在比尔·克林顿时期再度被炒到新的高峰点。可见，人权外交在历届美国政府的外交政策中都扮演着特殊角色，是美国政府出于政治目的和霸权主义的需要，干涉他国内政的重要政治工具。

2. 美国对华人权外交政策概述

人权已经成了一个在国际关系领域很重要的问题，以美国为首的西方国家认为在其他国家存在侵犯人权的情况时，便会毫不迟疑地进行批评。自美国卡特政府提出"人权外交"后，美国强调要在人权和自由方面给国际社会树立"理想主义的榜样"，并认为人权外交"是处理外交事务的一种切实可行的现实态度"。中国与美国在经济上存在着激烈的竞争，美国的人权外交政策就不可避免地指向中国。20世纪80年代以来，中美双方通过联合国人权会议、互相发布人权报告等形式，在人权领域展开了一系列的斗争。

1990年2月16日，布什总统正式签署了制裁中国的修正案《1990财年

---

① 苏菲. 美国国别人权报告的前世今生［J］. 学习月刊, 2011（9）: 36 - 37.

国务院授权法案》（H. R. 3792），对中国采取了五项制裁措施，自此，人权问题开始成为影响中美之间关系发展的主要问题之一。

从1990年开始，美国在年度《国别人权报告》中，对中国所谓的"糟糕人权现状"进行了大篇幅内容的指责和全面攻击，还对中国进行了严厉的批评。历年的《国别人权报告》对华人权议案等内容对中国人权的批评和攻击主要集中在：攻击公民的人身自由权利，包括公民的迁徙、居住和通信自由、公民的家庭自由；攻击公民政治自由，包括言论自由、集会和结社自由、选举自由；干涉宗教信仰自由和少数民族问题；污蔑妇女儿童权益问题；等等。由于布什政府、克林顿政府、小布什政府、奥巴马政府都将人权外交政策作为与中交往的主要方式，尤其克林顿政府时期提出了所谓美国外交政策的三个支柱：一是把经济安全作为美国外交政策的主要目标；二是维护美国的和平与安全；三是以民主原则和民主制度为根基，推广美国民主。① 克林顿的上述外交政策被称为"扩展战略"，表面上弱化了人权外交的色彩，但是在实际操作中，如1990年开始的中国的最惠国待遇问题与人权挂钩还是脱钩，再如2000年10月10日，PNTR法案（H. R. 4444法案）的签署，即便标志着中美正式建立永久性正常贸易关系，但美国新成立的"国会及行政当局中国事务委员会"（CECC），成为中国加入WTO以后，用于替代最惠国待遇而对华进行人权监督的新工具，以保障国会能持续而强有力地对中国人权问题进行干预，审查中国相关法律并同时建立中国违反国际公认的人权标准的个案记录。② 2010年2月18日，美国前总统奥巴马和美国前国务卿希拉里会见达赖，也是在人权主义借口下，对我国内政的干涉。

3. 中国的应对策略——针对美国的国别人权报告

为了对美国针对中国在人权领域的不实指责进行积极的正面的回应，从2000年起，中国政府开始发表《美国年度人权报告》，全面阐述美国在人权领域存在的问题，针锋相对地指出美国经济社会权利不均等、公民政

---

① 刘金质. 美国国家战略 [M]. 沈阳：辽宁人民出版社，1997：458.

② 王芳. 美国国会与美国对华人权外交政策（1980—2003）：案例的分析 [D]. 上海：复旦大学，2015.

治权受限严重、种族问题仍然存在、严重侵犯别国人权等现象和事实。比如针对美国最为关注的西藏人权问题，中国政府在中国人权状况白皮书中单列专门章节详细公布西藏从区域自治程度到人民生存权和发展权到人民享有的受教育权利、文化权利和健康保障权利等多方面的真实情况。以宗教信仰自由为例，1998年2月，中华人民共和国国务院新闻办公室公布的《西藏自治区人权事业的新进展》具体描述："西藏和平解放以来，中国政府一贯尊重和保护藏族群众的宗教信仰自由权利。"1951年，中央政府与达赖喇嘛为首的西藏地方政府签订的和平解放西藏的"十七条协议"明确规定，在西藏实行"宗教信仰自由的政策，尊重西藏人民的宗教信仰和风俗习惯，保护喇嘛寺庙。寺庙的收入，中央不予变更"，20世纪80年代以来，国家每年都拨专项资金和黄金、白银等用于寺庙的维修、修复和保护。国家用于这方面的资金已14亿多元。① 真实的数据和情况描述给予美国对西藏人权状况的无端指责以有力回击。中美两国出台人权报告一方面反映出了两国对于某些问题不同的理解，显然是一种外交领域的针锋相对。另一方面也具有相当的积极意义，那就是使双方更多地了解到对方在人权领域的想法，有利于中美两国在人权对话这一敏感领域开展有建设性的、积极的交流。

4. 中国在联合国人权理事会上应对——据理力争

联合国人权理事会是联合国经社理事会的下属机构，主要任务是向经社理事会报告有关国家的人权状况以及起草国际人权文件。从20世纪90年代初开始，美国主要以议案的形式在联合国人权理事会上频频对中国进行刁难，但都以失败告终。1990年3月，美国纠集了18个国家在第46届联合国人权委员会会议上提出了所谓的"中国人权状况议案"，结果在程序性表决过程中即遭遇失败，没有获得通过。自此以后，以美、英为代表的西方国家一方面在各种场合发表谴责中国人权状况的声明，另一方面在联合国持续提交所谓的中国人权问题议案。但是美国对于中国的人权攻势在联

---

① 中央政府30多年来投入14亿余元维修西藏文物和重点寺庙 [EB/OL]. (2015 - 09 - 16) [2023 - 08 - 26]. https：//www. gov. cn/xinwen/2015 - 09/06/content_ 2925609. htm.

合国人权委员会这个舞台上从未成功，经历了"十连败"。"自1990年至2004年，美国在联合国人权委员会上提出的关于中国人权问题的议案绝大多数都胎死腹中，连程序性的表决都没能通过。由于收效甚微，2005年，参加日内瓦联合国人权委员会第61届会议的美国代表团宣布将不在此次会议上搞反华提案。"① 就在近期召开的联合国人权理事会第三十一次会议上，美国再次率领英、日、澳等11个西方国家在会上作共同发言，攻击中国人权状况，称对中国"继续恶化的人权纪录"感到担忧。这是10多年来美国等西方国家在联合国人权机构组织最大规模的反华行动，也是联合国人权理事会成立以来美国等西方国家对中国发起的第一次重大人权攻势。②

5. 中美双边对话机制的建立

新时期中国一向主张人权问题应该进行平等对话，"中国同西方在人权问题上既有很多共同点，也有不同的观点……对于分歧和不同看法，我们主张通过对话来增进相互了解"，③"人权领域的分歧虽然给中美关系带来了很大的负面影响，但是中美双方在人权领域的博弈，使双方对中美双边关系的发展都有了更为全面、系统的深刻认识，对中美关系的良性发展产生重要意义"。④ 在对话中寻找共识，积极与美国构建对话机制，推动了中美关系向更成熟、理性的方向发展。

20世纪90年代初，美国负责人权事务的助理国务卿理查德·希夫特对中国进行访问，标志着中美人权对话的开始。自那以后，为了缓和在人权领域的分歧，中美开始积极寻求在人权领域交流、对话与互谅。此后20年中，中美人权对话时断时续。其间，由于美方2004年3月执意在联合国第60届人权会议上提交反华提案，中美人权对话一度中断数年，直到2008年5月，中美第14次人权对话才在北京举行。到目前为止，中美共举行了19次人权对话，虽然分歧依然存在，但人权问题随着中美对话机制的深入在

① 美国称不在联合国人权委员会上提出反华提案 [EB/OL]. (2003 - 04 - 12) [2023 - 08 - 26]. https：//www. chinanews. com/n/2003 - 04 - 12/26/293688. html.
② 李云龙. 美国没有资格在人权问题上对中国说三道四 [EB/OL]. (2016 - 03 - 14) [2023 - 08 - 26]. http：//www. xinhuanet. com//world/2016 - 03/14/c_ 128796985. htm.
③ 吴忠希. 中国人权思想史略 [M]. 上海：学林出版社，2004：57.
④ 丛培影，黄日涵. 美国对华人权外交的演变及实质 [J]. 国际关系学院学报，2011 (2)：87 - 93.

中美关系中的支配地位越来越小。奥巴马执政期间，美国意识到中美两国在应对金融危机、朝核危机等国际问题上的合作远比"人权问题"更为重要。2017 年 2 月 27 日，加拿大、澳大利亚、日本、瑞士等 11 个国家，通过他们的驻华使领馆，共同签署了一份递交给中国政府的未公开信件，就人权问题对华施压，但美国拒绝加入批评中国人权问题的联名信。

三、达成的共识与长期的冲突

（一）中西方世界对人权普遍性原则的共识

如前所述，起源于西方世界的第一代人权已经在全世界范围内达成普遍共识，得到第三世界大多数发展中国家的普遍认可。国际人权文书尤其是核心人权条约都得到广泛认可，只不过各国实施的情况和对基本人权的排列次序以及实现的方式会呈现出不同的特点，因为每个国家有着不同的人权法律文化。从第一代人权到第三代人权观念的演变可以看出东西方法律文化观念从冲突到融合的轨迹。在国际人权运动已经取得巨大成就的今天，几乎所有的主权国家都加入了若干个国际人权条约，并在国内宪法中对保护基本人权进行了规定。1993 年联合国世界人权大会上所达成的《维也纳宣言和行动纲领》宣称，尽管我们不能忽视国家和地区的独特性和各种不同的历史、文化、宗教背景，但无论哪个国家，不管它们的政治、经济和文化制度如何，都有义务促进和保护所有的人权和基本自由。中国尊重人权的普遍性原则，重视国际人权文书，认为促进和保护人权是每个国家应尽之义务，但是人权的普遍性原则必须同各国国情相结合，更不能按照一个模式或某个国家和地区的情况来简单套用。

在 1993 年 6 月的维也纳世界人权大会上，《维也纳宣言和行动纲领》第 10 条重申了《发展权利宣言》中的发展权：《发展权利宣言》所阐明的发展权利是一项普遍的、不可分割的权利，也是基本人权的一个组成部分。发展中国家争取到了承认发展权是一项不可剥夺的基本人权，这被视为西方国家在重要的人权会议上第一次公开承认发展权。[①]

---

① 路易斯·亨金. 国际法：政治与价值［M］. 张乃根，马忠法，罗国强，等译. 北京：中国政法大学出版社，2005：268 – 269.

（二）中美双边人权对话机制——双方寻求共识的努力

人权有政治性和意识形态性的一面，也有超政治和超意识形态（主要是政治意识形态）的一面。① 中美人权观在中美对话机制中达成了以下共识：

1. 人权的基本定义在中美两国是一样的

美国和中国都认为人权应当包括生命权、健康权、姓名权、荣誉权、政治权、名誉权、平等权、公平权、自由权等。他们也都认为保障人权是国家发展的关键，只有充分保护人们的基本权利，才能调动他们建设国家的积极性。

2. 中美两国都为世界人权事业作出贡献

中美两国文化差异虽大，但是我们也应该看到，在世界单极化与多极化并存、经济全球化与区域经济一体化的发展趋势下，随着中美互动的频繁与文明之间的进一步融合，中美人权观都是自身法律文化的重要组成部分，都有助于丰富世界人权理论体系。中美都通过签署了《世界人权宣言》《公民权利和政治权利》《残疾人权利公约》等一系列保护人权的国际公约，国际人权公约的意义在于通过人权外交达成人权保护的共识，并为人权保护提供普遍的准则，两国对公约的认同就是一种人权保护意识趋同的走向。

对于美国的人权事业而言，美国是一个新兴移民国家，虽然其深受人权发祥地欧洲文化的影响，但是其人权理论体系也存在着许多缺陷，因此它需要充实一些新兴人权理论。此外，美国国内存在的比较严重的人权问题，也需要受到世界范围的关注与监督。在 2015 年 8 月进行的第 19 次中美人权对话中，中美双方就人权领域新进展、法律问题与人权观、多边人权领域合作、言论自由的权利与义务、宗教信仰自由、反对种族歧视、反恐和打击暴力极端主义等问题交换了意见。双方均认为此次对话坦诚、深入、专业，有助于增进彼此了解。中方在历次对话中也向美方提出美国的人权状况中出现的问题，如种族歧视、生命、财产和人身安全、公民隐私遭到侵犯、警察过度使用武力、失业率、大规模域外监听侵犯人权等问题。

---

① 李步云. 论人权 [M]. 北京：社会科学文献出版社，2010：135.

（三）未完待续的争论和冲突

冷战结束后以美国为首的西方国家推出的"新人道主义干预"行动，将维护人权和捍卫西方共同价值观作为行动目标，以武力手段干预别国内政，遭到了发展中国家的强烈反对。科索沃战争期间，抵制人道主义干预的呼声高涨。中国、俄罗斯等国在安理会都对北约的行动表达了强烈的反对，并将人道主义干预看成是严重违反《联合国宪章》的非法行为。"人权大于主权"成为以美国为首的西方国家干预小国或弱国的借口，这些国家实行对外扩张，借军事力量打击异己势力，试图构建符合西方价值观的国际秩序，将整个世界纳入西方主导的制度和政治体系。中国认为，人权的实现在本质上是一国内部管辖事项，而且，人权的国际保护归根到底也要通过各国的国内立法来实施，主权原则和不干涉内政原则仍是现代国际法中最基本的原则。中国主张在平等和相互尊重的基础上开展人权领域的对话和合作，通过建设性对话与合作解决分歧，反对将人权问题政治化和搞双重标准。①

近年来，中美在人权问题上的争论和冲突持续发酵，美国国会通过立法手段对中国人权事务的干涉接连不断，以人权问题为由对中国实施的制裁事件从未停歇。中国还需继续加快完善反制裁涉外法治体系，积极利用国际框架开展反制裁工作，并加强人权话语体系建设，通过完善国内反制裁立法框架、开展人权反制实践以及加强国际人权治理，坚定维护以国际法为基础的国际秩序。

自20世纪80年代末以来，历届美国国会通过一系列提案介入了涉及中国计划生育政策、最惠国待遇中的人权事务、所谓"强迫劳动"产品问题、涉藏涉疆人权事务、香港民主与人权事务以及中国宗教事务等多个领域。如所谓的"2019年香港人权与民主法案"和所谓的"2020年维吾尔人权政策法案"，这些法案要求美国政府在对华政策中考虑"人权"因素，并加大对华制裁力度；自香港回归以来，美国国会提出了57项提案，关注香港民主与人权状况；美国国会针对新疆人权状况提出26项提案；20世纪末，美

---

① 段洁龙. 中国国际法实践与案例［M］. 北京：法律出版社，2011：399.

国国会提出 20 项提案，将人权与中国的最惠国待遇挂钩，试图利用人权问题影响对华经贸政策。① 这些提案通过后，对美国行政部门对中国人权事务的干预产生了显著影响，美国国会利用立法手段对中国的内政进行干涉，对中美关系的健康发展产生了负面影响。这些提案具有明显的干涉色彩，与中国核心利益密切相关，并与美国对华战略紧密配合。这种持续的立法干预对中美关系产生了长期的负面影响，阻碍了两国关系的健康发展，同时也对中国的国际形象造成了不利影响。中国政府高度重视这些提案对核心利益的威胁，采取有针对性的措施予以回应，以维护自身的国家利益。

此外，美国通过一系列涉华人权制裁立法对中国实体直接制裁，针对第三国"人权事务"制裁中国企业。通过《全球马格尼茨基人权问责法》等法案的立法措施，使用禁止入境、冻结或没收资产、拒绝贸易往来等手段对中国（包括国家、个人或企业、组织）进行阻碍或施加其他不利影响；美国直接对中国实体开展制裁主要集中在新兴科技领域，特别是中国所需的关键物项或技术，旨在遏制中国的科技和经济发展；针对第三国"人权事务"制裁中国企业，即通过制裁中国企业的方式来干涉目标国与有业务往来的第三方国家的关系，包含"次级制裁"等。② 此外，美国还滥用WTO 例外条款作为抗辩依据，以实现其外交政策目标，企图迫使中国根据其意愿改变行为。这些制裁措施干涉了中国的人权事务，剥夺了被制裁国公民的发展权、生存权，是具有危害性的政治干涉，违背了不干涉内政和国家管辖权等国际基本准则。这种做法被认为是政治干涉的一种形式，剥夺了被制裁国公民的发展权和生存权，并违背了国际基本准则，如不干涉内政和国家管辖权。这些制裁既缺乏正当性也缺乏合法性。

总之，国际人权需要融入不同国家的文化中，才能被更好地理解和实施。人权的普遍性与特殊性并不相互矛盾，其最终目的是要鼓励在多样性的世界中来实现所有人权，各国不同的法律文化背景会导致人权实施的差

---

① 郭永虎，王禹. 美国国会涉华人权立法活动的历史演进、特征及影响 [J]. 统一战线学研究，2022（3）：130 – 143.

② 李燕飙，许妙. 中美战略博弈下的美国对华人权制裁：法理批驳与中国因应 [J]. 统一战线学研究，2023（3）：166 – 180.

别。国际人权领域中不同法律文化的冲突与摩擦是一个长期的过程，认清中西人权法律文化冲突将长期存在的事实。但再大的分歧也可以通过对话和协商进行沟通和协调，降低冲突程度，中美人权外交就是显例。随着中美互动的频繁，争论中达成人权共识，双方人权法律价值观念趋于缩小，由这种差异所引发的人权分歧与冲突也必将进一步趋弱，彰显人权的全人类共同价值。

第二节　国际条约法领域

条约法是规范国际法主体之间缔结条约活动的国际法律规范的总称，是国际法的古老分支之一，与条约相伴而生。① 条约是国家间关系的主要表现形式之一，涵盖了政治、军事、经济、文化等各个方面。条约法是国际法的重要源头，是确定条约当事方国际义务的法律基础。条约必须遵守是国际法一项重要原则。鉴于条约的重要性，关于条约的缔结程序、条约的效力、国家的遵守以及实施问题，就逐渐发展出一整套原则、规则和制度加以规范，这些原则、规则和制度的总和就是条约法。② 但是在国际条约法律制度日渐完善的今天，与条约相关的纠纷和争端带来了一系列的条约法问题，无论是双边条约还是多边条约，国家间条约还是全球性国际社会契约，在条约的缔结、条约的履行、条约的解释等环节有诸多分歧。因本书字数所限，无法将条约法问题的各个方面道尽其详，具体考察以下几个方面的内容：产生国际条约冲突的法律文化因素；以中美三个联合公报为个例，探讨条约实践中的法律文化冲突。

一、产生国际条约冲突的法律文化因素

如果一项条约的规定将导致或可能导致对另一项条约规定的违反，或

---

① 朱文奇，李强. 国际条约法［M］. 北京：中国人民大学出版社，2008：40.
② 李浩培. 条约法概论［M］. 2版. 北京：法律出版社，2003：40.

者缔约国无法同时满足两项条约中规定的要求时，就可以认为存在着条约规则之间的冲突。① 西方有学者，如 Sadat-Akhavi，将其划分为"真实冲突"与"虚假冲突"，区别在于两种条约冲突的解决方式不同，"虚假冲突"指那些可通过习惯国际法原则（后法优先原则、特别法优先原则等）、条约解释及条约的优先性条款解决的冲突；而"真实冲突"无法通过解决虚假冲突的这些方式来解决，只能依赖国家间意志的协调。真实冲突应当包括双方的权力消长、利害不均、隔阂误解、意识转嫁、外部环境的制约等因素的相互影响。从法律文化的角度来分析，条约冲突包括了冲突的显性和隐性法律文化因素两方面，从这两方面考察条约的"真实冲突"，可以为国际条约冲突的研究提供一个不同的视角。

（一）显性因素之一：国际法的多样化与扩展

国际法委员会在《国际法不成体系问题：国际法多样化和扩展引起的困难》报告中解释："本报告采用的是一种比较宽泛的冲突概念，即两种规则或原则表明对一个问题不同的处理方式的情形。"② 国际法是以国际社会各个主体间关系为调整对象的原则、规则和制度的总称，其本质上是一种协调各主体意志的法律规则，一旦国际社会的物质生活条件、社会层次和结构等因素发生变化，导致各个国际法主体的意志得不到有效的协调，各个主体间的利益平衡无法维系，就会产生国际法律冲突。从这个意义上来看，国际条约的冲突是随国际法不成体系的现状而引起，即"多样化"和"扩展"而导致的国际法的不同规则之间的不和谐、缺乏一致性和冲突。③换言之，国际条约冲突的根本原因植根于国际社会的客观现实之中。从法律文化的角度来看，"多样化"指人类生存的处境越来越具有的多元性和跨文化性，"扩展"是因国际交流的日益频繁，国际法调整范围的不断扩展。国际条约内容涵盖人权、领土、环境、经济等国际法调整范围的方方面面，

---

① 廖诗平. 条约冲突基础问题研究［M］. 北京：法律出版社，2008：67.

② 王玫黎，谭畅. 冲突与协调：安理会与国际法院的关系新论［J］. 西南政法大学学报，2012（5）：40.

③ 王秀梅. 试论国际法之不成体系问题：兼及国际法规则的冲突与协调［J］. 西南政法大学学报，2006（8）：31.

国际条约自身所追求目标的实现，除有赖于其具体规定充分平衡众多缔约方的利益外，在很大程度上将取决于其如何协调好邻国或他国关系。如何处理国际条约与既有的以及未来出现的国际条约的关系，已成为被广泛关注的问题。由此可见，国际法多样化与扩展态势无疑是使国际条约冲突新旧问题相叠加、随之加剧的显性因素之一。

（二）显性因素之二：各国国内立法与政治体制的不同

从解决国际条约冲突的一般方法来看，客观上缘于缔约国之间权利与义务上的相互排斥的条约冲突，可通过后约取代前约或后约优于先约等原则得以解决，有些条约本身有关于解决的规定，如《联合国宪章》、1963 年《维也纳领事关系公约》规定等，而从已有的国际法实践来看，还有一些显性因素得不到实体解决，如不同的国内立法与政治体制，法律是特定的民族的历史、文化、社会的价值和一般意识与观念的集中体现。任何两个基本国家的法律制度都不可能完全一样。① 一国在参与国际立法程序时，往往由国内各有关部门共同参与，参加条约谈判和缔结条约的主要是各国的外交代表和各职能部门的代表。如，参加 WTO 协议谈判的代表与参加人权条约谈判的代表就几乎完全不同，他们都是从各自部门的立场和角度出发来谈判和缔约的，目的也是保障本部门在国际和国内政治体制中的最大利益，这就导致了不同国际条约之间的不连贯和缺乏呼应，这主要是由不同的国内立法和政治体制的因素所造成的。为了尽可能改变这一状况，詹克斯提出，各国似乎应该根据国际法规则的整体性要求，从其实际效果出发，逐步形成尊重所提议的新法律条约的习惯。②

（三）隐性因素：法律文化差异

从显性因素来看，国际条约的冲突是因外在环境的变化导致条约在调整事项上的重叠和内容上的排斥而引起，各缔约方在民族、宗教、人权、民主等方面的文化认知方面差异以及蕴藏在差异背后的隐性法律文化是产

---

① 格伦顿，戈登，奥萨魁. 比较法律传统［M］. 米健，贺卫方，高鸿钧，译. 北京：中国政法大学出版社，1993：6 – 7.

② WILFRED J. The conflict of law-making treaties［J］. British Year Book of International Law，1953（30）：425 – 426.

生条约冲突的隐性因素之一。当一国自身所认同的文化价值观与其他缔约方异质文化价值观存在差异时，国际法条约规则上的冲突便应运而生。

代表着人类文明进步的国际社会契约也会因法律文化的隐性因素使条约冲突变得更为复杂。因为作为重要的国际法规则的表现形式，每一份国际条约在其诞生之时便被同时赋予了两套价值，这两套价值便传递着国际法的内在价值，同时也能体现条约制定者的工具价值。① 法的价值冲突是法哲学的一个永恒的课题，从法哲学的角度来理解条约之间的价值冲突，不同条约的两套价值之间，或同一条约的不同价值之间都会产生冲突。

《联合国宪章》的宗旨和原则所体现的国际法基本原则奠定了现代国际关系的法律基础，国家主权平等原则依此建立。《世界人权宣言》在其序言中的表述有人权是"固有尊严及其平等的和不移的权利"。《公民权利和政治权利国际公约》第四条第一款对该条约工具价值的表述：在社会紧急状态威胁到国家的生命并经正式宣布时，本公约缔约国得采取措施克减其在本公约下所承担的义务，但克减的程度以紧急情势所严格需要者为限，此等措施不得与它根据国际法所负有的其他义务相矛盾，且不得包含纯粹基于种族、肤色、性别、语言、宗教或社会出身的理由的歧视等。国际人权条约从订立之初就构成了"主权"与"人权"两个价值之间的悖论，显然，站在"人权"价值高度的那一方对此做出自认为正确的法理解释，并诞生了某些国家在"新干涉主义"的旗帜下挑战联合国权威的单边主义行为。再如，以国际经济条约为例，由各政府间组织分别组织缔约活动，在缺乏协调的情况下，必然带来国际法律的内外部冲突。一方面，国际经济条约冲突因各领域政府间组织的职能交叉之势而起。另一方面，有关政府间组织的职能虽无交叉，但一个政府间组织主持下谈判制定的规则所具有的工具性可能会影响到其他政府间组织管辖之规则的实施，由此也将引发国际条约的冲突。如：WTO 对各国贸易壁垒的处置和对各国贸易政策的约束，可能会影响到基金组织和世界银行融资项目的生存和发展；WTO 推行的国

---

① 易显河. 多样性的内在价值和工具价值及相关冲突的解决：一些哲学和法律的思考［J］. 法学评论，2010（6）：55.

际贸易自由化政策所产生的"外部性"可能会罔顾劳工待遇，损害劳工权利等。因此 WTO 的贸易自由化规则可能会与国际劳工组织以及其他国际人权组织的规则产生冲突。①

值得注意的是，在国际条约的同意、签署以及履行的过程中，各国事实上在条约体现出的不同的价值中进行取舍，这种取舍的过程离不开其自身的发展，需要在国际条约是否符合其自身的经济基础，教育、科技水平，社会发展水平，民主制度，等方面进行全方位考虑，然而，各民族都喜欢以自己的道德观去判别他民族的行为，有的甚至强行要求他人与自己的道德统一。冷战后，西方的民主、人权价值观始终在国际关系中占主导地位，对国际法的发展和走向产生着直接的影响，现行的国际制度和机制，仍然在很大程度上体现着西方的主导权和价值观，这是由他们的政治、经济实力所决定的。

在国际体制不尽完善的前提下，不乏将本土文化"渗入"国际条约中的现象，企图将条约的工具价值在条约内在价值的掩饰下强加于其他国家。这对于一些民主制度还不够完善的国家是极不公平和极为不利的。这就是一种种族中心主义，即按照本族文化的观念和标准去理解和衡量他族文化中的一切，包括人们的行为举止、交际方式、社会习俗、管理模式以及价值观念等。② 冲突经常在不同文明的国家和集团之间爆发，主要是因为对人民、领土和资源的控制以及权力的竞争。这些冲突根源于一方企图把自己的价值观、文化和制度强加给另一方，引发了深刻的文化对立。虽然物质利益上的分歧可能通过谈判和妥协得到解决，但文化方面的差异通常不容易通过相同方式解决。

由此可见，国际法规则制定者和法律决策者依据什么样的视角和价值取向制定国际条约，强势法律文化与弱势法律文化在条约制定、适用及履行各环节的主导作用，都形成了对国际条约效力的影响。缔约者会从哪一个视角来优先适用国际条约是导致条约冲突的隐性因素。

---

① 徐崇利. 国际经济法律冲突与政府间组织的网络化：以世界贸易组织为例的研究 [J]. 西南政法大学学报，2005（5）：3 – 13.

② 胡文仲. 跨文化交际学概论 [M]. 北京：外语教学与研究出版社，1999：112.

二、中西法律文化冲突对条约实践的影响——以中美三个联合公报为例

（一）中美三个联合公报的出台背景及缔结

1. 1972 年《上海公报》

（1）1972 年《上海公报》的出台背景

1951 年至 1954 年，为遏制共产主义力量，美国相继与有着重要利益的西方国家和一些属于西方阵营的亚洲国家缔结一系列双边和多边军事条约，建立了亚太地区共同安全的防御体系。1953 年 3 月—1954 年 12 月，美台双方共进行了九次正式谈判，其间还爆发了第一次台海危机，最终于 12 月 2 日美国与台湾当局缔结《共同防御条约》，台湾正式成为美国在亚洲的战略盟友。在 1950 年代全球冷战的背景下，美国坚持与台湾地区签订军事同盟，似乎再自然也不过。当时美国与世界各国签订了一连串防御条约，与台湾地区所签的防约，只是众多协议中的一部分。

中国政府为实现国家的统一先后炮击金门、马祖等沿海岛屿，先后两次的台海危机都被美国政府依据美台《共同防御条约》公然使用武力手段对之加以阻止，客观上平息了台海地区的战争风险。同样，在台湾当局利用大陆出现的困难局面，执意图谋"反攻大陆"期间，美国政府又凭借此条约制止了台湾当局的军事行动，在一定程度上维持了所谓的台海地区的"非战"局面。正如顾维钧在提出条约建议伊始所怀疑的，条约本身也对台湾而言是利弊皆有。[1]

20 世纪 60 年代末 70 年代初，全球冷战格局出现了重要变化。因长期陷入越南战争和国际和国内的强烈反对的呼声，美国政府感受到了力不从心，不堪重负，而苏联在与美国争夺全球霸权的过程中逐步转守为攻，看上去渐渐占据优势。与此同时，中国一方面对越南战争起着重要的影响，另一方面中国的经济与国防建设取得了一定的成就，在国际社会的地位也显著提高，对发展中国家的影响力不断增强。与此同时，因为 1969 年中苏

---

① 中国社会科学院近代史研究所. 顾维钧回忆录（第十二分册）［M］. 北京：中华书局，1990：199.

边防部队的珍宝岛事件，中苏关系正式破裂。1969 年，尼克松入主白宫后随即开始着手调整对华政策，由原先对华遏制与孤立政策转变为谋求与中国关系的缓和，并将实现与中国关系的正常化作为最终目标。

1971 年 7 月，尼克松总统的国家安全助理基辛格第一次专访中国，为尼克松总统访华相关事宜进行预备性会谈。废除《共同防御条约》成为会谈的关键性议题。周恩来总理明确指出："如果要在我们两国之间，即在中美之间建立关系，美国必须承认中华人民共和国是中国的唯一合法政府，台湾省是中国领土不可分割的一部分，台湾必须回到祖国怀抱。在这种情况下，美国与蒋介石的条约就不复存在了。"① 回国后，在给尼克松总统的备忘录中，基辛格指出美国政府必须认真考虑美台《共同防御条约》的解决之道。但是，基辛格也同时向总统表达了为了维护美国的"荣誉"，美国必须坚守这个条约的重要性，强调美国要继续负起对亚洲盟国的"安全义务"。这实际上反映了尼克松政府在美台《共同防御条约》问题上的两难困境，即一方面寻求与中国关系的正常化，另一方面又不愿意彻底放弃台湾，与之划清界限的两难处境。事实上，这种两难处境一直困扰着此后的福特与卡特政府。

1971 年 10 月，在基辛格第二次会谈期间，中国政府继续表明自己的立场，明确要求美方必须宣布《共同防御条约》无效，否则中美两国之间不可能建立外交关系。基辛格强调，美国的政策是确保通过"和平手段"来实现"一个中国"。如果能达成此结果，美台《共同防御条约》"就会随之失效"。因此"宣布"美台《共同防御条约》无效则是"完全没有必要的"。他还向中方直言："如果没有和平解决方案的话……废除'防御条约'是不太可能的。"② 在中美两国领导人第二次会谈中，美方提出的解决办法，实则借用了中方最初的"自动废止"之说，但却附加了一个明确的前提，即台湾问题必须通过"和平手段"解决。如何处理美台《共同防御条约》

---

① 张曙光，周建明. 中美"解冻"与台湾问题：尼克松外交文献选编［M］. 香港：中文大学出版社，2008：187–188.

② 张曙光，周建明. 中美"解冻"与台湾问题：尼克松外交文献选编［M］. 香港：中文大学出版社，2008：379，424，425，548.

始终是中美两国关系正常化谈判中最为棘手的难题。在尼克松北京会谈中，尼克松进一步以维护"国家荣誉"为由，极力说服中国政府接受"自动废约"的解决方式。①

（2）1972 年《上海公报》的缔结

1972 年 2 月，尼克松总统正式访华。在访华期间与周恩来总理在上海签署了中美第一个联合公报——《上海公报》。公报声明："任何一方都不应该在亚洲—太平洋地区谋求霸权，每一方都反对任何其他国家或国家集团建立这样的霸权的努力。"美国方面声明："美国认识到，在台湾海峡两边的所有中国人都认为只有一个中国，台湾是中国的一部分。美国政府对这一立场不提出异议。它重申它对由中国人自己和平解决台湾问题的关心。考虑到这一前景，它确认从台湾撤出全部美国武装力量和军事设施的最终目标。在此期间，它将随着这个地区紧张局势的缓和逐步减少它在台湾的武装力量和军事设施。"② 《上海公报》的积极意义在于它使中美关系实现了战略转变，双方在前期谈判的很多共识基本实现，美国对中国政府立场较之前发生重大转变，承认了一个中国，台湾属于中国的一部分。但《共同防御条约》上的分歧依然存在，因此不可能在法律层面上即刻实现中美关系的转变和从根本上解决台湾问题，但也为中美进一步建交与《八·一七公报》的签订奠定了良好的基础。

2.1979 年《中美建交公报》

（1）《中美建交公报》的出台背景

《上海公报》是尼克松总统访华期间在上海签署的，在尼克松 1972 年访华时曾承诺，如果大选获胜，他将在第 2 届总统任期内实现中美关系正常化。但是由于在之后的几年时间里，美国政府一直在与台湾"政府"断交方面摇摆不定，加上"水门事件"，这些都在很大程度上影响了中美关系正

---

① 张曙光，周建明.中美"解冻"与台湾问题：尼克松外交文献选编［M］.香港：中文大学出版社，2008：672.

② 新华社.中华人民共和国和美利坚合众国联合公报（"上海公报"）（1972 年 2 月 28 日）［EB/OL］.（2007 - 05 - 24）［2023 - 08 - 26］.https：//www.gov.cn/ztzl/zmdh/content_624341.htm.

常化的进程。这一影响甚至在继任的福特总统任期内也依然延续。尽管福特总统在国内政局动荡和国外越战失利内外交困的状况下，很难积极推动中美关系正常化的进程有任何实质性的进展，但是他继续承诺《上海公报》的原则，并且基本上维持了中美关系的稳定。

而国际局势的变化使得卡特政府的态度发生着重要的转变，中国面临苏联在北方边境的重兵威胁，台湾安全的威胁程度已大大降低。与此同时，面对苏联在全球范围内的冷战攻势，美国有必要借助中国的力量加以制衡。在美国的全球冷战格局中，此时中国大陆相对于台湾而言，所具有的战略意义今非昔比。美国当年同意与台湾当局签订《共同防御条约》是为了应对当时台海局势发展的需要。然而，当形势发生了重大变化后，卡特政府深感废除美台《共同防御条约》问题的棘手，其解决难度远超过与"台湾当局"断交，或撤回驻台美军。

"废约"问题的反对派代表戈德华特在《纽约时报》上撰文指出，根据美国宪法，总统有义务忠实执行法律，而参议院通过的条约也是法律的一部分。总统承认外国政府的权力与他废除正式条约的权力并无关联。戈德华特认为，涉及国家最高利益的重大决定，不能在未经国会同意的情况下由总统单方面做出。值得注意的是，戈德华特避开了条约缔约主体资格的问题，而是从宪法中"条约是国家最高法律"的规定角度出发，反对废除条约。国会中的保守派议员在对华问题上，坚定支持台湾当局，反对尼克松的"北京之行"以及卡特政府推动的中美建交决策。他们批评卡特政府的提案过于"匆忙和草率"，并指责卡特总统未能妥善解决美台未来双边关系中的众多复杂问题，以及如何恢复盟友对美国的信心。总之，国会反对卡特政府的提案，认为美国有责任采取措施，加强对台湾的安全保障。

1977 年 8 月，美国国务卿万斯访问北京，他与邓小平副总理就中美两国的建交问题进行了战略性磋商。从 1978 年 7 月—12 月，中美双方经过几个月的建交谈判，终于达成了意见一致的公报表。

（2）《中美建交公报》的缔结

1978 年 12 月 16 日上午 10 时（华盛顿时间 15 日晚 9 时），当时的中共中央主席兼国务院总理华国锋和美国总统卡特在各自国家首都同时宣读了

《中华人民共和国和美利坚合众国关于建立外交关系的联合公报》（以下简称《中美建交公报》）。《中美建交公报》决定中美两国之间建立正式的大使级外交关系。在《中美建交公报》中，美国首次承认"中华人民共和国政府是中国的唯一合法政府。在此范围内，美国人民将同台湾地区人民保持文化、商务和其他非官方关系……只有一个中国，台湾是中国的一部分"。①中美两国再次重申了达成的反霸权主义共识，但对于美国向台湾地区出售武器问题，中美双方在已达成的两份公报中只是阐明了各自的立场，并未达成共识。《中美建交公报》本身并未涉及对台军售问题，中国方面以为美国同意终止对台军售；而实际上美国仍然坚持保留向台湾地区出售防御性武器的权利。但当时，公报发表的时间已经确定，于是，最后邓小平决定，先与美国建交，美国对台军售问题建交之后接着谈。②很快，美国向台湾地区出售武器问题就成为中美两国冲突的焦点。

3. 1982 年《八·一七公报》的缔结

（1）《八·一七公报》的出台背景

卡特政府终止美台《共同防御条约》的决定，在美国国内和台湾岛内引起了巨大的震荡。美国国会甚至将卡特行政当局告上了法院，这就是因废除美台《共同防御条约》而引发的"戈德华特诉卡特案"。为此，美国通过其国内的所谓的"与台湾关系法"来规范其与台湾地区的非官方关系，从而为美国向台湾地区出售武器提供了国内法上的支持。1981 年 1 月，美国共和党强硬派人士里根出任美国总统。他主张根据"与台湾关系法"向台湾地区出售性能更高的武器，其对台湾地区武器出售政策使针对美国向台湾地区出售武器问题的中美双边谈判变得异常艰难。但是，就战略性的中美关系而言，美国向台湾地区出售武器的问题只是一个战术意义上的问题，中美双方的共同利益最终还是在谈判中发挥了重要作用。所谓的"与台湾关系法"既非国际条约，亦非国际习惯，不具有国际法性质；从本质上讲，它是一部美国联邦的法律，即一部适用于美国国家的国内法。

---

① 中华人民共和国和美利坚合众国关于建立外交关系的联合公报 [J]. 人民日报，1978 - 12 - 17（1）.

② 陶文钊. 中美关系史（下卷）[M]. 上海：上海人民出版社，2004：1 - 61.

"与台湾关系法"的出台，对中美未来关系的发展产生了重要而深远的影响。它虽然只是一部美国的国内法，在国际关系中对中国不具有法律效力。但是它在法律上承认台湾地区的"政治实体"地位，给予台湾当局主权国家所享有的"外交资格"，肯定向台出售武器的"合法权利"，并依靠美国以及西方国际社会的影响力，限制中国解决台湾问题可能采取的方式。它实则是将原先的"共同防御"变成"单独防御"，只是防御的目标"更明确"，防御的措施"更具体细致"。①

（2）1982 年《八·一七公报》的缔结

为防止两国关系出现更大的裂痕，经过双方的协商，美国政府与中国政府经过艰难的谈判、反复的磋商和双方的妥协，于 1982 年 8 月 17 日签署并发表了关于中美两国就分步骤解决美国向台湾地区出售武器问题的《中华人民共和国和美利坚合众国联合公报》，一般称为《八·一七公报》。

《八·一七公报》一共九条，在第三条中，中美双方一致认为"互相尊重主权和领土完整、互不干涉内政是指导中美关系的根本原则"。1972 年 2 月 28 日的《上海公报》确认了这些原则。1979 年 1 月 1 日生效的《中美建交公报》又重申了这些原则。在《八·一七公报》中，双方强调声明，"这些原则仍是指导双方关系所有方面的原则"。在第五条中，美国重申了"无意侵犯中国的主权和领土完整，无意干涉中国内政，也无意执行'两个中国'或'一中一台'的政策。"②

《八·一七公报》的核心内容是第六条：美国不寻求执行一项长期向台湾出售武器的政策，它向台湾出售的武器在性能和数量上将不超过中美建交后近几年供应的水平，它准备逐步减少它对台湾的武器出售，并经过一段时间导致最后的解决。在作这样的声明时，美国承认中国关于彻底解决这一问题的一贯立场。③

---

① 陶文钊. 中美关系史（下卷）［M］. 上海：上海人民出版社，2004：213.
② 新华社. 中华人民共和国和美利坚合众国联合公报（八·一七公报）（1982 年 8 月 17 日）［EB/OL］.（2007 - 05 - 24）［2024 - 06 - 11］. https：//www. gov. cn/ztzl/zmdh/content_ 624349. htm.
③ 冈栋俊，陈友. 美国对华政策50年［M］. 广州：广东人民出版社，2001：275.

(二) 中美法律文化的显性因素对联合公报履行的影响

1. 国内法有关条约缔结程序的规定

双边条约的缔结是承认双边条约关系的开始，中美三个联合公报是否构成国际法上的条约？国际法规定，条约当事国双方的合意是条约的构成要件之一，同时需要注意的是，国家缔约能力是由国际法所决定，而缔约权是由国家或其他国际法主体的内部法律所决定，因此，缔约当事人是否拥有缔约权、条约是否为有效条约、条约效力程度等关键要素成为双方对中美三个联合公报是否善意履行的基础。

1990 年以前，中国缔结对外条约的程序只在我国 1982 年宪法中有些简单的规定，宪法第六十七条第十四项规定：（全国人大常委会）决定同外国缔结的条约和重要协定的批准和废除。第六十七条第十八项规定：（全国人大常委会）在全国人民代表大会闭会期间，如果遇到国家遭受武装侵犯或者必须履行国际间共同防止侵略的条约的情况，决定战争状态的宣布。第八十一条规定：中华人民共和国主席代表中华人民共和国，接受外国使节；根据全国人民代表大会常务委员会的决定，派遣和召回驻外全权代表，批准和废除同外国缔结的条约和重要协定。第八十九条第九项规定：（国务院）管理对外事务，同外国缔结条约和协定。宪法的上述规定对条约（包括中美双边条约）在我国的缔结作了概括性规定。根据这些规定，我国行使缔约权的机关是全国人民代表大会常务委员会、中华人民共和国主席和国务院。[①] 1982 年宪法关于缔约的规定可以说非常的简单，决定中美之间关系的三个核心条约即中美三个联合公报正是于 1972—1982 年期间签署，这也说明了由于新中国处于成立初期，宪法对外条约缔结程序规定上的不尽完善使得中美三个联合公报在一定程度上处于"无法可依"的状态。

1972—1982 年间签署的中美三个联合公报，美方均由拥有美国行政最高权力三位美国总统尼克松、卡特、里根作为条约签署的全权代表，最受争议的中美三个联合公报在美国国内被认定为什么性质的双边条约？美国

---

① 王勇 . 1972—2007 年中美之间的条约法问题研究 ［M］. 北京：法律出版社，2009：37 - 38.

法上中美双边条约的缔结程序具体是怎样的？美国宪法怎样赋予总统缔
约权？

1787 年的《美国宪法》就已经对条约的缔结程序作出了较详细的规定，
这些规定可以说是非常的繁杂，这是由美国国内的政治体制所决定的。王
勇在其专著中作出的研究提供了有意义的参考，具体如下表：

表 3 – 1　美国对外条约缔法程序①

美国法上中美双边条约的种类		美国法上中美双边条约的缔结程序
属于"条约"的中美双边条约		总统谈判→总统议定→总统签署参议院三分之二多数批准通过→总统公告
属于"国会的行政协定"的中美双边条约	总统根据国会的立法而缔结的行政协定	国会事先的立法授权→总统缔结条约→《美国条约和其他国际协定集》中公布
	总统根据国会两院的共同决议而缔结的行政协定	（1）国会两院的共同决议→总统缔结条约→《美国条约和其他国际协定集》中公布（2）总统缔结条约→国会两院的共同决议→《美国条约和其他国际协定集》中公布
属于"总统的行政协定"的中美双边条约		总统缔结条约→《美国条约和其他国际协定集》中公布

从《美国宪法》规定的行政协定的效力来源以及行政协定的相关实践
来看，总的行政协定是可以被作为美国最高法律的。

首先，根据《美国宪法》规定：第一，根据《美国宪法》第二条第一
款的规定，美国总统有处理对外关系的职权，从而也有广泛地同外国缔结
行政协定的权力。第二，根据《美国宪法》第二条第二款，美国总统是美
国陆海军总司令，从而被认为有权同外国缔结关于进行或停止战争、设置
军事基地和交付战争物资的协定。第三，根据《美国宪法》第二条第二款、
第三款，美国总统有权任命和接受使节，因而被认为也有权承认外国国家
和政府，以及在这种承认中缔结有关的行政协定。第四，根据《美国宪法》
第二条第三款，美国总统有权监督法律的忠实执行，因而被认为也有权缔

---

①　王勇.1972—2007 年中美之间的条约法问题研究［M］.北京：法律出版社，2009：46.

结改变或补充条约或履行国际义务的协定。① 因此，"总统的行政协定"的权力直接来自《美国宪法》赋予总统的职权。

另外，依据美国的条约实践，其行政协定的实践占据了很大一部分的比例。统计数据表明，从 1789 年至 1985 年，美国政府与外国订立的条约与行政协定之比是 1320∶10873。特别是 20 世纪 40 年代后，行政协定的数量一直是条约的 20 倍以上。在美国的司法判决中，行政协定已经屡次经美国最高法院的判决认为符合宪法而具有条约性质的法律效力。关于行政协定与州法的相互地位问题，按照美国宪法第六条第二项，美国法院判例认为条约和行政协定都是美国的最高法律，各州的法官都应受其拘束，即使任何州的宪法或法律中有任何与此相反的规定。关于行政协定与联邦法和条约的相互地位问题，美国法院判例把行政协定分为立法行政协定和总统行政协定，并认为条约和行政协定都可以改变、补充和废除条约；国会的行政协定或条约如果与联邦法相抵触，适用时间上较近的那个行政协定、条约或联邦法；总统的行政协定如果与联邦法相抵触，必须经国会共同决议认为有效，方为有效。②

2. 三个联合公报在国内的效力位阶

如前所述，由于中国处于新中国成立初期，国内法制不尽完善，从形式上看，除 1982 年宪法有较简单的规定外，没有对条约的定义做出规定。但中国政府对于条约的理解是广义的，中国的国内法并没有做出排斥性规定或限制。所以，无论在形式上还是实质性义务履行上，中国政府一直把中美"三个联合公报"当作具有条约拘束力的法律文件，其法律效力不言而喻。中国政府一直强调"三个联合公报"的重要意义，强调对公报中原则和义务的遵守和履行。

根据美国宪法第六条第二款的规定，条约与美国国会制定的法律处于平等的地位，但是要高于美国各州的宪法和法律。同时，《美国对外关系法重述》明确规定：如果国际条约规定与美国宪法抵触，它在美国不会被赋

---

① 李浩培. 条约法概论 [M]. 2 版. 北京：法律出版社，1987：8.
② 李浩培. 条约法概论 [M]. 2 版. 北京：法律出版社，1987：97.

予法律效力；没有哪个条约中的规定可以违反适用美国行使权力的任何宪
法限制。这表明了当条约与美国宪法发生冲突时，条约要服从美国宪法的
规定。美国反复以三个联合公报属于"总统的政策声明"来否认其法律效
力，并认为三个联合公报是低于所谓的属于所谓的美国国内法的"与台湾
关系法"，其执行要受所谓的"与台湾关系法"的约束。① 事实上，早在
1972 年 2 月 28 日《上海公报》发布之时，尼克松在和台湾当局驻美国"大
使"沈剑虹谈话中说，要沈剑虹转告台湾当局，美国决心遵守美台《共同
防御条约》中的承诺。并且说《上海公报》不是一项条约，仅是一项联合
声明，双方就各项问题表示本身的立场，并未试图达成协议。② 美国助理国
务卿代表里根总统在《八·一七公报》发表前的 7 月 14 日，即以私人信件
的方式向台湾当局做出了"六项保证"，其中包括：美方不会同意设定期限
停止对台湾的武器出售；不会同意就对台武器销售问题和中国政府进行事
前协商；不会同意在北京与台北之间扮演调解人的角色；不会同意中国政
府的要求，而重新修订所谓的"与台湾关系法"；没有改变其对台湾主权问
题的立场；不会对台湾施加压力，迫使其与北京进行谈判。1982 年 8 月 18
日，美国助理国务卿约翰·赫德在美国外交事务委员会作证时指出：中美
《八·一七公报》只是属于美国未来的政策，而不属于条约或协定。③ 而美
方一方面与中国缔结三个联合公报，另一方面尽力想出对策安抚台湾当局
的行为使得中方对他们言行上的不一致感到迷茫。

　　自中美三个联合公报公布以来，美国不少政府官员和学者鼓吹中美三
个联合公报不是条约的言论。由美国的行政部门签署和执行的被称为"总
统的行政协定"的条约是未经国会参议院投票通过的国际文件，其在程序
与操作上的避繁就简，其在采取的名称、生效方式、有效期等条约形式问
题上有很大的随意性和不确定性，且未经国会三分之二的多数批准，都不
能属于严格意义上的正式条约，因此其作为法律的效力要弱一些，性质上

---

① 陶文钊. 中美关系史（下卷）［M］. 上海：上海人民出版社，2004：133 - 134.
② 项立岭. 中美关系史全编［M］. 上海：华东师范大学出版社，2002：354.
③ 王勇. 1972—2007 年中美之间的条约法问题研究［M］. 北京：法律出版社，2009：93 -
94.

的行政色彩要浓一些。因此，在《中美建交公报》同所谓的"与台湾关系法"的问题上，美国国会中的部分议员坚持认为所谓的"与台湾关系法"在效力上优先于"公报"，尽管我国政府则一再强调"公报"的重要性，对美国政府干涉我国内政，依据所谓的"与台湾关系法"承认台湾地区的政治实体地位，以及后期不断向台出售武器的违法行为，表示谴责与强烈不满，但似乎这种来自中方强烈的政治呼吁与抗议并未使美国政府事实上的行为有所收敛。

美国的行政部门与立法部门之间的这种时不时会出现的自相矛盾可以说是美国政治的一个特色，美国国内三权分立和政党政治制度值得我们注意。美国宪法明确规定了美国的三权分立制度，立法、司法和行政当局由三个相互独立的部门组成，这三个部门共同分享权力并相互限制。其中，立法权属于国会，而行政权由总统掌握，许多政策领域都要求两个部门的共同努力，但是，两部门之间的工作关系和彼此间的权力界限却又没有明确的规定，结果导致两个部门之间无穷无尽的竞争。双方谁也离不开谁，同时又谁也不能越界。① 这种制度使得国会与总统之间在立法方面的相互制约：国会制定的法案须由总统签署批准；总统不仅享有立法建议权，还享有对国会法案的否决权；对于总统的立法否决权，国会可以通过两院都以三分之二多数票的方式强行通过该项法案；但美国总统在这种情况下还可以利用"搁置否决"的方式实现"绝对否决"，即如果该项法案在送呈总统后 10 天内未得到总统签署而国会又进入休会期，该项法案便视同被总统否决而自动失效，因此被称为"绝对否决"。可如果国会两院态度异常统一而坚决，也常常能迫使总统做出让步，从而使"搁置否决"成为"相对否决"。② 也就是说，美国的立法并不是哪个部门或是总统可以一锤定音的事情，需要根据法案的具体情况，甚至总统与国会之间的关系也会对结果造成一定影响。

---

① 席来旺. 美国的决策及其中国政策透析 [M]. 北京：九洲图书出版社，1999：34 - 35.
② 信强. "半自主"国会与台湾问题：美国国会外交行为模式 [M]. 上海：复旦大学出版社，2005：300 - 310.

3. 对三个联合公报的遵守

美国对三个联合公报性质的定位使得公报的法律地位受到了极大的影响，并成为美方再三违反公报规定，屡次向台出售武器，进而为干涉我国内政找到逃避国际责任的主要借口。到目前为止，中国一直认为美国没有切实履行《八·一七公报》所规定的减少向台湾地区出售武器的承诺，而美国则以所谓的"与台湾关系法"中对美国与台湾地区关系的承诺为由，继续向台湾地区出售武器，而且武器数量和质量都在不断提升。台湾当局依靠"与台湾关系法"，不断从美国购买大批性能先进的武器，在军事上与中国大陆抗衡；凭借美国在国际上的支持，台湾当局在外交上制造"一中一台""两个中国"的局面。不可否认的事实是，台湾当局分裂中国、抗拒统一，走向"台独"的趋势严重危及了台海地区的安全与稳定，而在这背后的一个重要原因就是"与台湾关系法"的支撑。

这无疑使得美国继续长期干涉中国内政，对中美关系的发展产生了巨大的负面效应，对台海以及亚洲的安全局势有着不可忽视的消极影响。因此，以美国向台湾地区出售武器为重要内容的台湾问题，一直是影响中美关系健康、稳定发展的主要障碍。

（三）中美法律文化的显性因素对联合公报的影响

上述分析了中美三个联合公报的出台背景，缔结过程以及法律文化制度属于法律文化的显性因素。就法律文化冲突的隐性因素而言，笔者就以下三个方面论证它们对于三个公报的影响。

1. 法律文化的民族性和排他性

20 世纪 70 年代初，在中国的邀请下，美国的尼克松总统、国务卿基辛格博士、福特总统等先后访问中国，并且（联合）发布公报，两国政治家在当时的历史环境下，以非凡的胆识和战略家的眼光，努力超越这些分歧与矛盾，寻求中美两国利益上的融合点。双方以各自阐明自己观点的方式表达了对国际形势和双边关系的不同看法，同时就达成的一致立场作出共同声明，体现了求同存异的原则。

但是，中美间长期存在意识形态的巨大差异和隔阂，在当时美国国会中还有为数不少的反共亲蒋派，他们对中国的敌意远没有因中美两国的最高领导阶层的互动而消除，他们不惜一切站在保蒋反共的立场，坚定地支持台湾当局。他们反对尼克松的"北京之行"以及卡特政府的中美建交决策，批评卡特行政部门的这份提案过于"匆忙和草率"，在卡特政府终止美台《共同防御条约》的决定时，美国国会甚至将卡特行政当局告上了法院，引发了"戈德华特诉卡特案"。最终通过其所谓的"与台湾关系法"，从而为美国向台湾地区出售武器提供了国内法上的支持。"在不同的区域，文化有不同的特性。当一种外来文化传入时，区域文化的封闭性体系就会产生一种排外性，因而发生文化冲突。"① 就美国国内内部的法律文化而言，在这种特殊的历史时期，因现实原因而不得不接受与共产主义的"同流合污"是不能容忍的，并且还要抛弃一直被他们视为老朋友的"中华民国"。因而国会内部"亲蒋派"和"反共派"产生了极大的排外性，表现出强烈的抗议与不满，并表现为与总统行政部门之间的冲突，总统与国会最终作出的妥协便是所谓的"与台湾关系法"的出台。一直到现在，美国国内一直不乏对"中国威胁论"的鼓吹，这种对中国共产主义制度的误解和偏见一直存在，以至于表现在民主制度的运作中，使美国国会在特定情况下更倾向于阻碍中美关系的进一步发展。

2. 特殊历史时期下中国法治观念的落后

我国在社会主义初级阶段，受传统人治思想和苏联社会主义高度集中的政治体制的影响，《上海公报》之前的谈判期间，国家缺乏对解决问题的法律思考，矛盾的政治解决方案是解决国际问题的不二选择，甚至从未思考过对国家的不法行为（违反国际条约行为）主动诉诸国际司法机构。中国领导人在对外交往上的表现振奋人心，表现出卓越的眼光与胆识，通过谈判的方式求同存异地处理了中美建交中的许多分歧。1972 年《上海公报》对新中国政府而言可以说是新中国成立以来外交上取得的巨大突破。一方面，获得美国对新中国政府的承认可谓来之不易，美国迟迟不承认新中国政府，在新中国政府争取恢复联合国合法席位时通过各种方式加以阻挠，

---

① 司马云杰. 文化社会学［M］. 北京：中国科学文献出版社，2001：295.

这与他们过去与中华民国政府一直保持友好往来不无关系；另一方面，中美双方的敌视态度和立场有了重大转变，打破因冷战带给双方的意识形态坚冰，中国能够通过与美国的建交而获得与整个西方世界重新建交的机会。虽然中美双方的立场还存在相当大的差距，但在某些问题上达成了一定的共识，为今后两国关系的进一步发展奠定了基础。但在举国欢庆这一重大历史时刻来临的同时却留下解决台湾问题的法律漏洞，导致了后期的无穷隐患。

应该说，所谓的"与台湾关系法"的出台是让我国政府始料不及的。在《中美建交公报》同所谓的"与台湾关系法"的问题上，美国国会中的部分议员坚持认为所谓的"与台湾关系法"在效力上优先于"公报"，我国政府则一再强调"公报"的重要性。在这种情况下，美国总统及政府发言人说他们认为二者是一致的。中国领导人没想到美方会以这样公然的方式违反公报和国际法，这与在《上海公报》《中美建交公报》最佳历史时期未采取相应的法律防御性措施不无关系。而所谓的"与台湾关系法"出台后，我国政府只能在道义上加以谴责，在《八·一七公报》中规定对美方对台军售的限制，均未站在法理的制高点，以至于美方对《八·一七公报》的履行只是象征性短时间内有些许收敛，之后肆无忌惮地不断扩大对台军售，也不断加重台海不稳定局势。因此，笔者认为，台湾问题的遗留与我国在当时的历史条件下法治观念上的落后是有一定联系的。

3. 美国的国际条约文化

如前所述，所谓的"与台湾关系法"是以美国国内法的形式出台，当国际条约与美国宪法发生冲突时，倾向于适用"后法律优于前法律"原则的美国出于自身利益，巧妙地给予自己摆脱条约约束的借口。对中美三个联合公报的公然违背行为恰恰说明了美国的条约观，只要政治需要，可以选择承诺遵守联合公报，也能随时通过国会立法推翻自己在国际上所作的承诺。当然，美方也笃定中国不会将他们诉诸国际法庭，即便如此，美国似乎能够承担国际不法行为的违约责任，或是已准备了充足地为自己辩解的理由。更何况，在实在国际法的语境下，如果缺乏正式的、具体的国际法渊源（国际条约和国际习惯）的支撑，仅仅说某国的行为违反了国际法基本原则，往往难以将有关的法律责任落到实处。也就是说国际法庭给不了他们相应的制裁。

第三节　国际贸易领域——以中美贸易争端为参照

一、中美贸易摩擦发展历程

（一）加入世界贸易组织前的中美贸易摩擦

1979 年 5 月 14 日中美两国签署《中美贸易关系协定》，给予彼此最惠国待遇，美方对华贸易政策从封锁和遏制走向了合作与开放，中美贸易摩擦处于温和阶段。1980 年 7 月 2 日，美国对中国薄荷醇进行首次反倾销调查，标志着中美贸易摩擦正式拉开了序幕。由于双方在政治、经济实力上的巨大差距，摩擦都是由美方主动发起，中方被动应对，美国对中国共立案 18 件反倾销案件，中方在这些案件中往往处于被动，基本不具备应诉能力，只能通过与美方的谈判与沟通温和解决摩擦，这与自身条件的不成熟和经验的缺乏有关。中美贸易关系不断成长的同时，中国为申请"复关"和加入 WTO，对外贸易政策不断完善、贸易体制改革不断深化、对外贸易和中美贸易飞速发展。1986 年中国申请重新加入关税与贸易总协定，美国对华贸易政策的中心工作是与中国谈判复关的贸易框架和协定，推动中国融入世界贸易体系。

但此段时间的一系列政治风波给中美贸易造成负面影响，中国国内政策背景和东欧剧变、苏联解体等事件，使得美国对华贸易政策政治化，美国国会和政府以中国人权、敏感武器扩散、劳改产品出口等为由对中国实行各种形式的政治经济遏制。当美国意识到要获得联合国授权需要取得中国的合作和支持，便取消了对华的经济制裁，中美经贸关系又得以恢复。1994 年，克林顿政府宣布将最惠国待遇同人权问题脱钩，扫清了美国对华贸易发展的障碍。

1995 年美国允许李登辉"访美"和 1996 年美国派遣航母舰队进入台湾海峡附近水域，使两国关系又陷入危机。这期间，中美知识产权谈判两度陷入僵局，美国两次对华威胁实施惩罚性关税或制裁清单，并两次单方面扣减中国的纺织品配额，引发了中美的贸易战。1998 年克林顿访华，确定了两国"建设性战略伙伴关系"，中美政治、经济关系走出了低谷，美国对华贸易政策转变为了以"合作"和"发展"为主要目标。1999 年 11 月 15 日，中美两国正式签署了关于中国加入世界贸易组织的双边协议，为中国正式"入世"奠定了基础。2000 年美国国会两院通过了给予中国 PNTR 待遇，标志着美国对华贸易政策开始逐渐摆脱政治关系的制约。在中美贸易谈判恢复了之后，中国加入了世贸组织。

（二）加入世界贸易组织后的中美贸易摩擦

美国对中国的贸易政策始终具有合作加防范、接触加遏制的两面性。中国入世之后两国之间政治关系相对稳定。但随着中国经济的快速发展，加之中国采取出口导向性的经济发展战略，中美贸易额的不断扩大，特别是美国对中国贸易逆差的不断扩大，导致了中美贸易的失衡，使得美国国内新贸易保护主义泛滥，中美贸易摩擦不断发生。美国对华发起的反倾销调查案件数量剧增，贸易摩擦案件和金额急剧增加。产品摩擦领域和范围从纺织品、钢铁、半导体技术、木质家具、音像制品等扩大到人民币汇率等货币政策和体制领域。美国对华发起的反倾销和保障措施调查案件数量迅速攀升，出乎中方之意料和想象。根据商务部产业损害调查局统计数据，在该阶段，美国对华发起反倾销调查 28 起，平均每年 5.6 起，自 2005 年始，中国一直是世界上最大的反倾销调查目标。

2006 年中美召开了首次战略经济对话，美国敦促中国在人民币汇率问题、知识产权保护和市场准入方面做出改进。2008 年全球经济危机之后，美国经济遭受沉重打击，在全球经济受到美国金融危机影响的情况下，美国率先对中国采取制裁措施，给两国一直较为友好的贸易关系带来沉重打击。美国一再要求中国人民币升值、进一步开放市场，在此期间美国在世贸组织中对中国立案最为频繁，美国政府采取了保护主义行动，对中国的商品多次实施反倾销、反补贴、"337 调查"、设置各种非关税壁垒等贸易保护措施。2009 年 9 月 11 日，美国政府宣布对从中国进口的汽车和轻型卡车轮胎征收 35% 的关税，为期三年，分别为 35%、30% 和 25%。[①] 这一惩罚性关税涉及金额达 22 亿美元，这是美国政府对中国的贸易制裁的最具代表性的事件之一。2009 年 11 月 5 日，美国商务部决定对从中国进口的管材征收高达 99% 的反倾销关税，涉案金额达到 26 亿美元。2012 年 5 月，美国宣布对来自中国的太阳能电池板征收超过 31% 的反倾销关税，成为美国历史上规模最大的一次反倾销裁决，涉及来自中国的增长最快的进口类别之一。[②] 在奥巴马执政期间，美国国际贸易委员会发布的报告估算了中国知识产权侵权和自主创新的规模和范围，指出中国的许多产品侵犯了美国的知识产权，给美国造成了高达 482 亿美元的损失。美国公司为解决中国的知识产权侵权问题支出了约 48 亿美元。报告中还提到，如果中国提高知识产权的保护水平和执法水平，将为美国提供约 923000 个就业岗位。[③] 同时，对中国自主创新的担忧也体现在报告中，涉及风能、软件、电信设备、汽车、飞机等领域，认为中国的创新政策可能对这些行业造成不良影响。这一时期的中美贸易摩擦凸显了两国之间在知识产权和创新政策上的分歧。这些贸易制裁行为对中美贸易关系造成了严重负面影响。尽管中国希望通过 WTO 机制进行合理合法的沟通和解决，但美国却以各种借口为由，一意孤行。

特朗普执政期间频繁挑战中美贸易问题，特朗普政府先后发布两份美国对华贸易制裁的官方声明，发动了大规模对华贸易制裁，将中美贸易争端推向了新的高潮。2018 年 6 月 15 日，特朗普宣布对来自中国的价值 500 亿美元的含有工业重要技术的商品征收 25% 的关税，称中国的长期不公平

---

① ANDRWES E L. U. S. adds tariffs on Chinese tires [EB/OL]. (2009 - 09 - 12) [2023 - 08 - 26]. https://www.nytimes.com/2009/09/12/business/global/12tires.html.

② BRADSHER K, CARDWELL D. U. S. slaps high tariffs on Chinese solar panels [EB/OL]. (2012 - 05 - 18) [2023 - 08 - 26]. https://www.nytimes.com/2012/05/18/business/energy-environment/us-slaps-tariffs-on-chinese-solar-panels.html.

③ 彭建程. 美国对华贸易政策演变研究 (2008—2018) [D]. 沈阳：辽宁大学，2019.

贸易行为损害了美国的经济和国家安全。① 2018 年 6 月 18 日，特朗普发布总统声明，宣称中国的反制措施伤害了美国公司、农民和工人，并威胁对2000 亿美元的中国商品加征 10% 的额外关税。② 2018 年 9 月 17 日，白宫再次发表总统声明，宣布对从中国进口的大约 2000 亿美元的商品征收额外关税，这一决定强调了对中国贸易的不公平和技术转让上的不公平，并声称旨在保护美国工人、农民和企业。③ 特朗普政府对中国发动的贸易战规模巨大，领域广泛，将中美贸易争端推向了严重的地步。尽管经历了双方的会谈，但特朗普政府单方面寻求借口，继续加码，忽视双方的承诺和共识，将贸易争端升级至极端严重的程度。

拜登政府期间，中美贸易摩擦受到了拜登政府以所谓的"人权理由"对中国香港实施制裁，以及西方在联合国对中国展开围攻并对新疆的棉花出口进行制裁等问题的直接和间接影响。这些举措成为中美经贸关系中一个突出的议题，对合作的稳定性产生了不容忽视的影响。首先，拜登政府对中国香港实施制裁的人权举措可能在涉及香港问题上加剧中美经贸关系的紧张。这种制裁可能对双方的商业利益和合作产生影响，加深了两国之间的不信任，使得经贸合作面临更大的压力。其次，联合国对中国的围攻和对新疆棉花的制裁可能引发贸易摩擦，对中美经贸往来产生负面影响。这些行动可能导致双方在经济和商业领域的关系更加紧张，甚至可能导致贸易中断或减缓，使得中美经贸关系面临更大的不确定性。这些所谓的"人权问题"成为中美经贸关系中一个重要的议题，可能导致贸易的不稳定性和合作受到威胁。两国在全球政治舞台上的竞争，尤其是围绕人权话语权的争夺，使得经贸关系不再仅仅是经济层面的合作，而变得更为复杂，

---

① The White House. Statement by the president regarding trade with China［EB/OL］.（2018 – 06 – 15）［2023 – 08 – 26］. https：//www. whitehouse. gov/briefings-statements/statement-president-regarding-trade-china/.

② The White House. Statement from the president regarding trade with China［EB/OL］.（2018 – 06 – 18）［2023 – 08 – 26］. https：//www. whitehouse. gov/briefings-statements/statement-president-regarding-trade-china-2/.

③ The White House. Statement from the president regarding trade with China［EB/OL］.（2018 –09 – 17）［2023 – 08 – 26］. https：//www. whitehouse. gov/briefings-statements/statement-from-the-president-4/.

涉及政治和价值观念的层面。

　　总之，中国经济的快速发展符合中美之间共同的经济利益，并且两国在反恐、核安全等问题上的共同利益使得两国近年来政治关系相对稳定。经济利益在两国间的战略地位日益突出，虽然美国对中国崛起的忧虑和防范一直存在，但是两国整体在经济上的全面合作基调并没有改变，中美双边贸易要想取得快速发展，除了应对双方的商业和经济合作上带来的诸多挑战，更重要的是需要通过谈判和沟通解决分歧，以维护相对稳定的中美经贸关系。

二、产生中美贸易争端的法律文化因素解析

（一）对外贸易法律文化制度上的差异——显性法律文化因素

　　中美贸易的制度摩擦，是因两国政治经济制度不协调而引起的摩擦，它所体现的是中美不同的贸易政策、法律制度、交易习惯等方面的冲突。自1978年中国的对外开放政策实施以来，中国贸易法律制度的发展经历了从无到有，再到与国际接轨的历程，客观来讲，主要来自美方的推动。但整体而言，中国的贸易法律制度与美国及其他发达国家相比还存在很大的距离。国内学者普遍认为，国内贸易法规的不完善是导致中国在 WTO 争端解决机制的案例中最终败诉的主要原因之一。中国入世二十多年来，尽管一直在致力于加快国内体制改革，但其经济体制和法律制度与 WTO 法律制度处于磨合期，WTO 法律制度是由西方发达国家制定的，是在吸收了西方资本主义法学理念及西方经济学理论的基础上建立起来的法律制度，与我国目前法律文化制度之间存在冲突。

　　1. 在贸易救济措施法律体系方面

　　在 WTO 框架下，每个成员方都被赋予使用贸易救济工具的权利，在合理的范围内保护本国/地区产业的发展。对成员方来说，贸易壁垒调查制度是成员方充分享受多边贸易规则所赋予的权益的重要工具，成员方的贸易壁垒调查制度是维护多边贸易体制，推动实现贸易自由化的重要工具。我国在贸易壁垒调查方面的起步较晚，《对外贸易壁垒调查暂行规则》于2002年9月颁布，2005年3月1日才正式实施。美国的特别301条款于华盛顿时

代初具雏形，美国国会就开始制定法律，授权总统对实施歧视美国措施的国家施以禁运或其他进出口限制。① 再经历美国《1930 年关税法》、1962 年《贸易扩展法》，特别 301 条款正式出现在《1974 年贸易法》（*1974 Trade Act*）301～310 节，之后又经三次修订，逐渐转向更为严格的、程序性的贸易救济法律，其实体规则与程序规则较我国《对外贸易壁垒调查暂行规则》更具多边性外，还更具进攻性、单边性。②

从现有数据以及相关实践看来，我国在贸易救济措施方面继续表现出有理有据的克制态度。③ 在贸易保障制度上也存在很多漏洞。

如在《反倾销条例》中，第一，在判断低于成本销售的持续时间时，"合理期限"未作出明确规定；第二，对"同类产品"的概念较为模糊，有可能导致"同类产品"的认定范围被任意扩大；第三，我国面临的"非市场经济地位"问题是一直以来都备受关注的问题，目前承认我国是市场经济地位的国家逐渐增多，但是主要的贸易伙伴并未完全认可，这对于我国开展国际贸易极为不利。④

我国在加入 WTO 时曾承诺：取消所有属于《补贴与反补贴措施协定》禁止的出口补贴，在加入之前，停止维持先前所有的出口补贴计划，自加入时起，停止在此类计划下做出额外支付或支出，也不再免除税收或授予任何其他利益。⑤ 目前主要贸易伙伴对我国各种政策信息、地方法规的发布、补贴政策的走向、国有企业问题等给予高度关注，一旦发现违反承诺的行为，政府将直接承担违背承诺的风险。目前还是有很多地方政府为拉动经济和就业采取补贴产品的做法，长此下去将得不偿失。

保障措施针对的是进口激增的情况而采取的紧急进口限制措施，是成员方履行义务时的"例外条款"和"安全阀"。但我国《保障措施条例》

① 杨国华. 美国贸易法"301 条款"研究［M］. 北京：法律出版社，1998：3.
② 龚雪. 贸易壁垒调查制度比较研究［D］. 重庆：西南政法大学，2009.
③ 曾令良，冯洁菡. 中国促进国际法治报告（2015 年）［M］. 北京：社会科学文献出版社，2016：144.
④ 万方，屈琦. WTO 争端解决机制下的中美贸易摩擦研究［J］. 商场现代化，2013（18）：37－39.
⑤ 张阳. 反补贴法律问题研究［J］. 山东商业职业技术学院学报，2006（2）：56－59.

第七条规定："进口产品数量增加，是指进口产品数量的绝对增加或者与国内生产相比的相对增加。"依 WTO《保障措施协议》之规定，"绝对增加"不仅包含进口产品数量上前后两个数据相比较，后一数据增大之含义，而且还应把进口产品的数量与国内产品数量相联系起来考虑，对此，我国《保障措施条例》没有相关规定，只是规定了绝对增加与相对增加两种方式。这些都表明我国在加入 WTO 二十多年后，仍有诸多法律制度不能适应国际经济贸易发展的需要。①

2. 在知识产权保护法律体系方面

中国在加入 WTO 之前，中美共经历过四次知识产权谈判。

就知识产权法的发展而言，早在中国入世之前，中美之间就经历过四次有关知识产权的谈判，这四次谈判时间分别为：1989 年、1991 年、1994 年及 1996 年。② Robert Frost 认为，谈判之所以艰巨最主要的原因是中美知识产权法律体系的差异。③ 具体而言，一个是有完善法律体系的发达国家，另一个由计划经济向市场经济过渡的发展中国家，两国在专利、版权和商标制度上的差异成为造成贸易摩擦的主要原因。客观而言，这几次中美知识产权谈判推动了中国的知识产权保护体系的迅速建立和完善。因此中国加入 WTO 时，在知识产权保护上与 WTO 基本原则和最低要求并没有很大的差距，因为《与贸易有关的知识产权协议》实际上是"特别 301 条款"的知识产权保护标准国际化。

美国 1790 年就已制定了第一部专利法，并经历多次修订和修改，现行的专利法载于《美国法典》第 35 编；第一部版权法是于 1790 年制定的，1909 年、1976 年和 1984 年进行了修改；第一部商标法产生于 1905 年，之后被 1947 年制定的《兰哈姆法》（《美利坚合众国 1946 年商标法修正案》）所取代。1984 年制定了《半导体集成电路保护条例》（SCPA）、《植物专利

---

① 万方，屈琦. WTO 争端解决机制下的中美贸易摩擦研究 [J]. 商场现代化，2013（18）：37 – 39.

② 陈福利. 中美知识产权 WTO 争端研究 [M]. 北京：知识产权出版社，2010：31 – 42.

③ FROST R B J. Intellectual property rights disputes in the 1990s between the People's Republic of China and the United States [J]. Tulane Journal of International and Comparative Law，1995（4）：119 – 138.

或植物种类保护条例》（PVPA）；1939 年的 Restatement of Torts 和 1979 年的由美国统一州法全国委员会制定的"统一商业秘密法"，其文本从 1980 年的 1 本增加到 1990 年的 3 本，对商业秘密侵权的定义、诉讼时效、不公开审理、侵权的救济方法等作了全面系统的规定，是当今世界保护商业秘密的最为详细的专门立法。

中国在 2001 年 10 月对我国的 1982 年商标法进行了第二次修正，修订后的商标法完全符合规则的要求和我国的相关承诺。继 2013 年后的又一次重大修订发生在 2023 年，中国全国人民代表大会常务委员会对商标法进行了最新的修改。此外，著作权法也经历了多次修订。1990 年 9 月 7 日第七届全国人民代表大会常务委员会第十五次会议通过，随后根据 2001 年 10 月 27 日第九届全国人民代表大会常务委员会第二十四次会议、2010 年 2 月 26 日第十一届全国人民代表大会常务委员会第十三次会议以及 2020 年 11 月 11 日第十三届全国人民代表大会常务委员会第二十三次会议的相关决定，进行了多次修正。专利法也经历了一系列的修改。1992 年 9 月 4 日第七届全国人民代表大会常务委员会第二十七次会议通过了第一次修正；接着在 2000 年 8 月 25 日、2008 年 12 月 27 日和 2020 年 10 月 17 日分别进行了第二次、第三次和第四次修正。

但是，由于缺乏时间与实践的足够考验，这些知识产权法律制度在微观操作上会暴露出一些不足和缺陷。如，专利与商标局是美国的专利和商标统一的管理机构，而在中国，专利归知识产权局负责，商标归工商总局负责，因此如果同时以侵犯专利和商标为由对中国发起调查时就会有管理上的缺口。除此之外，中国的法律法规在专利权授予原则、专利的分类方面，在版权保护、商标注册制度等方面都与美国有很多不同。[①] 美国知识产权法律体系相对完善，发展历程比我们早 200 多年，我国国内相对发展缓慢，制度上的漏洞一方面造成不断升级的贸易摩擦，另一方面也让我国在维护自身权益方面裹足不前，无法主张自己应有的权利。

---

① 冯伟业，卫平. 中美贸易知识产权摩擦研究：以"337 调查"为例 [J]. 中国经济问题，2017（2）：118 - 122.

3. 其他方面

伴随着国际贸易形势的变化，我国在坚持履行入世承诺的同时，面临着日益严峻的贸易摩擦形势。这意味着我国将面临越来越多来自不同层次的贸易壁垒。与此同时，我国的对外贸易法律制度与实际需要存在相当大的差距。

除了上述提及的几个方面外，还有一系列其他方面也需要不断完善。比如，我国的外资立法、市场经济地位、竞争法制、市场监管制度、社会保障制度等。此外，还包括区域性国际经济体制、行业协会管理立法、涉外金融法、货币法、涉外信托、涉外税收法律制度等方面的完善。

因此，不断完善自身是增加国际贸易话语权的第一步。同时，我们也必须时刻警惕新型贸易壁垒的出现，不断研究和寻找有利于中国利益的规则。这些规则应该在旧的国际贸易规则中得到体现甚至代替旧的规则，才能从根本上改变我国在国际贸易中被动应对的局面。

（二）对外贸易法律文化制度上的差异——隐性法律文化因素

1. 泛讼与厌讼的价值取向

中国与美国彼此是最重要的贸易伙伴，与此相伴的，在全球贸易争端中相当一部分发生在中美两国之间。国际贸易组织的争端解决机制有一个裁判庭，它的判定结果具有法律约束力。中美之间一旦出现贸易摩擦，中国希望解决争端的方法不是通过已有的 WTO 争端解决机制，而是保持克制的立场，主张磋商解决，这与中国的法律传统观念不无关系，诉讼在传统上不被认为是一件好事情，中国传统上解决争端使用最多的方法就是调解，实际上，调解也正式纳入了中国的法律。中国人讲天理讲人情，一旦纠纷出现，希望双方通过和解化敌为友，认为使用诉讼的法律手段会伤害到人与人之间的社会关系。据 WTO 官网统计，中国自 2001 年加入 WTO 以来，直接利用谅解备忘录（DSB）解决争端的案件中申诉案件数量为 15 起，应诉案件数量为 39 起，这个比例在直接利用 DSB 解决争端前 10 的 WTO 成员中最低，其他成员，或者两者数量基本持平，或者申诉案件数量超过应诉案件数量，中国作为第三方参与的案例有 140 起。而相比较而言，美国自1995 年加入 WTO 以来申诉案件数量为 114，应诉案件数量为 130 起。中美贸易摩擦出现时，美国通常的做法是首先寻求对话，但在对话未果的情况下则会毫不犹豫地诉诸 WTO 争端解决机制。从中国商务部获悉，2016 年美国对华发起 20 起贸易救济调查，案件数量同比增长 81.1%。2016 年全年，美国对中国产品发起反倾销调查 11 起，反补贴调查 9 起。涉案金额达 37 亿美元，同比增长 131%。到目前为止，美国已在 WTO 发起针对中国的诉讼 21 起，是 WTO 其他成员针对中国提起诉讼的 2 倍多，这些数据充分说明中西方不同的法律文化传统，厌讼与泛讼。

西方的泛讼主义，最早导源于古代雅典城邦国家和罗马古代法律形成的过程之中。据亚里士多德《雅典政制》记载，当时的雅典，每年以抽签方式从每个部落选出组成陪审法庭的人员。除此之外，还创立了巡回法庭。在雅典的公民中，通过法院来解决民事纠纷和刑事案件是名誉的、公正的观念。这种观念是西方社会泛讼主义的基石。在古罗马，泛讼主义获得了进一步发展。在罗马，形成了一系列保障诉讼当事人平等、自由权利的制度和原则，如律师辩护制度、陪审制度，以及"不告不理""公开审判""不干涉原则"等原则和制度，为西方社会重视诉讼、以诉讼来保障公民自由权利的泛讼主义传统奠定了历史基础。古代英国也和古罗马一样，一直重视诉讼的传统，有着独特的诉讼文化，英国的法律制度实际上就是判例制度，法律生活的内容就是民事诉讼。西方法思想将法律视为理性和正义的化身、视为权利和自由的保障，他们大多强调遵守国家法律，法有着某种高于人的权威性，是可以信任和信赖的。这种西方法观念随着社会的发展和在制度中的强化，由手段上升为目的，成为一种高高在上的社会精神原则和基本信念。西方社会对法的依赖、崇拜与民众的"泛讼"心理均由此而来。在现代西方社会，在抵制国家行政官吏不法行为以及消除司法机关的专横等方面，公民都是通过法院诉讼，来求得对自己权利的保障。在美国，诉讼涉及国民生活的范围越来越广，尤其在二战以后，还建立了众多的法律救济组织，各地都建有由地方政府、律师协会以及大学法学院资助的"法律援助处"，专门帮穷人打官司，官司越打越多，法律越订越多，泛讼主义传统就是这样被西方社会发展和巩固而来，作为西方社会的一种普遍现象，一直延续至今。应该说，西方的泛诉主义是西方社会特定文化条件下的产物，这样一种诉讼传统在中国是却是完全不同的。

事实上，中国上古时期的诉讼制度已有一定的规模，如在西周，对刑事诉讼与民事诉讼加以区别，从中央到地方都有相应的诉讼机关处理刑民诉讼案件。但到了封建社会以后，中国的司法制度一直不甚发达，皇权干预司法审理活动，司法权与行政权混合不分，没有独立的地位，加之古代统治阶级为维护社会秩序稳定，对诉讼活动设定种种限制，同时进一步强化了对人们无讼的宣传。汉代以后以儒家学说为核心的法律思想的确立，对厌讼主义起到了推波助澜的作用。在先秦诸子的学说中，老子以为最理想的治国方法是无为、是顺应自然，因而抨击一切"礼治"和"法治"；孔子倡导"无讼"的理想世界，他向往的是一种既具有严格的等级秩序但又极富于人情味的阶级统治。道家的基本主张是虚无主义，从保全人的自然本性出发追求不受任何规范约束的绝对自由，其对待法律的态度与儒家可谓殊途同归；庄子被认为中国历史上最彻底的法律虚无主义者，要求取消一切法律和道德。这些思想规律的发展在中国传统法律文化领域发挥着消极的影响，在重教化、倡和解的同时导致了社会对法律的轻视，阻碍了现实法制的健康发展，导致了中华民族对法的价值问题的忽略和广大民众对法律的不信任。在法家看来，法律的首要作用莫过于"定分止争"，法之为刑、为暴力、为统治工具，"法者，刑也"是中华民族在古代社会的集体意识。这些思想被中国历代统治者推崇，并加以泛化和强化，从而稳固封建帝国的统治，在制度上的表现是限制诉讼，以调解手段平息和解决争端，在社会和民众层面达到了人们和平求安的秩序追求。总之，在中国传统观念之中，"法律"并非源于"法"而是源于"王权"，它不是民众权利与自由的保障，而是君王进行政治统治的暴力工具和民众的"禁条"。民众虽然敬畏"法律"，但内心却是排斥的，全无发自心灵深处的崇敬和自觉接受。中国人常常一方面以权压法、以言代法、以情屈法，另一方面则对法律敬而远之，民众宁愿把希望寄托于人情、伦理和清官，打官司绝对不是一件好事情，因而表现出"厌讼"的心理。

2. 重商文化与重义文化的差异

建构主义认为，国家对利益的定义取决于其历史、文化和传统以及与其他国家的交流和相互影响，但是，最容易被忽视的便是国家利益中的文化利益。每一个国家的国家利益中都包含着道义捍卫和目标理想追求，以凝聚国民的认同和支持，引领国家发展方向。那么依此推论，一国的文化价值观决定着一国的国家利益，文化价值观便成为界定国家利益的根据，而且其本身就是国家利益的重要内容。重商文化与重义文化的差异对当今世界的两国交往有什么影响，在中美两国贸易摩擦上是如何表现的，笔者尝试从服务于中美两国国家利益的文化价值观上进行探讨。

二战以后的国际秩序不再建立在武力的血腥征服基础之上，战场正如尼克松在《1999 年：不战而胜》一书中所说："进入 21 世纪，采用武力侵略的代价将会更加高昂，而经济力量和意识形态的号召力，将成为决定性因素。"① 迅速膨胀的经济为美国从自由资本主义过渡到垄断资本主义奠定了必要的物质基础，而且也为其推行全面扩张政策提供了强大的物质后盾。与此同时，美国开始积极扩大对外贸易和开拓海外市场，将从国外市场上获得的利润或原材料源源不断地流入美国，刺激美国经济周期朝着更高的水平发展，外向型商业精神在美国的对外贸易关系中得以体现。据此，我们就不难理解美国对华贸易政策何以在政治环境的影响下跌宕起伏的变化，两国的贸易关系一直在竞争与合作中并肩同行。美国的贸易政策最终需服从于扩张的国家观与重商的价值观，对于中国这样的一个发展迅猛的发展中国家，已不能与当初的"野蛮人之国"同日而语，因而一方面在竞争力强的行业高喊自由贸易，而另一方面，在竞争力弱势的行业实施贸易保护。

西方文化似乎冲突性较大，而中国文化则调和力量较大，中国文化的伟大之处在于最能调和，使冲突各方能兼容并包、相互调剂，达到共生共存。② 中华民族这么一个古老的民族，自信地拥有世界上最为璀璨的中华文明，尽管曾是当之无愧的地区领袖，却从未有过扩张意图，更未生侵略之心，从不积极干预他国内政事务。重义轻利的义利观影响着中国社会以及对外交往，中国对周边弱小者，施多于受，以"薄来厚往"的原则进行交

---

① 卿志军. 标签化：负面新闻对事件形象污名化的策略 [J]. 当代传播，2014（5）：101 - 103.

② 钱穆. 国史大纲 [M]. 商务印书馆，2010：13.

往，经济利益从来不是她最重要的追求目标；在必要时中国也会"锄强扶弱"，维护周边地区的稳定和安宁。

3. 扩张的霸权思维与稳定的发展思维

古希腊、古罗马文明是扩张性的，基督教是扩张性的，大航海时代是扩张性的，近代国际法也是西方列强的扩张工具——西方文明本身就是扩张性的文明，因此，传承于西方文明的美国文化不可能不带有扩张性，而实际上，美国从十三个殖民地开始，就没有停止过扩张的步伐。"扩张不但是美国外交史，也是整个美国史的永恒主题。"美国从建国开始至今不过二百多年历史，其大国崛起之路无不围绕实现"扩张"：大陆扩张阶段、海洋扩张阶段、全球扩张阶段。"欧洲首批移民一踏上新大陆，便奔向莽莽西部的广阔土地，一意扩张。早期美利坚人的扩张意识与外向型商业精神是生而俱来的，它是美利坚民族不畏艰难、勇于开拓进取的特性的另一个侧面，在一定意义上说也是一个新兴民族争取在新大陆立足、求生图存的一种积极的反映。但是这种扩张毕竟充满了暴力和血腥，从而成为后来美国两个世纪扩张外交的先河。"①

而美国对中国传统文化的理解与认识仅靠这建交四十多年来的政治经济交往是远远不够的，至今仍存在很多误区。而中国在近些年的迅速发展，快速崛起，一方面给美国发展带来了机遇，另一方面也给美国确保世界霸主地位带来了挑战。中国在经济规模上已经先后超越英国、法国、德国、日本，达到了世界第二，中国已经超越美国成为世界第一大出口国。国际贸易摩擦实际上是国与国之间的贸易博弈的表现，是对商业利益和企业市场份额的争夺，是各国战略性产业的竞争和博弈。美国对华贸易政策时而温和，时而紧张，双方贸易一旦失衡，美国政府受到国内企业的压力会立刻向中国展开"贸易报复"。这种贸易政策上的变化事实上源自对自身国家利益以及全球霸主地位的维护，他们认为中国的对外贸易发展引发了对美国传统文化价值的挑战，因此，在"中国威胁论"不绝于耳的呼声中，开始采取措施进行贸易保护，甚至不惜采用政治手段。如，中国科技创新政

---

① 王玮，戴超武. 美国外交思想史 [M]. 人民出版社，2007：34.

策已成为美国政治的焦点之一，"自主创新产品政府采购优先"引发的争议，中期选举的对华新能源政策 301 条款调查，等等。奥巴马、朱棣文、科技顾问办公室主任约翰·霍尔德伦等不断提出中国的科技进步使"美国面临新的卫星时刻"，认为已经对美国产生了威胁。同样，共和党也将中国创新政策和中美科技合作作为重要攻击对象。2011 年，共和党议员弗兰克·R. 沃尔夫（Frank R. Wolf）提出 2012 年的财政预算中取消白宫科技政策办公室（OSTP）和美国宇航局（NASA）与中国开展科技合作的经费，他还提出，下一个财年将进一步停止中美非政府组织之间科技合作交流的经费，即著名的"沃尔夫"条款。①

以美国为首的发达国家利用其在知识产权领域掌握的明显优势和垄断地位，通过实施更为严格的知识产权保护制度，执行有利于他们的技术标准，阻挠先进技术的扩散，并且对高新科技产品采取高昂的价格，实行国与国间的不平等交换，从发展中国家掠夺更多的财富，扩大发展中国家与其之间的经济差距。同时，发达国家通过妥协、摒弃分歧等政治外交手段，形成"强强联合"的优势；通过分化发展中国家间的利益关系，阻止发展中国家形成利益集团。②

《与贸易有关的知识产权协议》（TRIPS）协议是发达国家取得的巨大胜利，正是由于美国和其他西方发达国家的坚持和努力，乌拉圭回合谈判才第一次将知识产权的保护纳入了关贸总协定谈判的范围，并最终缔结了 TRIPS 协议。TRIPS 协议的制定，将世界贸易组织成员在知识产权保护上的标准提高到了一个相当高的水平，确切地说，是提高到了美国在知识产权保护上的标准和水平。由于 TRIPS 协议是世界贸易组织一揽子协议之一，因此世界贸易组织的成员必须接受 TRIPS 协议的基本原则和最低保护标准，必须按照知识产权执法的要求切实保护他国国民的知识产权。这明显有利

---

① 张换兆，许建生，彭春燕. 美国对华 337 调查研究与应对策略［J］. 中国科技论坛，2014（9）：139－142.

② 李俊，崔艳新. 新一轮国际知识产权规则重构下的中国选择：以知识产权强国建设为目标［J］. 知识产权，2015（12）：10－16.

于美国，通过 TRIPS 的一揽子协议，美国不需要考虑任何单个国家的实际情况而在保护水平和实施程度上针对不同的国家提出的不同要求，并不用担心会招致对其强权经济的指责，只是要求所有成员国达到或执行有关规定，就达到了其在"特别 301 条款"中想要达到的目的。唯一不同的是，当美国与非世界贸易组织的成员发生与知识产权有关的贸易争端时，可以直接诉诸"特别 301 条款"，但是当美国与世界贸易组织的成员发生此类争端时，则必须优先依照世界贸易组织争端解决机构（DSB）的规定，通过多边争端解决机制来处理。

张乃根教授认为，当前正处于国际经贸规则第三次重塑期。美韩自由贸易协定、欧加全面经济与贸易协定（CETA）、跨太平洋伙伴关系协定（TPP）等高标准自由贸易协定的达成，西方发达国家开启了一轮国际经贸规则重塑的进程。① 欧美主导的《反假冒贸易协定》（ACTA）绕开世界贸易组织、世界知识产权组织等多边组织，选择利益诉求相同的国家共同开展，因为一旦该协议在一定范围内达成，便可通过贸易威胁迫使不愿加入的发展中国家"自动"加入。② 他们在世界贸易组织、世界海关组织、万国邮政联盟等多边场合对发展中国家施压，通过双边贸易协定、贸易制裁或威胁、WTO 争端解决机制等手段要挟发展中国家，特别是通过市场准入和投资威胁迫使发展中国家尽快实施 TRIPS 协定以及超 TRIPS 协定条款规定；在自由贸易区协定谈判中，更高标准的知识产权规则不断涌现，以美国为首的发达国家正在通过各种形式和手段把更高标准的知识产权新规则嵌入其中，为最终形成全球的知识产权新规则做准备。

由此可见，美国作为目前世界上唯一的超级大国是不希望中国强大，更不能让中国与之抗衡，"中国威胁论"的舆论不绝于耳，因此其国际贸易战略意图非常明显，运用自身的强国优势从各方面对中国及其他发展中国家进行孤立、合围，达到最终打压中国的目的。

---

① 张乃根. "一带一路"倡议下的国际经贸规则之重构 [J]. 法学，2016（5）：93 – 103.
② 余敏友，廖丽，褚童. 知识产权边境保护：现状、趋势与对策 [J]. 法学评论，2010（1）：20 – 28.

三、中美贸易争端案例的中国应对——以美国"337 调查"为例

（一）美国"337 调查"对中国的调查概述

中美知识产权保护问题是在中美两国经济与贸易关系的发展过程中逐步凸现出来的，被誉为"经济型政治"驱动的贸易争端。① 20 世纪 90 年代初、中期，美国主要依据其贸易法"特别 301 条款"对中国发起调查，通过与中国政府的磋商，迫使中国修改中国的知识产权保护体系，中国入世之前的四次中美知识产权谈判都是围绕美国威胁要动用"特别 301 条款"制裁中国而展开。第一次中美两国在知识产权保护方面的争端以 1989 年中国被美国列入其"观察国家"名单为标志，此后中国被反复列入"重点观察国家""观察国家"名单，也被反复发起"特殊 301 调查"，2005 年美国公布年度"特殊 301"报告，中国再次被列入"重点观察国家"。中国加入世界贸易组织之后，中国对知识产权的保护日益与国际接轨，美国开始更多地依据其贸易法 337 条对中国商品和企业进行调查，限制侵权产品进入美国市场。

美国所谓的"337 调查"来源于《1930 年关税法》第 337 条，经历过《1974 年贸易法》《1979 年贸易协定法》《1984 年关税与贸易法》《1988 年综合贸易与竞争法》《1994 年乌拉圭回合协定法》对其内容的数次重大修订。这个条款提出，在美国企业申诉的前提下，美国国际贸易委员会（ITC）有权调查有关专利和注册商标侵权的申诉，对进口贸易中的不公平做法进行查处。根据有关程序，美国国际贸易委员会在启动"337 调查"后，该机构必须在 45 日内确定终裁的计划时间，并尽快完成调查，通常案件需要在一年内作出裁决。如果涉案企业被裁定违反了第 337 条款，美国国际贸易委员会将发布相关产品的排除令和禁止令，这意味着涉案产品将彻底丧失进入美国市场的资格。"337 调查"作为专门针对知识产权进行的调查，是美国通过特别立法措施设置的典型知识产权壁垒，是美国用来限制和阻止外国产品进入本国市场的重要手段，已经成为美国对华实施贸易保

---

① 孙哲. 美国国会研究 I [M]. 上海：复旦大学出版社，2002.

护主义的重要借口，成为我国企业产品进入美国市场的主要障碍之一。美国对华 337 调查已成为中国产品进入美国市场的重要非关税贸易壁垒。从 2006 年起，美国加大了"337 调查"的力度，对全球发起的"337 调查"案件数量开始超过 30 件，仅对中国就超过总数的 30%，中国成为遭到美国"337 调查"最严重的国家。2012 年美国立案 60 起，其中中国企业为列明被告的案件 13 起、共涉及 37 家企业；未列明中国企业但涉及我国产品的案件 5 起；合计涉及中国产品案件共 18 起，占美国国际贸易委员会立案总数的 30%。从涉及产品来看，电子信息类产品仍是遭遇调查最主要的产品。对中国发起的 13 起案件中，涉及机电类产品 10 起，主要是电子信息产品，如打印设备、电子成像设备、手机等；涉及医疗保健类产 1 起；涉及化工类产品 2 起。由此可见"337 调查"已经是美国保护知识产权产业的常用手段，也是中美贸易知识产权摩擦的显著表现，已经成为一种不合理的贸易保护措施，严重影响了中国产品的出口与产业的发展。①

美国"337 调查"成为中国企业进军美国市场最大的障碍之一。中国企业不但在应诉上要花费巨额费用，还需要在美国当地花高额费聘请律师和收集证据，并且应诉就会面临败诉风险。一旦中方企业失败告终，避免不了被排除出美国市场的命运，但不应诉就等于主动投降，被迫退出美国市场。这也导致国内企业一旦面临"337 调查"，就感觉"凶多吉少"的原因，因为无论选择进或退都免不了会元气大伤。

（二）对中国的"337 调查"经典案例及思考

1. 纳思达公司等应诉墨盒"337 调查"案（337-TA-565）

2006 年 2 月，爱普生波特兰有限公司、爱普生美国公司和精工爱普生公司 3 家公司向美国国家贸易委员会（ITC）提交了申请，指控中、美、德、韩共 24 家公司向美国出口和在美国销售的墨盒侵犯其在美国的 9 项专利权，涉案 24 家公司名单中，涉及我国的企业共 17 家。这 17 家公司中只有一家应诉，即珠海纳思达数码科技有限公司，2007 年 10 月 19 日，ITC 最

---

① 冯伟业，卫平. 中美贸易知识产权摩擦研究：以"337 调查"为例 [J]. 中国经济问题，2017（2）：118 - 122.

终作出了爱普生专利有效、被调查方侵犯爱普生专利的终裁。并签发禁止令和普遍排除令,要求所有进口商都不得将相关侵犯专利的产品进口和销售到美国。根据终裁结果,除珠海纳思达公司的最新的自主专利技术墨盒外,其他没有应诉的中国耗材企业,所生产的相关涉案墨盒产品全都不得再销往美国市场。纳思达集团除了花费了 300 万美元左右的巨额费用应诉,且被排除出美国市场,最终还背负了高达 2000 万美元的巨额罚款。

2. 华为等公司应诉电子设备等多项"337 调查"(案号分别是 337-TA-800,337-TA-843,337-TA-850,337-TA-853)

2012 年 7 月,美国 Inter Digital 公司向美国国家贸易委员会(ITC)提交了申请,以中国向美国出口的部分无线消费性电子设备及其组件侵犯其专利权为由,要求实施"337 调查"。本次案件包括了中兴通讯和华为,利用 WTO 会员优势,借助 WTO 争端解决机制 DSB 积极应诉。经过 DSB 近六个月的详细调查,在 2013 年 6 月 28 日,最初裁定美国 Inter Digital 公司提起诉讼中的 7 项专利中 6 项没有构成侵权,而另外一项专利无效。进行了近半年的审核复查,终裁维持了初裁的决定。从 2011 年 8 月至 2012 年 8 月两年间,华为与多家其他企业一起前后面临了 4 次"337 调查",其中 Flash Point 科技公司诉华为等企业案(案号 337-TA-850),华为、中兴等 8 家企业为强制应诉方。

事实上,早在 2008 年,华为欲收购美国电子产品制造企业 3Com,被美国外国投资委员会以国家安全为由阻止;2011 年初,美国对华为"危害国家安全"的调查扩大至中兴通讯;2012 年 1 月,六位美国国会议员致信希拉里,要求调查华为公司在伊朗的商业活动。2012 年 8 月,华为、中兴在美国遭遇"337 调查";2012 年 9 月,华为、中兴高层出席美国众议院情报委公开听证会,明确否认任何间谍行为;2012 年 10 月 8 日,美国国会发布报告称华为、中兴为中国情报部门提供了干预美国通信网络的机会,建议美国企业避免与其合作。美国对华为的调查行动甚至辐射到了其他国家和地区,2012 年 3 月 24 日,澳大利亚宣布禁止华为竞标该国的一个宽带网设备项目。调查报告发布的第二天,加拿大政府表示,考虑到安全风险,将取消华为参与该国的政府通信网络项目。随即,英国议会下属委员会也表示要调查华为与英国电信之间的合作。这一系列连锁反应，表明华为公司在美遭遇的贸易困境已经影响到其全球市场的发展。

3. 对案例的思考

其一，2006 年 3 月，除纳思达公司外，其余 16 家公司全部放弃了应诉，自动退出。在面临"337 调查"时，中国企业普遍缺乏应诉的积极态度，频繁缺席，这种未战先怯、主动放弃的现象十分多见。如前所述，这是典型的中国传统法律文化观念中"厌讼""息讼"的现实体现，但这种倾向和趋势往往成为导致美国频频向中国发起"337 调查"的原因之一，并成为他们有效遏制中国企业的发展，打击中国市场的主要武器。从以往的结果来看，中国企业一直处于被动地位，败多胜少。选择了应诉的企业，有一些因高昂的诉讼费用，不了解具体的应诉规则和繁杂的"337 调查"程序，无法承担巨额诉讼成本而中途放弃应诉；有一些虽然赢了官司，也会因在应对"337 调查"过程中花费了大量人力、物力、财力和时间，严重影响企业的市场声誉和商业机会，往往还是输了市场。这样的整体趋势很难让在美中国企业有越挫越勇的决心。另外，中国企业欠缺应诉策略、胜诉经验。中国需在国际诉讼中锻炼应诉的能力，为中国积累国际诉讼经验打下基础。事实证明，如果遭起诉的中国企业联合起来积极维权，共同抗辩。这样，一方面可以增强中方的气势，给申请方以震慑；另一方面可以在诉讼费用上适当分担，降低单个企业的成本。

其二，中国知识产权保护观念淡薄，无论是个人、企业，还是政府都相对缺乏知识产权保护知识，知识产权保护意识相对薄弱。我国历史上缺少知识产权保护传统，儒家思想认为学问是天下之公物，任何人可以免费获取之，世代灌输一种技术公有、共享的思想，没有将"知识产权"的观念深入民众，无偿把自己的"知识产权"供他人使用。具有现代意义的知识产权保护制度是从清朝晚期的《大清著作权律》开始，在民国时期得到一定发展，一直到新中国成立后才得到全面发展，这种文化传统是造成中国多年来在知识产权保护方面与世界的"脱轨"的主要原因之一。因此，国内民众普遍缺乏知识产权常识，更缺乏知识产权自我保护意识。中国历史上缺乏对智力劳动和智力产品的价值意识，一直没有形成真正意义的知识产权保护法律制度。大量的中国企业缺乏自主研发的技术和自主品牌以及对知识产权政策法规不了解，在运用方面则更加缺乏，同时也暴露了中国知识产权法律基本理论的贫乏。中国知识产权法律制度与发达国家相比还有很大距离，更需加强知识产权理论建设，与时俱进，紧跟国际知识产权发展步伐，提高知识产权国际水平。

其三，中国和美国的知识产权观念在显性法律文化即知识产权法律制度上存在差异，而中国企业由于对中美知识产权制度差异的不了解而造成的侵权是导致中美贸易知识产权摩擦的关键原因，中国的知识产权法律制度的发展与美国相差接近 200 年，两国不对称的法律水平是在知识产权贸易摩擦开端之时的谈判举步维艰的原因。美国知识产权制度在国际上有着较强的政治影响力，如前所述，一些国际性协议的达成都是在包括美国在内的发达国家的推动下实现的。WTO 争端解决程序在国际上第一次纳入了知识产权的司法、行政程序以及海关保护特别程序等方面的协调，并统一解决成员间关于知识产权的争端。WTO 争端解决上诉机构采用的法律解释方法与美国最高法院或上诉法院在类似情况下对宪法或国会立法的解释如出一辙，具有明显的"法官造法"这一普通法风格：先设定大前提（比如宽泛的词义、立法目的等），然后精心选择某一"关键"词，加以引申。这种在美国国内法律化政治中常见的现象，即通过相对灵活的司法解释，解决立法机构一时难以应对的问题，如今却也发生在 WTO 这样的国际组织里，除了说明 WTO 的法定决策机构缺乏，或许从根本上也不可能有那种高效率的法律解释功能，还表明美国式法律文化已影响到 WTO。① 而 WTO 争端解决机制的美国化特征也成为美国成为最常见的上诉方，而中国在 WTO 中屡遭败诉的原因之一。

其四，"337 调查"是美国设立的知识产权壁垒，直接增加了我国企业进入美国市场的难度，但其中也不乏政治化因素。据统计，从 1993 年开始，中国已经连续 20 年对美贸易顺差。中美贸易顺差的客观存在和其与中国贸易来往的相互依存度的增加，使得美国频频向中国发难。美国国会中的反

---

① 王瑞杰. 美国国会与中美知识产权问题研究 1989—2005［D］. 上海：复旦大学，2007.

华议员时常从中作梗，要么通过国会动用具法律约束力的议案，要么向总统施压要求对中国进行贸易制裁。如前面案例中所涉中国企业，"337 调查"的重点对象华为，因为是较早走国际化道路的中国企业，发展迅猛。据报道，2006—2011 年，华为在美国市场的营收达到 13 亿美元，美国认定华为公司在核心业务方面开始同其国内电信运营商抢夺市场份额，贸易保护措施随即展开，华为案为什么会在世界范围内产生巨大的负面影响，这与美国国会内设机构的小伎俩不无关系，美中安全评估委员会是美国国会的常设研究机构，任务是评估"美中双边经贸关系对美国国家安全的含义和影响"，其中重点研究美国与中国日益加深的经济、贸易和金融联系，以此判断美国对华经济政策会损害还是促进美国国家安全，并根据评估结论提出有利于美国国家利益的建议，每年向国会报告。对华为或其他稍具影响力的中国企业扣上"危害国家安全"的帽子发起调查是美国国会常用的政治伎俩。2008 年全球金融危机，越是在特殊背景下，美国政府的贸易保护措施越显强劲，大力倡导自由贸易，而又让贸易保护措施齐肩并行，通过各种非关税壁垒抑制外国产品进入美国市场是美国在对外贸易政策上惯用的伎俩，"337 调查"无疑是美国实施贸易保护最多亦是最有效的方式。

第四章
全球化背景下的中西法律文化冲突

随着冷战时代的结束，人类已经进入了一种全球共存与竞争的全球化时代，在这样一种开放的时空场域之下，人类实践交往在不断加深和扩大，经济全球化、政治全球化、信息全球化等现象纷沓而至。在这样一个复杂的全球化进程中，中西法律文化之间的交流日益扩大和加深，产生冲突不可避免。"全球化"指的是这样一种现象：伴随着科学技术的飞速发展和国际交往的不断扩大，日益增加的跨国行为主体面临着越来越多独自难以解决的全球性挑战和威胁（诸如资本、商品、人员、信息、理念、污染以及疾病等的跨国流动和传播），因而需要国际法主体之间密切合作，共同寻求解决办法。① 在对国际法上的法律文化冲突做过宏观和微观的梳理后，我们有必要将中西法律文化的互动放在当代全球化背景下，探求其发展趋势、规律和特点，有利于我们准确认识和把握国际法在调整中西法律文化冲突时的障碍因素，也对构建当代先进的中国法律文化、指导中国的国际法实践有重要的现实意义。

20 世纪 80 年代初，人类正在进入一个新的全球化时代，在全球化这一开放的时空场域之下，民族国家间以往的文化封闭和隔绝状况已被打破，不同国家、地域和民族的法律制度和文化之间正经历着一个全球性、全方位的变化。全球化背景下法律全球化成为一种势不可挡的趋势，但随着不同国家和民族法律文化间的交流与渗透越来越深入、多种法律文化共同发

---

① 张潇剑. 全球化与国际法［J］. 中国青年政治学院学报，2008（1）：76－82.

展、各种法律文化力量的发展变化使得多元法律文化间开始呈现一种既保持统一又相互斗争的局面。多元法律文化与两级法律文化的冲突、传统法律文化与现代法律文化的冲突同时并存成为当代国际交往的普遍现象。

第一节　全球化背景下的多元法律文化互动

一、全球化与法律全球化

20 世纪 80 年代以来，国际形势趋于缓和，和平与发展成为世界的两大主题，为国际间经济合作创造了更为良好的条件，特别是科技革命的巨大影响，深化了世界经济的国际化与各国的经济结构的调整，加快了经济全球化的进程。所谓全球化是指在全球范围内展现的涉及政治、经济、文化、社会等各个领域的人类社会整体化、关联化的客观历史进程和趋势。它具有如下本质特征：其一，全球化是以科技进步和经济发展为根本动力的。不仅如此，科技进步和经济发展本身也在成为全球化的主要标志。其二，全球化不是单一化和同质化，而是单一化与多样化、国际化与本土化、一体化与分散化的统一。其三，全球合作与协调是全球化进程的主要手段。虽然全球化包含着矛盾与冲突，但人类相互依存、和谐发展的目标与特征决定了全球合作与协调应该是全球化追求的主要方式。其四，全球化超越了民族国家之间的利益之争，所追求的目标是人类整体的共同利益，当然，在可预见的将来，相当长的时间内，国家仍将作为行为主体发挥主要作用。其五，全球化强调国际秩序的作用和优先地位，因此，国际法与国际组织的作用与地位比以往任何时候都重要和突出。其六，全球化的影响是双重的。一方面，它为国家，特别是发展中国家提供了发展的机遇，有可能促进国际社会的平衡发展；另一方面，它又充满了弱肉强食、适者生存的残酷竞争，有可能促使两极分化的扩大。因此，减少其负面影响，增加其正面效应，应是参与全球化进程的每一个国家所必须考虑的问题。①

从目前来看，国内外学者对于法律全球化的理解还未达成统一的认识，甚至出现相互背离的看法。法律全球化的赞成派认为，法律全球化是全球化进程的必然产物，并且随着全球化发展，一种普适性的世界法律体系必将形成。从诸多全球性问题出发，随着全球问题治理规则的一体化，全球分散的法律体系将最终整合为一个统一的法律体系，其结果将产生真正的全球法或世界法。法律全球化的怀疑派认为，全球化只会导致世界各国法律发展的多元共存，普适性的世界法律不会出现也是不切实际的。赞成派论者忽视了当今世界经济、政治、文化及法律发展的多元化的趋势，不同国家的不同法律文化土壤都将使得法律体系的差异长期存在，全球化法律只能是不切实际的幻想。法律全球化的折中主义对于法律全球化的趋势给予谨慎的认可，但他们认为法律全球化是有限的全球化，而非法律体系整体的世界化或全球化，全球化带来了诸多全球性问题，为了应对这些问题就需要制定全球性的法律，但法律全球化的可能性证成需要对多领域、全方位的全球化问题进行实证研究和客观分析。虽然在某些法律领域呈现出全球化发展的趋势，如世界贸易法律规则，但同时，法律全球化并不是在一切领域都发生，在某些领域仍是主权国家控制，不可能都实现所谓的全球化。

还有部分对法律全球化持完全反对态度的论者，他们把全球化看作是西方为实现政治与经济控制而营造一个世界秩序，是霸权主义、西方文化中心主义的表现，他们认为法律全球化理论本质在于推行所谓全球法律的"美国化"②，是在间接推行（美国）政治霸权主义和法律帝国主义。他们从政治、历史文化传统、宗教信仰的多元化趋势否定了法律全球化的可能性，并指出，经济全球化对法律的影响并不是整齐划一的，某些领域可以实现有限的规则认同，但在有些领域却难以达成一致。

笔者不认同持完全反对态度论者的论点，因为全盘否认全球化走极端

---

① 李惠斌. 全球化与公民社会 ［M］. 桂林：广西师范大学出版社，2003：41，42.
② 沈宗灵. 评"法律全球化"理论 ［N］. 人民日报，1999 - 12 - 11 (6).

化路线是不可取的，法律全球化并非处处是阴谋，更不能把全球化的方方面面都与霸权化、西方化绑在一起，因为中国在全球化中是毫无疑问的受益者。但他们给出的多元化角度的论证方式也给笔者不少写作思维上的启发。学者们因角度不同而得出了不同的论点，他们的主要分歧在于法律全球化是否会带来一部普适性的世界法律，除此，基本上肯定了法律全球化的发展趋势以及这种趋势会给未来的法律走向带来一定的变化。

对法律全球化的理解必须从多维的角度进行分析和定位，才不会导致论点偏颇或思维极端化走向。邓正来先生就把法律全球化看作一个对立统一体或矛盾统一体，他认为法律全球化是一个相反相成的过程，是单一化与多样化、国际化与本土化、一体化与碎裂化、集中化与分散化的统一，①这种观点是非常中肯的，也是对法律全球化的一种辩证分析。笔者依托各学者的观点，从以下几个方面总结分析法律全球化：

第一，全球性问题的出现是法律全球化产生的前提。经济全球化带来一系列与世界各国利益相关的全球性问题，使得寻求共同的国际法律规范成为人类社会共同追求的目标，在追求目标的过程中形成全球治理和利益共同体的意识，从这个意义上说，法律全球化是法律因经济全球化而随之发展的一种趋势。

第二，法律全球化建立在不同法律主体间的合作基础之上。各法律主体之间的合作首先以承认不同主体之间的独立性及利益上的差异性和价值的多元性为前提，表现为各法律主体在平等和同意的基础之上的合作。这种合作以解决全球问题为目的，通过遵守共同制定的法律规则，从而构建新的国际法律秩序。

第三，法律全球化表征着世界法律发展的一元化趋势。法律全球化的可能性关键在于彼此独立、有着不同利益、不同价值的法律主体之间因共同利益的出现找到了某些共通性，这种共通性构成他们合作的中介和通道，使得不同法律主体的价值有了抽象同质发展的取向，共通性的存在成为各

---

① 邓正来. 谁之全球化? 何种法哲学?: 开放性全球观与中国法律哲学建构论纲 [M]. 北京: 商务印书馆，2009：138.

法律主体之间的共识，这种共识的达成证明了法律全球化一元化可能。

法律全球化不等于法律的趋同化和一体化，更不是世界法的单一化或同质化，法律全球化的可能性基于各国法律的多样化存在，在肯定法律全球化一元化的同时必须承认世界法律的多元化，因此一部普适性的世界法律是不可能存在的。

另外，在全球化时代，世界不再是单一的民族国家主宰一切的世界，各种次国家层次、跨国家层次和超国家层次的力量在世界舞台上迅速崛起，成为同国家分享世界治理权的法律关系主体。全球系统是由各种层次上的行为主体之间复杂交错的互动关系组成的。每个行为主体都拥有程度不等的能量，都力图分配全球系统的价值。其中，对国家的权威构成强有力挑战的三类行为主体是政府间国际组织、超国家组织和非政府间国际组织。在法律上，国家法不再是世界上法律的唯一表现形式，世界法律开始走向多元化和多样化。在全球化的进程中，推动全球性发展的除了主权国家，还有大量主权国家以外的其他国际组织。在这一过程中，这些组织和主体的规则，必然对未来法律全球化图景产生各自的影响。①

二、国际法全球化与法律文化全球化

（一）国际法全球化

无论是公法还是私法，也无论是国内法还是国际法，均已卷入法律全球化的过程。② 可见，国际法全球化作为一种趋势已是不争之事实。杨泽伟教授认为全球化给国际法带来极度深远的影响的同时，也给国际法带来很多新的挑战，比如，伴随国际法调整范围的扩大而带来的国际法碎片化等问题。国际法全球化主要体现在：其一，国际法适用于整个国际社会；其二，许多全球性问题需要国际法来调整，国际社会更加需要发展普遍性的国际法规范以应对全球性问题。③ 全球化对国际法的影响可以从以下几个方面来看：首先，全球化使得国际法调整的主体呈现出多元化趋势，因为参

---

① 郭守兰，曹全来. 西方法文化史纲［M］. 北京：中国法制出版社，2007：259.
② 高鸿钧. 法治：理念与制度［M］. 北京：中国政法大学出版社，2002：35－42.
③ 杨泽伟. 当代国际法的新发展与价值追求［J］. 法学研究，2010（3）：175－184.

与国际事务的行为主体日益增多，国家不再是唯一主体，国际组织、非政府组织、跨国公司和个人都加入其中；其次，国际条约的数量在不断增多，其覆盖的领域逐渐扩大，约束的主体增多，其约束力也在不断增强；再次，传统国际习惯与国际渊源中有很多跟不上全球化的脚步，需要在原有基础上更新甚至被淘汰；最后，国家主权也因国际社会对人权、环境等主题的重视从绝对主权转变为相对主权，主权国家的社会地位及其影响力似乎在被弱化。本书认为，国际法全球化是法律全球化的一部分，是一种趋势，很多国际法律制度的形成有赖于国际法主体某种程度的妥协和国际法制度的强制化实施，也就是说，国际法律趋同现象是通过外在的某些力量推动或迫使，才能达到形式上或是表象上的统一，因此国际法全球化并不代表全世界各国都将奉行统一的国际法律体系。

（二）法律文化的全球化

1. 法律文化的全球化等于法律文化一体化？

随着国际法律规范、规则和制度趋向趋同化和一体化，法律文化的全球化也成为一个可能性。尽管各国和各民族之间的法律文化差异巨大，各自法律实践与未来全球化秩序之间存在显著差距，全球范围内的法律改革仍然势在必行。因此，全球各国和地区的法律实践及法律文化将不可避免地朝着国际化方向发展。弗里德曼曾指出，随着法律全球化的发展，法律越来越技术化，制度之间文化的和实体的差异便呈下降趋势了。世界法律文化很自然地产生广泛汇合，现代法律文化正在征服世界。① 就弗里德曼看来，法律全球化会带来制度化文化冲突的减少，或实体法律文化的趋同，那么世界法律文化也即法律文化的全球化便自然成为一种趋势。欧盟是一个显例。欧洲联盟的建立代表着区域一体化的建立，有关国家自愿将主权权利转让给国际组织，使得区域国际法制走向了一体化。就整个欧洲历史来看，欧洲法律文化源于罗马法律文化，欧洲法律文化的发展得益于罗马法律文化的广泛传播，因为大陆法系国家的法律文化大都基于罗马法典而

---

① 劳伦斯·M. 弗里德曼. 法律制度：从社会科学的角度观察 [M]. 李琼英，林欣，译. 北京：中国政法大学出版社，2004：255 – 260.

发展起来，依此逻辑，法律文化全球化形成的基本方式：国家法文化——区域性法文化——全球性法文化。这似乎能够证成这样一个结论，法律全球化带来国际法全球化，也必定会带来法律文化的全球化，因为那是符合历史逻辑的。从这一发展过程可以看出，其之所以能从潜在的可能演变成现实，是由于人们对共通性法文化的认同与接受，即对包括共同的法律理念、法律规则和法律制度的借鉴和遵守。

笔者认为，法律文化的显性文化部分可以通过各主体妥协达成趋同，但仅停留在法律文化的显性层次或表面层次，也就是说，欧盟的确是同质法律文化趋同化和一体化的成功范例，只是形式和表象上的趋同或一体化，并未抹杀欧盟内部的每一个国家民族独特性。再如，对于发展中国家来说，他们加入全球化，就是"自动"地把自己置于一种由"他者"所规定的秩序和结果之中的过程，对于属于西方法律文化制度性的一部分的接受，但不代表也同时接受了"他者"法律文化的隐性部分，也就是属于观念性的、深层次的一部分。因为根生于每个民族内在的精神性或观念性的法律文化不可能走向趋同或走向一体化，法律趋同或一体化现象一旦涉及民族性的那一部分，就产生了法律文化的民族排他性。"从近代中国对西方法律文化的接受来看，主要是对形式结构和某些制度原则的接受，所完成或实现了的接受基本上是产生于商品经济社会的那部分西方法律文化，贯穿于民族历史传统、反映民族精神的思想观念使中国法律文化至今仍保留着明显有别于西方法律文化的特征。"① 从这个意义上说，法律文化的全球化不可能彻底消除各法律文化主体之间的差异性，而是建立在法律文化的多元基础之上。

2. 法律文化全球化是多元化与趋同化的统一

在法律发展过程中，多元与趋同是矛盾统一的，是全球共同法律价值观念的确立和普遍化与各国保持自己法律制度的独立性和法律发展的特有模式的统一，是法律文化和法律制度的相互渗透、相互影响与各国相对保

---

① 米健，等. 澳门法律［M］. 北京：中国友谊出版公司，1996：4 – 5.

持民族法律文化特色的统一。① 在哲学范畴内,多元与趋同类似于个性与共性的关系,反映的是特殊性与普遍性的对立统一。

不同于近代国际法时期的法律文化交流,殖民者利用国际法压制或否定异质法律文化,将世界各国划分为"文明国"与"野蛮国",用战争的方式掠取战败者的物质财富和社会资源,并认为他们促进了被殖民国家的进步和社会发展,世界处于一种"弱肉强食、物竞天择、适者生存"的状态。全球化的法律文化交流,伴随着国际贸易空前增长,国际分工和跨国公司空前发展,世界区域经济集团化趋势和跨区域经济合作不断扩大和增多,国家间的相互作用、相互依赖空前增强,全球化为各国不同法律传统提供了交流的机会,并在建构了初步对话桥梁的基础上为国际间人们交往提供了一种共识性规则,在各种法律文化间以协调的手段达到其调和目的。在这个协调的过程中,多元化与趋同化是按照各自的逻辑并行发展的,这是一个多元化与趋同化共存的动态过程。

每一种法律文化都在实践与互动中不断完成自我的更新与发展,发展的过程中有对原有的劣势性法律文化因素的淘汰和对其他优势性法律文化的吸收。伴随着全球一体化的深入,各国的法律文化逐渐融入全球法律体系之中,在与同质或异质法律文化的深层交流中,各国都在进行理性选择,寻求共同性元素,吸收有利于自身发展的优质元素,注入本国的法律文化中。因此全球化在一定程度对各民族国家法律文化的传统因素造成了冲击,促使法律文化产生不同程度的变化,但这种变化并不是因武力威胁被迫而行,而是主权国家的自主选择实现的,变化的机理主要依靠各国法律文化的内在发展机制的运作。也就是说,各法律文化主体以平等的资格融入全球法律体系中,自主自愿地相互渗透、相互吸收,以达到法律文化的共同繁荣。在新全球化的纪元里,全球治理已从一个固定的等级体系演变为一个灵活多变的网络化结构。这种新的治理模式体现出多样化增长和权力去中心化的特征,允许更多的全球参与者和更广泛的观点在决策中发挥影响。

---

① 俞可平. 全球化的二律背反 [M] //俞可平,黄卫平. 全球化的悖论:全球化与当代社会主义、资本主义. 北京:中央编译出版社,1998:20 – 24.

在这种被称为"撒播"的状态中，不同的文化、经济和政治力量交织在一起，塑造了一个不断变化的全球环境。这种动态、网络化的全球架构显示了从单一霸权向多元共治的根本转变，这不仅重新塑造了国际关系，也推动了跨界和跨文化的深入交流，加强了全球的联通性。因此，法律文化的趋同可能有来自内部的整合力也可能有来自外部的驱动力，使得世界法律文化自觉地朝趋同化发展。

法律趋同化的同时也促进了法律多元化的进一步发展，因为，全球法律制度框架是不可能脱离每一个民族法律文化和制度自身的演进规律而达成的。因为，每个民族国家和地区都有自身独特的法律文化，而各种法律文化都与自身特殊的历史背景和社会环境密切相关，有着其独特的产生、发展和运行的历史轨迹。在全球化趋势的推动下，各国致力于自我法律文化的改革与发展的同时也推动本国法律制度与国际法律规范接轨，但也力图保留自身法律文化的民族特性，从而推动世界法律的多元化。因此，在全球化过程中，在经济利益的驱动下，各国国际交流的频繁使各国政府的国家主权意识得到强化，本土法律文化传统得到进一步的重视，这在客观效果上促进了法律的多元化。这也是因法律文化会发生相互冲突的一部分原因，或者说，法律多元化也源于交流中的冲突。随着民主、独立观念的深入人心，各民族国家的本土意识逐步增强，在与异质法律文化产生冲突的同时，引起了各民族国家间对本土文化资源的重视和保护，使世界法律在趋同化的过程中保持了多元化的特征。这集中表现在全球法律文化的多样性与差异性，以及多重的价值标准和社会评价体系。① 但在冲突中认识到发展中的适应及适应中的同化是人们的理性选择，也是促进经济繁荣、社会进步的来源。承认多样性、寻求共同性的共生发展是各民族国家和地区的主流愿望，也是社会进步的动因和形式。在全球化的时代，各国相互影响的机会增多，对各民族国家而言都应是机遇与挑战并存的时期，因此，不管是经济水平发达的强国，还是经济发展较弱的国家，都应当尊重他国

---

① 张婧仪. 论法律趋同：从历史演进的角度分析［D］. 南京：南京师范大学，2011.

的文化传统并保护本土法律文化。①

因此全球化不会消灭本地文化，后者中宝贵的和值得生存的一切将在世界开放的格局中找到合适的土壤并生根发芽。② 法律文化的全球化并不会使地方法律文化消失，由于每一种法律文化所特有的历史传统和价值观念，各法律文化主体在交流、对话与合作的同时也保有自己的、地方性的、民族的法律文化特质，趋同化的特征只是表明了国家之间共识性法律文化因素的不断增加，也就是说，法律文化的全球化是基于多元法律文化共处和多样化的统一，是法律文化多元化与趋同化的统一。

三、全球化背景下中西法律文化互动的特点

如绪论所述，源自不同文化背景的中西两种法律文化从结构到性质、从形式到内容截然不同甚至完全对立，在鸦片战争之前，由于经济的不完全接触的状态，中西法律文化相对独立。鸦片战争爆发之后，中国被迫纳入西方近代国际秩序。近现代中西法律文化冲突是一种简单的单一冲突格局，中国传统法律文化受到西方近代国际法的猛烈撞击，其特点是单向性和被动性。经济全球化的发展，中国与西方世界的交往与合作无论在广度和深度上都有增加，特别是我国加入世贸组织以后，我国相关法律制度必须同国际接轨。中西法律文化冲突在当代的全球化背景下并未出现缓和，在国际法领域的交流与冲突也因全球化问题的出现而增多，但在其特点、根源、动因、表现方式及其处理方式的演进上都与近代有很大的不同。当代中西法律文化经历了各自的演变与发展，其交流与交锋伴随全球化的推进，延伸到了更广的范围和更深的层次，可见，当代中西法律文化冲突是在多种法律文化模式所形成的多元复杂多层次的冲突结构中形成，其特点如下。

（一）自主性与开放性

近代国际法上的中西法律文化交流，是在西方列强殖民侵略扩张的背

---

① 张婧仪. 论法律趋同：从历史演进的角度分析［D］. 南京：南京师范大学，2011.
② 李惠斌. 全球化与公民社会［M］. 桂林：广西师范大学出版社，2003：60.

景下展开，中国在面临强大的军事、政治压力下，对西方法律文化被强制地、单向地吸收和接纳，中国的传统法律文化在闭关锁国的状态下，被动遭受西方法律文化的强势侵蚀与瓦解，中国应对冲击的回应是被动接受和适应。当代中国法律文化具备其有别于近代时期中国传统法律文化的自主性，有其自身核心的价值观念体系和价值评判标准，它立足于中国，放眼于世界，区别于他国，成为一个民族之所以是这个民族的内在规定性。当代中国的法律文化的形成背景是，中国经历了改革开放，经济上得到飞速发展，其综合国力与国际地位都有了极大的提高，在全球化进程中，中国法律文化在面对西方法律文化的冲击时不再是被动吸收与接纳，是立足于中国自身状况给予主动回应，既体现出自身法律文化的自主性和独特性，又体现了其包容性和开放性。

（二）多样性与复杂性

全球化既是一种现象也是一个过程，并且是一个不断发展变化的动态的过程，交往行为在全球化中不断地加深和拓宽，世界的联系变得更加紧密。全球化进程产生了一大批跨国家、超国家的全球性问题，涉及领域不断扩大，由于人类的共同利益休戚相关，更多合作在全世界范围内得以开展。如前所述，一些国际问题因全球化的发展而变得复杂和多样，这些问题虽然涉及各个国家的国内问题，但并非一国之力能够解决，人们发现，当类似的问题出现时，任何国家都置身其中，都不可能独善其身，需要全球性的力量，多个国家、民族和地区的共同解决。在其他国家寻求多边合作，制订全球契约以解决国际问题的同时，各国不可避免地持有一种本民族的法律文化立场，这种强调本民族的法律文化立场的不自觉的思维模式在与异质文化出现冲突和碰撞时展现得更加明显，中西法律文化之间的冲突在全球化趋势下很多情形不是一对一的模式出现的，因为全球性问题不是双边问题，更多的是全球共有的或多边性的问题，多元法律文化之中的各种文化交叉纠结在一起，这种冲突与摩擦因而变得更具复杂性和多样性。

（三）历时性——传统向现代性转换

在全球化的一体化进程中，法律文化客观上是多元的，国际法的发展需要多元法律文化的共同参与。但从时间的维度上，还存在法律文化的历时性差异，当代中国法律文化尚处于从传统农业文明向现代工业文明转型过程之中。中国传统法律文化是基于封闭型的农业经济基础之上，是与古代社会的生活条件相适应的。自 19 世纪以来，中国社会经历了一场史无前例的社会变革，开始从自然经济向市场经济的转变，从农业国向工业国的转变，从乡村文明向城市文明的转变，从封闭半封闭社会向开放社会的转变，这一切的转变意味着中国的法律文化也需要从传统走向现代，开始面临一种新的生存环境和法律需求。而西方法律文化整体来看处在从工业文明向后工业时代转换的时期，无论是以美国为首的发达国家还是以中国为首的发展中国家，其法律文化的发展都有一个从传统向现代化转型的过程，法律冲突的时代性表现为传统和现代性之间的冲突。单一文化自身的发展会呈现不足与缺陷，并会逐渐变为一种限制其发展的桎梏，因此需要依靠与其他法律文化间的良性互动和交往，在冲突和交流中延续生命力，这种冲突和解决冲突的过程是法律文化迸发新的生命力的过程，也是法律文化完成自我更新的过程。全球化时代的到来，无疑使各国的法律文化交流与碰撞的频率加大，各种法律文化呈现出全方位、多层次的冲突样态。而中西法律文化间互动则表现得更加广泛、激烈和深入，其冲突的形式、样态比较以往任何时代都更加多样化和复杂化。

（四）共识性与民族排他性

从空间维度上看，中西法律文化生成的经济条件、社会背景和理论基础仍然有着很大的差异，因为任何特定的文化都是具备特定的民族特色和地域特质，这种本土性与民族性无可更改、更无可代替，这使得文化具备着本能的排他性。因此二者存在的民族性与本土性差异使其相遇时表现为排他性冲突。西方的影响是一个作用有限的因素。它没有深入到中国的内地，没有对经济，特别是国内贸易结构产生强烈的影响。① 从近现代中国在国际法实践中应对西方法律文化冲击的实践可以看出，在西方强势法律文化的冲击下，中国传统法律文化中源于本民族的观念和心态的法律文化的

---

① 吉尔伯特·罗兹曼. 中国的现代化 [M]. 陶骅，等译. 上海：上海人民出版社，1989：269.

一部分并未改变，也正因如此，中国传统法律文化内在的精神取向和根基并未受到根本性的动摇和瓦解。事实上，经济全球化是一个悖论的体系，在价值上它表现为一个冲突和矛盾的过程。就法律文化的价值层次而言，一方面，它使法律文化价值具有抽象同质发展的取向；另一方面，它又凸显出共时性与历时性的新旧冲突，使原来没有发现或是处于边缘地位的法律文化价值冲突的一部分体现了出来，交织在一起。全球化时代是一个多种不同文明相互影响、相互竞争、和平共处、相互适应的时代，曾被西方文明不遗余力推广并被强行植入非西方文明中的"普世价值"的一部分受到其他文明价值的挑战，正遭到亚洲和伊斯兰国家的广泛反对。因为每一个法律文化价值都是民族文化的一部分，各民族文化都是在其自身长期生产、实践与交往中逐渐形成的，都有其赖以生存的传统习俗、宗教信仰、思维方式和价值观，不论怎样的表现它都是适应其所属民族的一种文化形态。

四、法律文化互动的演变趋势——冲突与融合的不断演进

任何国家、民族的文化都是在吸收、融合优秀外来文明的基础上发展壮大的，而且，那些善于学习、借鉴优秀外来文明的国家和民族总是能够保持繁荣强盛。[①] 每一个文化系统都在冲突中保留了自身传统的优秀成分，改造、舍弃不合乎社会需要和发展的部分文化因子，并借鉴、吸收对方有益的因素，从而实现文化模式的更新。在剧烈的法律文化冲突过程中，固有的传统法律文化体系产生了深刻的变化，它逐渐地吸收和融合了外域法律文化的某些因素，导致法律价值取向的巨大转变，进而适应新的社会条件，开始了新的法律文化体系的整合或重建过程，并且由此获得了新的生命力。[②] 如，自中国加入 WTO，国内的外贸交易管理制度与措施必须与世界接轨，已逐步置于世界贸易组织的各类规则之下。有学者指出，历史表明，文化冲突与文化压力常常是文化演进与发展的重要动力。正是在文化

---

① 尹伊君. 文明进程中的法治与现代化 [J]. 法学研究, 1999 (6)：15.

② 公丕祥. 法律文化的冲突与融合：中国近现代法制与西方法律文化的关联考察 [M]. 北京：中国广播电视出版社, 1993：11.

冲突的过程中，固有的文化体系产生了新的分化，并且在新的基础上走向新的整合。① 也就是说，全球化所带来的中西法律文化的冲突，经过充分的调适和整合，将逐渐走向适应和融合。但是，旧的矛盾解决了，新的矛盾还会产生。由此可以推知，在未来中西法律文化交往中，随着交往的范围扩大深度增加，这种冲突与融合的演进也会不断扩大。

第二节　全球化背景下国际法解决
中西法律文化冲突的障碍因素

一、国际法解决中西法律文化冲突的显性障碍

（一）经济全球化带来中西法律文化冲突的加深与扩大

经济全球化的发展推动着法律制度的全球化进程，也推动着国际经济法律制度的发展。经济全球化进程促使区域经济一体化进程越来越快，世界贸易组织和世界范围内的区域性经济组织都得到快速发展，在此基础上更进一步推动了经济全球化的进程。区域性和世界性的经济组织基于共同的生产、贸易、资本等经济需要而签订的国际条约成为各个缔约国共同遵守的行为规则。经济的全球化和入世带来了中国经济的快速发展，目前中国已成为仅次于美国的世界第二大经济体，我国与西方经济体之间的交流在规模、强度、速度和数量都远超过去任何一个时代。与此同时，中西方经济关系的交流以及与此相关的经济法律文化与制度的交流也都远超过去。中国因为加入 WTO，对中西之间出现的国际贸易争端只能用法律的方法解决，中国目前是 WTO 深度参与者，在争端解决机制方面，截至 2021 年底，中国主张 22 起案件，同时应对了 47 起被诉案件，并作为第三方参与解决了190 起案件，成为 WTO 争端解决机制最为活跃的使用者之一。2021 年 12 月

---

① 公丕祥. 冲突与融合：外域法律文化与中国法制现代化 [J]. 法律科学，1991 (2)：3.

6 日，在对外经济贸易大学举办的"回首奋斗路　扬帆新征程——中国参与 WTO 争端解决 20 周年论坛"上，商务部条约法律司司长李詠箑表示："入世 20 年来，我们一直是 WTO 争端解决机制的坚定支持者和积极践行者。一方面，我们充分利用 WTO 争端解决机制，以维护国家和产业的利益；另一方面，我们尊重并认真执行世贸裁决，通过实际行动切实捍卫了多边贸易体制的权威性。"① 随着中国传统法律文化观念和中国对贸易争端解决机制的熟悉，争端的解决方式慢慢开始由被动转为主动。伴随日益扩大的经济全球化趋势与其给世界带来的发展驱动力，中西法律文化冲突在国际司法实践中进一步展开，通过司法解决的冲突数量呈上升趋势。但上述国际争端只能在国际贸易体系的范围内通过参与争端解决机制而得到一定的缓和，一方面这并不能代表所有矛盾与争端在现行的解决机制中都可以被解决（目前 WTO 争端解决机制虽然发展较为迅速和完善，但对于所有争端的解决有一定限度），另一方面更不能代表其他领域中发生的中西法律文化冲突或争端都可以通过国际司法解决，因为经济全球化带来的其他领域的各种矛盾与冲突都有相应的扩大和加深。中国的法律文化传统更加强调用政治的方法解决国际争端，因为政治方法的核心是谈判和协商，任何一方都无法违背另一方的意志而强行解决争端，从而体现国际主权之平等，但是这种政治的解决方法效率之低是显而易见的，因此可能造成新旧矛盾的叠加，从而增加政治解决国际争端的难度。

（二）国际法调整范围的扩大带来中西法律文化冲突的增多

早在 20 世纪 50 年代初，詹克斯就注意到了国际法的碎片化问题。② 国际法的碎片化主要是指在人权、环境、海洋、贸易、投资、难民、能源等国际法的一些领域或分支，出现了各种专门的和相对自治的规则或规则复合体、法律机构或法律实践领域。由于这种专门法律的制定和机构建设，一般是在比较忽视邻近领域的立法和机构活动、比较忽视国际法的一般原则和惯例的情况下进行的，因而造成各种规则或规则体系之间的冲突。国

---

① 高雅. WTO 争端解决机制上诉机构已停摆两年，何时重新运转？未来如何改革？［EB/OL］.（2021 - 12 - 10）［2023 - 08 - 26］. https：//m. yicai. com/news/101254736. html.

② 杨泽伟. 当代国际法的新发展与价值追求［J］. 法学研究，2010（3）：177.

际法碎片化带来国际法各领域日益发展出愈来愈多的分支或部门，这些分支和部门都无法用一个统一的上下级体系排列。正如詹克斯认为，产生国际法碎片化的主要原因是国际社会缺乏一个总的立法机构。① 已有国际法学者认为：从理论上，国际法的碎片化对于国际关系的法治既有积极的影响，也有消极的作用。一方面，国际法的碎片化似乎能激励各国更加严格地遵守国际法，因为各国更加愿意遵守能更好地体现特定地区和特定领域各国的特定政治情势的那些特殊的区域性和专门性规范。另一方面，国际法的碎片化会导致各种不同法律规制之间的摩擦和矛盾，并使国家承担相互排斥的各种义务。② 因而，国际法碎片化带来国际法律关系主体在不同领域发生系列交叉和变化，在国际法所涵盖的原有领域以及国际法调整的新领域出现各种相互冲突和不相容的原则、规则、规则体系和体制惯例。尤其是当国际法主体认为碎片化所导致的矛盾开始实质性地危害国家利益时，国家便会作出合理应对的博弈选择，以解决碎片化问题。在这样的博弈过程中，异质法律文化之间出现原则、规则、规则体系的冲突相较同质法律文化之间更加突显，中西法律文化之间的冲突作为异质冲突中较为显著的一组，或会激化原有的冲突，或会滋生出一些新的冲突就可想而知了。

（三）国际法发展的滞后性——解决中西法律文化冲突的局限性

经济全球化、信息全球化等现象的出现，联合国、世界贸易组织等国际组织的地位和作用方面的演变，给世界政治、经济、文化带来了前所未有的机遇和挑战，由此而来的一系列新问题，要求法律制度作出回应，予以调整和解决。③ 虽然法律全球化带给我们通过国际法律制度的一体化解决全球性问题的愿景，但是，国际社会的高度发展与国际法之远远落后，是建立 21 世纪国际新秩序所面临的一个十分突出的问题④，法律需要稳定性和明确性，将法律制度成文化、法典化成为国际新秩序的迫切需要。回顾

---

① 杨泽伟. 当代国际法的新发展与价值追求 [J]. 法学研究, 2010 (3): 177.
② 曾令良. 当代国际法视角下的和谐世界 [J]. 法学评论, 2008 (2): 10 - 17.
③ 刘锦. 二十一世纪法律研究的一个新课题: 法律全球化 [J]. 中国法学, 1999 (6): 139.
④ 梁西. 国际法律秩序的呼唤: "9·11" 事件后的理性反思 [J]. 法学评论, 2002 (1): 3 - 11.

国际法发展历程，我们可以发现，国际成文立法除了对已经经过了长期发展历程的、较成熟的国际习惯的法典化之外，主要是针对一些特殊领域发生的特殊事件进行的。分析现有国际条约可以发现，在并非所有国家都有能力从事研究、开发、利用的领域和空间范围内，成文的国际立法似乎更容易形成。那么，当科学技术进一步发展和普及之后，这些国际立法的可被接受性就要打一个问号了。① 当今国际法规范的形成与发展可以说非常缓慢，远远不能满足现行国际关系调整的需要。这是因为，国际法的性质决定了世界上不可能存在一个凌驾于国家主权之上的国际法立法机关，国际法的执行主要依靠国家自身的行动，各国对国际法规则的制定和形成意见不一是一种常态。在达成统一的法律规则或形成一致的价值取向的过程中，各国不可避免地持有一种本民族的法律文化立场，这种强调本民族的法律文化立场的思维模式在与异质文化出现冲突和碰撞时展现得更加明显。中西法律观念及制度等各自的特色和优势不同，法律发展水平也不尽相同，这就导致了中西法律文化之间的冲突与摩擦。英国学者阿库斯特就指出：法律规定的不明确是引起国际争端的因素之一。② 国际条约在发挥其国际立法作用时，常常滞后于国际社会现实状况的发展，要想具有超前性则是难上加难。国际法发展的滞后性导致现实国际社会中时常出现一些国际法律规则根本未加以规范或未能加以详细规范的情形，这就导致当一些突发性事件发生时，人们很难依据现存的国际法规定对国家的一些行为作出合法或非法的判断，行为人甚至可以以国际法的发展为由为自身行为进行辩解，"新干涉主义"行为就是一个显例。

二、国际法解决中西法律文化冲突的隐性障碍

（一）国际法价值认同的缺失

任何法在创制、实施时，乃至在创制、实施前都已经存在了价值问题，

①　曾令良，余敏友．全球化时代的国际法：基础、结构与挑战［M］．武汉：武汉大学出版社，2005：61．

②　M. 阿库斯特．现代国际法概论［M］．汪瑄，朱奇武，余叔通，等译．北京：中国社会科学出版社，1981：3．

确定了相应的价值目标，并要接受一定的价值准则的指引。① 当前，虽然国际价值最低限度的价值——和平秩序——已经得到国际社会公认。国际社会中已经达成的众多的国际条约和已形成的大量的国际惯例已经表明，各国有着用以制定和评价国际法律规范的共同标准，证明了价值观念在这一最低限度上的认同。但对于其他价值观念，比如，民主、人权、法治等，不同国际法主体所理解的并不一定完全相同。正如尤尔根·哈贝马斯所说，长期以来，各种危险的全球化，客观上将世界连接起来，使之变成了一个建立在所有人都面临危险基础上的非本意所愿的共同体。但在这个共同体中，各国对于国家之间的合作充满疑虑。各国在达成国际条约或形成国际惯例的过程中，虽然没有重复在近代国际法时期在强迫、欺骗等条件下接受条约或惯例的历史，但主权是它维护自己的价值观的坚强后盾，共同价值与信仰的认同很难达成，因而使国际法的发展非常被动。中西法律文化对价值信仰与追求的不一致在以下几个方面尤为突出。

1. 对民主的不同理解

民主既存在于国内政治之中，也存在于国际政治之中。国际社会的民主，首先是国际关系的民主、国际政治的民主、国际决策的民主，或国际法原则、规则、规章和制度形成的民主，以及国际机制运作的民主。② 但是，保障民主的国际法首要原则——国家主权平等原则，在国际政治、经济和社会事务中还远没有得到充分的体现。国际法不应、也不宜制定统一的民主标准或所谓的最低民主标准，相反，国际法应该防止和明确禁止一国利用所谓的最低民主标准或民主输出来干涉别国的内政。③ 这是因为虽然民主政体具有共同特点，但不存在唯一的民主模式，民主并不专属于任何国家或区域。20世纪60年代以来，新兴的发展中国家开始有意识地改变少数西方大国主导甚至操纵国际关系的传统，他们从维护自身权益出发，强烈要求以建立在民主、平等基础上的国际新秩序取代列强主宰的国际旧秩序，反对任何国家对国家主权的侵犯和干预。当时一大批获得独立的发展

① 卓泽渊. 法的价值论 [M]. 北京：法律出版社，1999：65.
② 曾令良. 当代国际法视角下的和谐世界 [J]. 法学评论，2008 (6)：10 – 17.
③ 曾令良. 当代国际法视角下的和谐世界 [J]. 法学评论，2008 (6)：10 – 17.

中国家通过不结盟运动以及 77 国集团等机制强烈要求实现国际关系民主化，发展中国家的努力取得了一些重要的成果，其标志性成果是 1970 年《关于各国依联合国宪章建立友好关系及合作之国际法原则之宣言》（1970 年《国际法原则宣言》）。20 世纪 90 年代以来，中国明确把推动国际关系民主化作为重要的国际关系战略。中国一再批判强权政治，倡导国际关系民主化。中国认为民主应该建立在尊重各国自主选择政治道路的权利之上，不尊重各国的自主选择很难说是真民主。中国还与其他发展中国家合作，推动国际关系民主化。但是，西方大国始终在刻意营造一个主要以其自身灵活操控为主、西方少数国家做主的大国强权体系。事实上，在联合国安理会、世界银行、国际货币基金、WTO 等国际政治、金融、经济、贸易体制中，少数西方大国和强国一直占据支配地位。在一些重大国际事务的多边条约的制定上，西方大国凭借其自身的优势无视发展中国家的要求，在关键议题上以退出作为威胁对发展中国家施压，广大的发展中国家的话语权和影响力极其有限。可以说，今天的国际关系格局离民主仍有很远的距离。

2. 对人权的不同主张

长期以来，民主与人权都是西方大国采取制裁措施的一种名义，但却很少能通过制裁达到真正民主与人权价值的实现或使之成为推动世界发展的动力。在西方国家的推动下，联合国日益介入国内民主问题。民主参与被一些人认为是一项基本人权，甚至构成一般国际法的基本原则。西方国家长期以来只强调政治权利与公民权，忽视经济社会文化权利，更忽视发展中国家提出的作为集体人权的发展权，他们宣扬的"人权高于主权""人权无国界"等理论和观念，是对国际法主权原则的践踏和违背，实际上也违背了《联合国宪章》和一系列国际人权法的宗旨和原则。因为人权问题在一般情况下，属于国内管辖事项，应由各个国家自主处理。如前章所述，中国历来反对将人权的国际保护与国家主权对立起来，主张两者的协调一致和高度统一。国家主权原则是一项公认的国际法准则。尊重国家的主权，是在国际范围内进行政治、经济与文化合作的基础，是有效地实现人权的国内保护与国际保护的根本条件。人权的促进和保障，主要依靠主权国家在法律、政治、经济、文化与社会等各个领域创造条件予以实现。在人权遭受侵犯的情况下，也主要依靠主权国家通过国内立法、司法、行政措施加以救济。人权的国际保护应当也只能以充分尊重国家主权为基础。西方大国每年撰写的规模庞大的人权年度报告，对严重人权保护不力的国家采取制裁措施，甚至采取武力干涉行动公然侵犯他国主权，这种措施超出了国际人权保障的合理界限，这实际上就是在侵犯该国人民的根本利益，就是对该国人民的人权的侵犯。

3. 对自由的不同定义（经济市场）

西方文明所一直推崇的自由市场竞争，的确在一定程度上推动了世界经济的繁荣与发展。国际自由市场目标是实现优势互补和效率最优，以推动世界经济的公平、持续发展。理论上，市场主体是理性的经济人，要求去除管制，给予更多的竞争自由，但实践中却由于市场主体并不总能保持理性，很多问题无法解决，如垄断和盲目投资、恶性竞争、信息不对称所带来的市场失灵、竞争所致的社会分化等。1998 年的亚洲金融危机、2008 年全球金融危机对一些小的新近的新兴工业化国家是致命打击。再者，西方国家所谓的自由竞争并非致力于一个公平和持续发展的市场，他们对于自由市场的适用是有选择性的。如前章所述，中国入世以来所受到的特别保障措施的压力，便是由美国违背了自由市场的原则的人为操作所导致。美国长期以来以本国产业为中心，对于本国占优势的产业极力主张自由贸易，而以维护"公平贸易"为由对于本国不具优势的产业采取保护主义措施，或者使之长期居于自由贸易体系之外（例如农产品、纺织品和服装），或者采取大量以环境或者劳工标准为理由的非关税壁垒。

在世贸体制方面，为了加强对本国贸易利益的保护，发达国家在多边谈判无果后，开始在区域和双边的基础上开始新的战略，其意图非常明显，就是要将其关于贸易规则的模式通过区域或双边层面逐渐在世界范围内推广，迫使发展中国家最终加入由他们制定的，少数西方国家做主的游戏规则。在双边自由贸易协定中设置了义务远远高于多边贸易体制的规则，有的甚至是多边体制目前尚不存在的，如知识产权保护、投资待遇、劳工标准、环境保护等。如，后 TRIPS 时代，发达国家在各个场合同步推行超 TRIPS 的知识产权边境保护，不仅在世界贸易组织、世界海关组织、万国邮政联盟等多边场合向发展中国家施压，而且在发达国家之间秘密谈判《反假冒贸易协议》（ACTA）等①。西方几个主要经济强国采取"逐个击破"的战略方式，通过与部分发展中国家签订双边自由贸易协定建立贸易伙伴关系，这些发展中国家有的迫于经济发展的需要，有的因抵制不住发达国家给予经济援助的诱惑，借助双边途径，并进而在多边层面上确立下来，以达到从少数到多数，量变到质变，最终使得整个国际社会形成一种"习惯"效应。但事实上，对于大多数发展中国家而言，其中的很多规则是其目前尚无能力履行的，或由于经济发展滞后，尚不涉及履行问题。

（二）西方霸权主义与强权政治的延续

戴利夫·瓦兹提出了霸权主义国际法的概念。虽然瓦兹没有界定霸权主义国际法的确切含义，但从他的论述中可以看出，这种霸权主义国际法大体是指霸权国家基于自己的政治优势，利用国际法而非传统的武力手段，确立或维护霸权秩序或霸权利益。② 何塞·E. 阿尔瓦雷斯进一步解释了霸权主义国际法在维护霸权秩序方面的作用，他认为：霸权主义国际法抛弃，或者说严重地贬低了国家的形式与实质平等，以庇护者与被庇护者的关系取代平等者之间基于互惠缔结的协定；在庇护者与被庇护者之间的关系中，后者为了换取安全和经济生存向霸主效忠。这些霸主或霸权国家通过言行促进新的条约规则与习惯法规则的形成。它们通常反对通过条约限制它们的行动空间，避免受到自己业已加入的条约的限制，并且在感到受到束缚时就把习惯国际法撂在一边，它们对于自己的违法行为会被承认为新的规则信心满满。③ 杰里·辛普森对1815年以来大国通过操纵国际法追逐霸权的事例进行了细致考察，他把"通过法律形式实现大国的特权"称为"法律化霸权"。④ 近代国际法基本上是西方国家的产物，与以前赤裸裸把自己

---

① 余敏友，廖丽，褚童. 知识产权边境保护：现状、趋势与对策［J］. 2010（1）：20－28.

② 蔡从燕. 类比与国际法发展的逻辑［M］. 北京：法律出版社，2012：75.

③ ALVAREZ J E. International organizations as Law-Makers［M］. New York：Oxford University Press，2005：199－200.

④ SIMPSON G J. Great powers and outlaw states［M］. Cambridge：Cambridge University Press，2004.

的意志直接强加给弱小国家不同，国际法晚近时期，霸权者利用联合国安理会等被普遍认为是国际共同体的代表，从而间接地维护和扩大自己的利益。凭借军事和经济实力，超越国际法、国际政治格局现状一味扩张自身势力范围、操纵国际事务、干涉他国内政、进行武装侵略和占领，称霸世界、主宰世界的强权政治、霸权主义行为一直在延续。西方国家对敌视国家施加国际压力，民主成为对这些国家进行经济上的制裁、试图颠覆该政府甚至武装打击的借口，它带来的是典型的霸权主义行径，不仅不可能带来真正的民主，而且会引致有关国家国内局势的动荡和国际关系的不安定。① 如美国发起战争。针对朝鲜核问题、伊朗核问题，美国频频以主张国际社会的利益而非自身利益为由主张美国有权采取行动，或要求联合国必须采取行动，并有意识地将朝鲜或伊朗界定为"无赖国家""法外国家"。他们在世界范围内频频或单边采取制裁措施，或在联合国框架内推动采取多边措施，而实际结果是，这些单边行动并未使那些地区真正得到援助，还有些地区甚至由于大国实力的渗透而变得更加混乱。

中国一直与发展中国家一道，反抗这些霸权主义行为，在国际法领域内表现为对原有的国际法原则的坚持和在新的国际法规则与体系上话语权的争夺，在此过程中必定会带来新旧中西法律文化冲突的交叉，甚至会一度将中西法律文化冲突推至全球冲突的风口浪尖。另外，全球化导致的国家之间的经济来往的增加必然会影响到政治、文化等方面，有时甚至决定着政治的发展。尤其是在现代国际关系之中，一些政治的、文化的因素被有意无意地纳入了国家经济交流的活动之中。有时，政治因素竟然被一些国家作为经济活动的前提条件加以强调。不管有多少国家反对把政治因素作为经济交往的前提，但客观上政治就是被作为了国际经济交流的前提。有的国家甚至因政治原因终止与特定国家的经济交往，或者以一定政治理由而终止某些经济活动。② 如，美国宪法规定联邦政府管理美国的对外贸

---

① 何志鹏. 从"和平与发展"到"和谐发展"：国际法价值观的演进与中国立场调适［J］. 吉林大学社会科学学报，2011，51（4）：115 - 123.
② 卓泽渊. 法律全球化解析［J］. 法学家，2004（2）：108 - 114.

易，美国国会在批准国际协定时明确规定若协定规定与美国国内法冲突，适用美国法。这就意味着美国将本国权利置于国际条约之上，保留了自己参加世界贸易规则却可以不遵守的权利，当规则发生冲突时，就可以以国内法对成员国进行报复和压制。如前一章节所述，经贸问题高度政治化是美国对华贸易政策的特点，美国国会在中美关系中一直担任着非常重要的角色，因为按照美国宪法的规定，国会拥有广泛的权力，如立法权、财权、外贸管制权、任命批准权、条约批准权与调查权等，并与总统共同分享外交权。他们提出各种各样的反华提案，将人权问题、台湾问题、知识产权保护等问题与中美贸易挂钩，或取消对华最惠国待遇，或附以苛刻的政治条件。

美国在特朗普和拜登两个时期相继表现出霸权主义和强权政治的延续，通过单边行动和对他国施加的压力来维护自身利益和地位。在特朗普执政时期，美国采取了一系列单边主义的行动，表现出霸权主义的倾向。其频繁退群、毁约，对国际组织和协议置若罔闻，显示了不愿意受制于现有国际秩序的一面。特朗普政府通过退出一些国际组织，强调美国自身的利益至上，彰显了霸权主义的特色。此外，特朗普政府采取贸易战等手段，通过单边制裁和经济施压等手段试图维护美国在全球的经济霸权地位。在拜登上台后，虽然形势表面上有所缓和，但仍然可见霸权主义的影响。拜登政府提出的"1234 战略"中①，明确将中国定位为最为严峻的竞争者，试图通过与盟友构建国际阵营，维护美国的领导地位。此战略中强调在经济、技术、安全、治理等领域与盟友合作，以应对中国的崛起，显示了维护霸权地位的决心。

另外，特朗普政府时期，美国采取了许多强权政治的手段，包括单边退出国际协议、对他国实施一系列制裁和干预内政。贸易战的发动以及对中国等国家的不当干预，突显了美国在国际事务中采取强权政治的行为。这种强权政治的做法旨在通过强硬手段维护美国的国家利益，不顾国际规

---

① 黄进. 百年大变局下的国际法与国际法治 [J]. 交大法学，2023（1）：6 - 19.

则和多边主义。拜登上台后，虽然表面上采取了一些不同的说法，但其对华政策中仍强调竞争，并通过"1234 战略"提出对华投资、与盟友团结、在多领域竞争。这反映了强权政治的延续，尽管采用了更为巧妙的措辞和合作方式，但核心是通过实力投资和与盟友合作来维护美国的强权地位。

以西方国家为主导的国际社会，在国际法各个领域不遗余力地推行他们奉行的价值判断标准，他们在政治上推广民主，社会上倡导人权，经济上呼吁自由市场。全球化使美国也趋向多元化，影响到美国在各个领域的全球霸权。为了维护美国霸权需要重建西方认同，不同文化体之间的冲突的根源很大程度上是那些总能引起冲突的东西对人民、领土、财富、资源和相对权力的控制，亦即将自己的价值、文化和体制强加于他国的能力。客观而言，没有哪一个民族绝对反对人民对于民主、人权和自由的追求，都会用他们自己认为适当的方式去追求这一点。当然，各民族对于这三种价值的认识不一，设计的保障措施也不一。没有古今一贯的标准，也没有全球各民族一致的标准。① 但西方国家往往以自己对民主、人权、自由的理解和他们认为合格的标准要求世界上所有国家，并公然采用政治和武力的手段去干涉他国内政，事实上他们的国际法实践非但不能给全世界人民带来真正的自由、民主和人权，反而与国际法最根本的价值正义、公平背道而驰，这种霸权主义和强权政治的行为成为当今威胁世界和平的不稳定因素之一。中西法律文化在国际法上的冲突突出表现在对一些价值判断标准的认识与理解，严重阻碍了中西法律文化在国际法上的正常交流与发展。

本章第一节分析了全球化背景下的多元法律文化互动，分析论述全球化会导致的法律全球化、国际法全球化以及法律文化的全球化趋势，得出在此趋势下的中西法律文化互动呈现哪些特点，即自主性与开放性、多样性与复杂性、共识性与民族排他性等特征，以及法律文化互动的演变趋势是冲突与融合的不断演进。本章第二节分析了国际法调整中西法律文化冲突的显性和隐性障碍，显性障碍包括经济全球化带来的中西法律文化冲突

---

① 范忠信. 中西法文化的暗合与差异［M］. 北京：中国政法大学出版社，2001：338.

的加深与扩大，国际法调整范围的扩大带来的中西法律文化冲突的增多，国际法发展的滞后性是调整中西法律文化冲突的局限性；隐性障碍包括国际法价值认同的缺失和西方霸权主义与强权政治的延续。

当一种价值与另一种价值相遇，两种不同价值之间发生冲突的情况下如何求"同"，这似乎是无法求解的悖论问题。从当前的全球化进程来看，事实上存在着国际法主体间有着经济实力强弱和国际地位高低之分，这决定了国家间交往的不平等。当不平等性加强，就会意味着自我身份感的丧失，就会产生国际法认同问题。如何正确认识和促进有利于中国自身的国际法认同便成为下一个章节要讨论的要点。

第五章
解决国际法领域中西法律文化冲突的关键
——促进国际法价值认同

前章已讨论过国际法能够调整的中西法律文化冲突是有限的，存在显性及隐性障碍，国际法价值认同问题就是隐性障碍之一，本章着重对解决国际法领域中西法律文化冲突的关键进行探讨，并提出相应的解决方案。

第一节　法律文化冲突与国际法价值认同

一、国际法价值与国际法价值认同

（一）国际法价值的国内外研究、定义和特征

1. 国际法价值的国内外研究

进入 21 世纪以来，国际法的作用日渐扩大和突出，成为引导国际社会迈向更文明状态，实现全世界人民共同理想与目标的必然阶梯。国际法的价值是国际法发展的重要的动力，又是国家行为的重要指引。国际法的价值本身所具有的重要性，是国际法价值研究具有重要意义的基础。① 然而，

---

① 李贵武. 当代国际法价值问题研究［D］. 大连：大连海事大学，2007.

关于国际法的价值的研究长久以来是被国际法学界忽略的课题，这不仅是因为相对于法律价值研究而言（国内法领域），国际法价值的研究要复杂很多，还存在很多方面的原因。从国际法历史来看，近代国际法很大程度上是西方国家建立及维护殖民秩序的重要工具，也将属于西方文明的法律价值体系强加于国际法推广到非西方国家，以致国际法中所谓的"普世价值"在全世界得到普及；从国际法现实来看，国际法仍然受到西方霸权主义与权力政治的干扰，以确立或维护自己的霸权利益；加之国际政治学领域中现实主义者和新现实主义者都强调对国家利益的关注，对国际法学的研究造成了不小的影响；此外，当今的国际法学界对国际法技术性领域的重视程度远远高于国际法基础理论研究。由于以上种种因素，国际法价值的研究相对于国际法的发展显然是滞后的。

国际法的价值包含哪些内容，哪些构成国际法核心价值体系，国际法价值评判标准是什么，从近代国际法到现当代国际法国际法价值经历了怎样的变化，这些变化是否符合世界发展必然规律，等问题一直以来在国际法学界都存在很大争议。如前所述，长久以来西方法学界学者对国际法价值鲜有单独著述，国内学者有关国际法价值的探讨散见于不同的论著中，主要关注中国的国际法价值观及中国在国际法问题中的立场和价值取向。值得一提的是，高岚君博士的毕业论文《国际法的价值论》2006年得到武汉大学出版社出版，此为国内第一部有关构建国际法价值专业理论体系的论著。

近年来，围绕习近平法治思想，中国学者们对中国的国际法观、理念和价值进行了深入探讨，主要学者包括杨泽伟、张文显、何志鹏、陈柳、罗彦博、周铁林、魏磊杰、王宇航等。同时，以人类命运共同体理念为指导，徐宏、车丕照、张乃根、黄惠康、罗国强、徐金兰、周安平、张栩凡、周力、蔡高强、黄惠康、何志鹏、张辉、余敏友、焦园博等国内学者也开展了相关研究，将人类命运共同体理念引入中国国际法的发展和问题探讨。

同时，国外学者也对中国在国际法实践中的立场进行了分析和解读，这些研究有助于促进不同文化和国家之间的理解和沟通。相关学者包括D. David、Bentley B. Allan、Srdjan Vucetic、Ted Hopf、Lina Benabdallah、Simone Van Nieuwenhuizen等。这些研究为国际法的发展提供了新的视角和思路，推动了国际法领域的学术交流和合作。

2. 国际法价值的定义和分类

国际法价值是"全人类价值需求的法律化，直接明确地反映全人类的价值追求。① "国际法价值是国家追求和平共处、人类追求合理生存的一种道德性的体现。② 高岚君认为国际法的价值体系由和平秩序、人本秩序和全人类共同利益三部分构成。③ 罗国强教授从实在国际法角度进行分析，认为国际法价值是指社会主体加诸实在国际法的某种具有抽象性的主观信念或倾向，其基本价值应包括：正义、公平、平等、善意与和谐。④ 对国内法而言，法律价值是民族文化和政治共同体相互作用的结果，并可得到国内法律理论和法律实践的支持，因此国内法的法律价值相对稳定。比如，公平或正义的价值，不能以一种违反公平或正义的方式或者用一种违反公平或正义的手段确立或维护秩序。国际法也宣称促进正义，但国际关系中的正义未被定义，而且当它被定义时，这种定义通常是曲解的（甚或是循环的），只是在宣告其他假设和规范性指示的结果。⑤ 因此，由于国际社会的无政府状态和世界多元文化的社会背景，各国无法就国际法公平和正义达成共识，他们或零散地萌芽于其他非终极意义的法律价值之中（比如不同类型的国际组织所追求的价值），或被置身于多元文化背景中被主观塑造和解读，即便国际法价值被明确规定于国际法律文件中，也不能在各国际法主体的国际法实践中得以完全一致的诠释。

从国际法的法律性质上讲，国际法价值具有法的价值观的相同含义。国际法的价值主体主要是国家、国际组织、个人（只是个别情形下的价值主体），其价值客体是调整国际社会成员主要是国家之间关系的法律原则、制度和规则的总体。国际法主体之间首先通过会议协商制定相互间有约束力的法律原则、制度和规则，将其共同的目的、本意通过文字表述在文件

---

① 赵震江，付子堂. 现代法理学 [M]. 北京：北京大学出版社 1999：106.

② 高岚君. 国际法的价值论 [M]. 武汉：武汉大学出版社，2006：19.

③ 高岚君. 国际法的价值论 [M]. 武汉：武汉大学出版社，2006：19.

④ 罗国强. 论当代国际法基本价值之构建 [J]. 南通大学学报，2015（1）：44－49.

⑤ 路易斯·亨金. 国际法：政治与价值 [M]. 张乃根，马忠法，罗国强，等译. 北京：中国政法大学出版社，2005：145.

当中，通过执行和遵守协议，体现他们制定法律时的共同需求及共同追求的目标。应该说明的是，国际法价值不是一成不变的，是伴随人类文明的进步和全人类的共同需求不断发展变化着的。最早最广泛的国际法价值体系应源于最主要的国际法律文件《联合国宪章》。宪章宣告创立的联合国国际组织和宪章本身及其所包含的法律，体现了为和平、正义、社会进步、人权而奋斗的宗旨。《联合国宪章》同时承诺——或曰希望——其他法律也能服务于这些价值，并表达了促进遵守条约和国际法的决心。20世纪60年代，一股新的政治力量的出现，要求国际法必须确立起更完整的价值体系，亦取得了一些成果，如1970年《关于各国依联合国宪章建立友好关系及合作之国际法原则之宣言》（1970年《国际法原则宣言》）。20世纪90年代以来，法治、人权、民主、绿色等价值在国际法价值体系中突显，国际社会中已经达成的众多的国际条约和形成的大量的国际惯例非常清晰地表明，各国已经在慢慢形成用以制定和评价国际法律规范的共同的价值评判标准了。

易显河教授认为从哲学的角度将国际法价值进行分类，可将其分为内在价值和工具性价值两大类。此外，从国际法价值的性质和特点来看，国际法价值具有一般性、特殊性、普遍性、时代性、历史传承性等，因外界或其他因素的干扰，如国际法呈现的人本化倾向使得国际法价值向人本价值倾斜，证明国际法价值具备不稳定性或流动性特征。从国际法实践来分析国际法价值可将国际法价值分为宏观和微观两个方面，就微观层次而言，不同的主体在不同环境和不同时间里有着不同的价值取向和标准，如一件国际司法案例、一份国际条约、一场国际审判或会议、一项国际法院裁决或一个联合国决议等。国家致力于实现自己所认同的国家利益。国家的自治和不可干涉性隐含着一个国家（而不是其他实体）决定自己的国家利益的权利，促进这一利益而非他国的利益的权利，促进其决定的本国价值而非他国价值或他国决定的价值的权利。一个国家所认同的本国利益和价值，可以包含（也可以不包含）为了他国利益的利他性考虑，可以包含（也可以不包含）对某些或全部居民福祉的关注。① 由此看来，国际法价值是一个非常广泛的课题，需要从不同的角度去诠释。由于本书字数有限，本书主要以当今的全球化为背景，从国际法价值冲突与认同的角度对国际法价值进行分类，以便对下文的内容进一步分析。

本书主要将国际法价值分为核心与外围两个层面。因为，国家作为国际法价值主体，会由于一国特有的历史背景、地域文化、发展程度等的不同，以及一国的外交实践和在国际交往历程中点滴积累起来的行为模式的不同，有该国自己所认可、但他国明确反对或不予支持的价值。它与国家和民族理想、信念相关联的价值，属于深层次的国际法价值，而与此对应的外围国际法价值通常是指那些与国与国交往的直接利益相关联的价值，它属于浅层次的国际法价值。

3. 国际法价值的开放性、发展性、合作性和不稳定性特征

现代国际法文化的开放性、发展性和合作性为新中国的转变提供了必要的基础，也正是现代国际法文化的这些特点，使得新中国在对外交往实践中越来越意识到国际法的重要性，越来越在尊重国际法的基础上融入国际社会，还能够在一定程度上为世界和平秩序的构建贡献智慧。② 江河教授分析社会组织的互动，认为国际组织价值之间是具备开放性特征的，因而国际法价值也是具备开放性特征的。自然人的主体性和社会性，是所有社会组织主体和价值追求的合法性渊源。社会组织的开放性是为了适应自然人内在主体性的不断实现，以及外在的社会性在空间上的不断扩展。同样，各种国际组织所追求的效率价值和平等价值必须最终向实质正义开放。也就是说，不同法律价值相互之间的开放性互动，是个人主体性得以实践的必然要求，无论是以自然人身份还是公民身份。国际法价值的开放性划分为内在的开放性和外在的开放性。国际法价值的外在开放性是指整体的法律价值对国际社会的经济、制度和文化资源的开放，国际法价值的内在开

---

① 路易斯·亨金. 国际法：政治与价值［M］. 张乃根，马忠法，罗国强，等译. 北京：中国政法大学出版社，2005：148.

② 叶秋华，王云霞，夏新华. 借鉴与移植：外国法律文化对中国的影响［M］. 北京：中国人民大学出版社，2012：419.

放性是指秩序、效率和平等价值对终极价值正义的开放,① 同时, 正义价值还必须对民主文化开放。② 国际法的首要价值是秩序, 其对应主题是和平与稳定, 这其实已经得到全世界人民的广泛认同, 但随着国际形势的变化, 文明的向前发展, 价值主体对价值客体的需要是有一定的调整的。国家间的日益频繁的经济来往以及由此日益发展起来的经济关系使得国际关系产生了一定程度的经济信赖, 这种经济信赖有效地防止了相互之间的战争, 从这个意义讲, 经济全球化有利于维护国际和平与安全, 并能维持和保障国际法秩序价值。世界贸易组织 (WTO) 因自身发展的需要与联合国的专门机构的合作, 如国际基金货币组织、世界银行等, 以促进其自身机制的发展和推进效率价值的进一步转向, 社会发展的必然逻辑就是当 WTO 效率价值发挥到极致时会向更高层次的法律价值递进发展。即国际组织之间的合作, 一方面有利于 WTO 机制的自身可持续发展, 朝着更加公平正义的方向发展, 另一方面可以带来国际法价值的转向从而推进国际法价值的实现。易显河教授从哲学角度分析内在价值与多样价值的冲突时指出, 这两套价值可以共存的, 而且, 其中一套价值还可以影响或促进另一套价值。这也能充分说明价值之间的发展性与合作性。但在关于对于真理的解释上, 由于西方国家在世界舆论中拥有的绝对话语霸权和国际组织中的程序霸权, 有学者认为国际法从产生以来就是霸权主义的,③ 甚至有学者直接将国际法命名为 "Hegemonic International Law" (霸权主义国际法)④, 这也是当霸权主义者为维护本国利益行使国际不法行为时, 他们通常会竭力掩盖不法行为的实质, 以国际法的发展或国际法价值的更高追求为由为本国行为辩解, 这也是造成国际法价值不稳定性的因素之一。

---

① 袁枚仁, 梁家峰. 中西法律价值观比较的哲学反思 [J]. 北京师范大学学报 (人文社科版), 2000 (3): 84 - 90.

② 江河. 国际法的基本范畴与中国的实践传统 [M]. 北京: 中国政法大学出版社, 2014: 168.

③ ALVAREZ J E. International organizations as Law-Makers [M]. New York: Oxford University Press, 2005: 199.

④ Detlev F. Vagts. Hegemonic International Law [J]. American Journal of International Law, 2001 (95): 846.

（二）国际法价值认同的定义和本质

1. 认同与国际法价值认同

认同是由社会学发展起来的一个重要概念，可从个人、社会、国家三个角度来定义。英国社会学家安东尼·吉登斯从个人角度分析，认为认同是指"个体依据个人的经历所反思性地理解到的自我"①，个人层面上的认同指对自我的社会角度或身份的理性确认。法国社会学家埃米尔·涂尔干从集体和共同角度分析，认为社会成员平均具有的信仰和感情的总和，构成了他们自身明确的生活体系，我们可以称之为集体意识或共同意识。② 也即是说社会层面上的认同是指社会共同体成员对一定信仰和情感的共有和分享，它是维系社会共同体的内在凝聚力。从国家的角度来看，认同指公民对国家的政治权力和统治权威的认可、接纳、服从、忠诚。国家通过颁布法律和制定政策保证公民的权利，公民则履行相应的义务。在国家领土、主权等受到外来侵略的危险时，公民必须捍卫国家的国防安全。和平时期，公民主要承担经济建设、政治建设、文化建设和社会建设的相应义务。③

历史上人们为了正确认识自己的价值，总是会不停地追问一些永恒的认同问题，比如："我是谁？""我从哪里来？""我的归宿在哪里？"人们渴望得到答案，而当人们在确立自己的身份认同的时候，又总要受到一定的利益需求、情感和信仰等问题的影响。进一步说，人们总是认同那些与自己的利益需求、情感和信仰相一致或相近似的东西，利益、情感和信仰影响着人们对"他者"的评价问题，这就注定了从一开始人们的认同就是一个价值问题。因此，认同说到底是对人的意义感的重新定位和评价的问题，是一个价值认同问题。④ 价值认同指的是个体或社会集体（如民族、国家等）在相互交流的过程中对特定价值的接受和共享。这种认同反映了人们

---

① 安东尼·吉登斯. 现代性与自我认同：现代晚期的自我与社会 ［M］. 赵旭东，方文，译. 北京：生活·读书·新知三联书店，1998：275.

② 埃米尔·涂尔干. 社会分工论 ［M］. 渠东，译. 北京：生活·读书·新知三联书店，2000：42.

③ 陈茂荣. 论"民族认同"与"国家认同"［J］. 学术界，2011（4）：56－67.

④ 贾英健. 认同的哲学意蕴与价值认同的本质［J］. 山东师范大学学报（人文社会科学版），2006（1）：10－16.

对自己在社会中的价值观念和方向的明确，并体现为共有的价值观的形成。这种价值认同不仅涵盖了个体和社会集体这两个层面，同时也构成了所有个体和社会集体认同的基础。

基于以上观点，本书认为国际法价值的认同，是在一个相对稳定的、在国与国之交往过程中形成的对共同国际社会价值的追求和选择，即在国际社会不断追求与选择共同价值的过程中得到共同认可和共享的价值共识。这些价值必须经过反复的国际实践和尝试，得到国际社会的广泛认可，成为普遍接受的共识，并最终能融入相对稳定的国际法知识体系中，以完善国际法律秩序。就中国的国际法价值认同而言，要将具备中国特色或具备中国元素的价值观念经过提炼和国际实践，并能融入到国际法主流价值中去。基于价值认同与价值趋同的区别，国际法价值认同的概念还需注意两点，一是国际法价值认同的过程主要由国际法主体完成，二是国际法价值认同是通过交往和变化着的国际关系使自身的价值观念或价值结构获得重新定位和重新调整，这个过程是认同不可或缺的一部分。

2. 国际法价值冲突与国际法价值认同相伴而生

经济全球化说到底是一个利益矛盾的展示过程，不同主体之间利益矛盾上的不同和差别必然要通过价值观的不同和冲突表现出来。然而，经济全球化不仅是一个由价值观之间的不同而引发的价值冲突的过程，而且是一个不同价值观之间的相互理解、认可和认同的过程。价值认同和价值冲突相伴而生，有价值冲突，就必然会有价值认同的发生。[①] 价值冲突和价值认同在同一个矛盾体当中，两者互为开始和结果，又互为过程地交织在一起。

就国际法领域而言，即便国际法主体目标、主体需要、价值观念和主体态度都大体相同，但由于国际社会的资源以及国家之间的利他主义的同情心是有限的，每个国家的欲望、需要都不同且是无止境的，这就必然发生国际法价值的冲突和利益的冲突。国际法价值的冲突来自国际法主体的不同态度，即国际法主体是价值冲突的根源。国际法主体的多元性特征决

---

① 贾英健. 认同的哲学意蕴与价值认同的本质［J］. 山东师范大学学报（人文社会科学版），2006（1）：10 - 16.

定了国际法价值的多元化，各主体之间的价值冲突代表着价值的多元化起始时期的各方利益冲突，在多种因素的综合下，价值冲突的各方又开始朝着共同的某一方面转化，开始形成价值认同。比如，二战以后的《联合国宪章》标志着旧的冲突结束，新的冲突开始，各国达成共识，战争无论是作为手段还是目的，都会影响国际秩序的和平稳定发展，价值认同出现了，然而，某些国家的"新干涉主义"的出现，新的价值冲突出现，开始新一轮的轮回发展。因此，国际法价值冲突和国际法价值认同的结果是在共同的载体中，实现冲突与和解，碰撞和认同，求同存异，共同发展。

3. 国际法价值认同的本质

全球化以前的国际法价值认同，是西方国家力图把某种特殊价值观念即西方价值观念加以普遍化，把非西方国家纳入共同的西方价值体系，并以此为单一的国际法价值追求和选择，事实上，在全球化中，"社会在有些（主要是经济和技术）方面在趋同，在有些（主要是社会关系）方面在趋异，而且，从某种特定意义上说，还有一些方面维持原样"①。

经济全球化带来新的国际法价值冲突，说到底就是国际法主体之间利益矛盾的展示过程。在这一过程中，各国利益既有冲突，又有认同，在这种情况下，任何一个国家和民族的利益实现越来越离不开他国、他民族，这种相关性使全球范围内的价值观在利益层面上出现了价值共识的趋势，也即国际法价值的外围层面。如易显河教授所言，无论在国内法还是在国际法领域，内在价值和工具价值这两套价值是可以共存的，且其中的一套价值还可以影响或促进另一套价值。但是，当两套价值发生冲突时，哪套价值应当优先是一个长期的话题。② 内在价值和工具价值如若可以相互促进，那么其中就有价值共识的一面，然而，这种相一致的趋势，可能一些仅仅涉及直接利益的外围层面的一部分，更易达成共识。但当触及不同国家和民族在价值观核心层面上的差异时，价值共识就会走向反的一面，冲

---

① 罗兰·罗伯森. 全球化：社会理论和全球文化 [M]. 梁光严，译. 上海人民出版社，2000：16.

② 易显河. 多样性的内在价值和工具价值及相关冲突的解决：一些哲学和法律的思考 [J]. 法学评论，2010（6）：55－63.

突甚至对立，也即国际法价值核心层面的价值冲突和对立。因而，在经济全球化进程中来谈论价值认同，并不是在价值趋同的意义上来谈论的，而是一种"存异而求同"。

因此，经济全球化并不等同于国际法价值的普遍化、趋同化、同质化和一体化，那无异于价值趋同，因为在国际法价值认同的过程中同样也包含着国际法价值的特殊化、异质化。全球化中的这种特殊化、异质化趋向也表现在价值观的变化上，故而全球化中的国际法价值认同并没有带来某种一元化的全球价值观，反而形成了许多与价值认同形成鲜明对照的普遍而激烈的国际法价值冲突。从这个意义上来看，国际法的价值多元化与一元化是统一且不可分割的。

（三）全球化背景下国际法价值认同的意义

国际法认同与国与国之间的交往活动是密切相关的。一方面，认同发生在国际法主体之间的交往活动过程中。任何交往活动都是有目的进行的，为了达到交往目的，交往主体必须通过对交往手段、交往对象、时空条件等因素进行有效的组合，使交往活动按照一定的模式来进行。各国际法主体都希望交往活动有序进行并达成最终的目的，于是愿意使自己的活动纳入一个正常的秩序范围内进行，这种正常的秩序范围，就构成了认同存在的必然性。国际法主体在交往过程中以及交往结束时，往往会形成一些国际通行的习惯或规则约束各主体的活动，从而保证国际交往的有序进行，这些习惯、规则和条约就是在其他国际法主体的相互交流与实践中得到重复和认可，换言之，只要国际法主体在国际交往中的某一行为客观上得到反复一致的实践，主观上得到各国的法律确信，那么它就是一个国际法规则，而国际法价值认同也正是在这个过程中得到体现，因为，习惯和规则一旦在国际社会上得到广泛的接受和认可，也就形成国际法价值认同。

另一方面，随着全球化的深入，各国际法主体间交往的增多，拥有共同的利益追求的国际法主体之间的国际合作也随之增多。全球化造成了跨越国家边界的、大规模的社会互动关系，而这种前所未有的互动关系又是任何一个国家所不能控制的，任何一种文化传统所不能理解的。人们的认同处于不断的"建构—破裂—建构"的过程中，剧烈变化的现实往往使得一种认同刚刚确立，瞬间又变得虚无缥缈了。① 因此，合作绝非理想中的亲密无间、荣辱与共，合作以冲突为前提，是冲突的肯定形式，而这种冲突的发生，恰恰是以存在着不同的认同为前提的。正因为如此，很多国际法学者认为国际法的效力根源在于"各国的协调意志"，而恰恰在合作中"协调意志"的过程就是一个处理价值冲突追求价值认同的过程，必然会出现合作主体的妥协或是"求同存异"。可见，国际法价值认同对国际关系来说是何等重要，它既对国际关系起着稳定性的作用，又能保证国际交往的有序性。

二、中西法律文化冲突与国际法价值认同

（一）法律文化冲突与国际法价值认同

1. 法律文化互动——国际法价值不稳定因素

全球化使全球以前所未有之势日益紧密地联系在一起，促成了国际法价值认同问题的出现和形成。首先体现了国际法价值的不稳定性。对于国内法而言，法律价值是相对稳定。经济全球化成为现代国际社会的基本特征，美国通过其国际霸权主导着经济全球化的发展，效率价值便成为国际法的重要价值，作为国际法主体的国家也视效率为国际法重要价值。以中国为首的发展中国家自愿加入全球化，必须"自愿"接受或认同以美国为首的西方国家规定的游戏规则，其中必定包括对效率及其相关价值的认可和共享。国际法效率价值在 WTO 体系中得到充分的体现，也使得 WTO 成为国际法中最有效的法律部门。但是当美国将效率价值外溢到其他领域，并竭力掩盖其非正义性时，国际上对公平、正义等价值的呼声便越来越高，效率不再是国际经济秩序追求的唯一价值。二战以后，国家发动战争的权利被国际法禁止，和平是《联合国宪章》所确认的国际法基本价值，并得到全世界广泛认可。经济全球化时代，"保护的责任"实质上是对个人在国际社会上所享有和平权的承认和保护，但对反映"平等"价值的国家主权平等原则是一大挑战；国际社会对非政府组织地位的某种承认也说明了对

---

① 王成兵．对当代认同危机问题的几点理解［J］．北京师范大学学报，2004（4）：98.

国家主权的弱化，国家的国际义务不再局限于对外的世界和平与安全的维护，而且对内它们也应承担保护其国民的国际义务。① 全人类共同利益被国际社会突出强调，同质异质的法律文化交互影响日益显著。

2. 法律文化冲突催生国际法认同问题的出现

对法律文化价值文化上的认同来说，虽然人们可以在认可、共享的意义上来把握价值认同，但对于这种"认可""共享"究竟作何理解，实践中的理解上是有分歧的。如源于西方法律文化价值体系中的公平、效率、自由等，中国的法律文化的现代性转向已经在一定程度内实现了对这些价值的认同，并已在一定程度上通过国内法中的接受和转换得到体现，证明中国的法律文化对其认可并化为自身的法律文化体系。但在中西方的实际交往活动中，各方对于它们的理解有差异，因此，仅对价值观的认同并不是认同的全部，不能与实践脱离。另外，价值认同虽然着重强调的是不同主体之间求"同"，但是不同的主体如何看待这种"同"，他们的理解并不一定完全相同，特别是当两种不同价值之间存在对立和冲突的情况下，显然无法求同。

以经济领域的国际法价值为例，WTO 的建立是经济全球化在国际机制上的发展结果，WTO 所确立的贸易法律机制的目标是建立一定的行为规范来保障贸易主体的平等地位、公平交易，并为商业利益提供可预见性，在WTO 基本法律原则中有体现国际社会对实质平等或经济上的弱势主体的关注，比如普惠制和相关的例外条款等。而最惠国待遇原则和国民待遇原则，也即非歧视原则的实现却并不尽如人意，从 WTO 争端解决机制裁决的许多案件中都能看出，其表面体现的平等正义在实践中并无实质体现。根据《关税及贸易总协定》条款规定，最惠国待遇强调在国际贸易中一视同仁，一律平等，国民待遇则强调条款规定的各个方面或环节的国内和国外的平等。享受平等待遇的是商品，而事实上 WTO 争端解决机制所裁决的许多案件，很多都是因为对"相同产品""相似产品"理解不同诉诸 WTO 争端解

---

① 江河. 国际法的基本范畴与中国的实践传统 [M]. 北京：中国政法大学出版社，2014：144.

决机制，体现的是实质环节中对国际贸易者、国际商人或其他国际贸易环节的不平等对待。

再者，效率由于经济全球化，被作为国际法重要价值之一，而效率只是一种形式意义的价值，可以分为正义和非正义的效率。在国际社会，跨国公司对于效率的追求，可以不负任何外部性的责任，因为不存在世界政府进行管制。发展中国家在多哈回合中对正义效率的争取中可见 WTO 体制的内在缺陷，以及发展中国家对于公平和正义的追求。另外，当"效率"价值被有目的地外延到政治领域，国际法价值体系就有被扭曲和操纵的危险。这样，国际法价值的认同问题便得以进一步显现。

（二）促进国际法价值认同是解决中西法律文化冲突的有效保障

如前章所述，经济全球化带来中西法律文化的互动，呈现自主性与开放性、多样性与复杂性、共识性与历时性的特点，但是两种异质法律文化的互动是朝着冲突与融合的不断演进而体现出国际关系中的多元文化的融合的趋势。虽然同质法律文化之间的互动更易促进民族文化的融合，比如欧洲经济共同体的建立，使欧洲民族文化得以完美融合，推动了欧洲一体化的实践，进而开启欧洲宪政。这与经济全球化带来的外溢效应密切相关，换言之，经济上的外溢效应促进了欧洲民族文化的融合，并产生了共同的区域宪法。但这种效应对于异质法律文化间的互动效果甚微，因为经济全球化已经给发展中国家带来一定的民族文化认同危机。认同会带来"认异"，因此较易发生趋同或一体化改变的是显性法律文化的表层部分，丝毫不会抵消或消融属于隐性法律文化的一部分，比如法律价值。因为隐性法律文化根生于每个国家的民族文化，而民族文化是民族主体性和社会性的历史载体，在国与国的交往中，任何一方以自己为出发点的判断，都是主观的并带一定的片面性，因此，这种价值冲突是最不易被调和的，从这个意义上来看，价值认同其实是无法实现的悖论。诚然，当今中国要在解决自身民族法律文化认同危机的同时保证经济的可持续发展，这两个目标必须同时存在，缺一不可。因此，"求同存异"是中西异质法律文化良性发展的最佳进路。国际法价值保障不同法律文化之间的交流与互动，建立在对异质法律文化的尊重基础之上，因为冲突发生在体现秩序价值（和平稳定）

的国际环境中，而后者又对前者有促进的作用。虽然民族文化的差异使得国际法价值具备不稳定性，但国际法价值的开放性以及文明的进程必定使其向更公平和彰显国际正义的进路发展，因为国际法主体所追求的目标在抽象化程度上的追求正义的最终目标是一致的，国家在现代国际法中还是最主要的国际法主体，加之，国家在不同的国际组织内都发挥着不可忽视的作用，正因如此，中西法律文化的互动，也许是一个迂回曲折的过程，但最终有利于促进国际法价值认同的实现。

第二节　中国的国际法理念演进与中国当代国际法价值观

一、中国国际法理念的演进

（一）"和平共处"到"和平与发展"理念

习近平同志在和平共处五项原则发表 60 周年纪念大会上指出："60 年来，历经国际风云变幻的考验，和平共处五项原则作为一个开放包容的国际法原则，集中体现了主权、正义、民主、法治的价值观。""和平共处五项原则中包含 4 个'互'字、1 个'共'字，既代表了亚洲国家对国际关系的新期待，也体现了各国权利、义务、责任相统一的国际法治精神。""和平共处五项原则精辟体现了新型国际关系的本质特征，是一个相互联系、相辅相成、不可分割的统一体，适用于各种社会制度、发展水平、体量规模国家之间的关系。""新形势下，和平共处五项原则的精神不是过时了，而是历久弥新；和平共处五项原则的意义不是淡化了，而是历久弥深；和平共处五项原则的作用不是削弱了，而是历久弥坚。"[①] 中国长期坚持和

---

① 习近平. 习近平在和平共处五项原则发表 60 周年纪念大会上的讲话（全文）［EB/OL］.（2014 - 06 - 28）　［2023 - 08 - 26］. http：//politics. people. cn/n/2014/0628/c1024-25213331. html.

平共处五项原则，它是中国对外交往政策和原则，也是一项国际法原则。和平共处五项原则 20 世纪 50 年代中期发起于中印、中缅外交关系之后，被引入国际外交实践，中国一直在持续坚持并反复尝试和实践，走向亚洲、走向世界，它经受了时间的考验，在长久以来的国际关系实践中显示出它的强大生命力。

邓小平同志指出"和平与发展是当代世界的两大主题"，"和平与发展"较"和平共处"的理念更进一层，避免冷战后国家之间的消极共处，是对当时国际格局的精辟概括，尤其代表了以中国为首的第三世界人民的共同期望，同时也是对国际法的进步提出的新要求。

（二）"和谐发展"理念

在 2005 年联合国 60 周年首脑会议上，时任国家主席胡锦涛发表的题为《努力建设持久和平、共同繁荣的和谐世界》的重要讲话提出"和谐世界"的理念，并被写入 2007 年党的十七大报告中，报告强调和谐世界理念的核心是"和谐共处"。"和谐共处"是在"和平共处""和平与发展"的基础上提出（简称"和谐发展"），该理念的产生一方面的国际背景是 2001 年"9·11"事件以及其他频发的国际恐怖主义事件的发生，另一方面是全球化的深入，国家之间的关系日趋紧密，各国有了更多的共同利益，同时更多的社会矛盾凸显。在这样的背景下，如果国际社会、国际机制只是注重和平与安全的问题，就无法跟进时代的发展和应对时代的需求。所以，世界秩序应当在和平的基础上有更进一步的追求。"和谐发展"比"和平共处"理念的层次更高，适应了新时代的变化和要求，考虑到了全球化时代国家之间所面临的共同的未来、共同的安全问题、共同的保障举措，概括了近半个世纪以来国际法律制度在一些区域和领域所取得的实质进步，并指引了国际法发展的新方向。它不仅要求维护和平，实现"和平共处"，也将国际法运行置于全球化大背景中，从国家之间的相互依赖、有机联系、彼此合作的角度确立国际法的发展方向，期望构建一个在"和平共处"基础上，通过制度、文化的建构与交融形成一个更加宽容、更加多样、更加美好的国际关系格局，促进和睦、合作发展和共同繁荣。何志鹏教授指出，国际法的价值观从"和平与发展"演化为"和谐发展"，是对以往价值理念的继承。笔者认为这两个国际法理念的提出与传承都与中国国际法实践中一直践行的主权、正义、民主、法治的国际法价值追求是一致的。

（三）"人类命运共同体"理念

传统国际法时期，国家间处理国际关系是消极的，没有信息科技对社会的推动，国家间合作的空间和深度都是有限的。"人类命运共同体"的概念基于早期的"国际共同体"①，"共同体"的概念在我国的首次提出始于2007 年党的十七大报告："十三亿大陆同胞和两千三百万台湾同胞是血脉相连的命运共同体。"后经延伸和扩展，从"周边命运共同体"到"亚洲命运共同体"，"中非命运共同体"、"中拉命运共同体"到最近"'一带一路'国家命运共同体"，"全球命运共同体"出现在 2011 年《中国的和平发展》白皮书，2012 年党的十八大报告中再次拓展，倡导"人类命运共同体"意识。习近平主席、李克强总理于 2013 年起开始在国内外各种场合多次提出和重申"人类命运共同体"意识，2017 年 1 月习近平主席在联合国日内瓦总部发表演讲，再次深入阐述了"共同构建人类命运共同体"这一时代命题的深刻内涵，引起各方热烈反响。"推动构建人类命运共同体"载入宪法序言成为具有法律约束力的最高政治宣示，是新时代开展对外交往的法理依据。②

理念引领行动，方向决定出路。党的十八大以来，习近平多次就国际法问题作出重要论述，引领了中国在国际法领域的理论创新，逐步形成了新时代中国国际法观。③ 作为中国国际法观的价值取向之一，④ 人类命运共同体就是每个民族、每个国家的前途命运都紧紧联系在一起，人类应该风雨同舟，荣辱与共，努力把我们生于斯、长于斯的星球建成一个和睦的大

---

① 武汉大学张辉教授指出"国际共同体"概念的提出和使用最早的是在欧洲国家，但没有扩展到全球，到了二十世纪三十年代之后，曾再次兴起。这个概念开始得到较多运用是在二十世纪中期之后，开始被频繁使用，不少学者表明传统的国际社会已经向一个全球性共同体转变。转自张辉在 2016 年 6 月 18 日武汉大学国际法研究所智库会议上的发言。

② 王宇航. 中国国际法观念变迁研究 ［D］. 北京：对外经济贸易大学，2022：85.

③ 中华人民共和国外交部条约法律司. 中国国际法实践案例选编 ［M］. 北京：世界知识出版社，2018：21.

④ 杨泽伟. 新时代中国国际法观论 ［J］. 武汉科技大学学报（社会科学版），2020（5）：466 - 478.

家庭，把世界各国人民对美好生活的向往变成现实。① 从国际法的角度来看，人类命运共同体思想是新时代对和平共处五项原则的继承和弘扬，蕴含了持久和平、普遍安全、共同繁荣、开放包容和可持续发展等重要的国际法原则。②

"人类命运共同体"理念比"和谐发展"理念更加高远，更符合全球治理的目标和发展趋势。中国外交部部长王毅指出，打造人类命运共同体，意味着各国不分大小、强弱、贫富，一律平等，共同享受尊严、发展成果和安全保障，维护以联合国宪章宗旨和原则为核心的国际关系基本准则和国际法基本原则，弘扬和平、发展、公平、正义、民主、自由等全人类的共同价值。③ 这一理念的逐步形成反映了中国对于国际法社会基础的新认知，是中国根据全球化不断扩展和深化的趋势，为适应各种全球挑战、应对各种新问题而提出的。"构建人类命运共同体"理念是中国对国际法最大的贡献之一，它将逐步转化为国际法规则。"人类命运共同体"是国际法理念的新发展，是对当今国际关系中"你中有我，我中有你""一荣俱荣，一损俱损"的精辟阐释，"人类命运共同体"把人类作为一个日益紧密的相互依存的整体来对待，突出体现了对人类整体和个体的关注，强调了国际社会多元性和依存性。中国国际法学者创造性地运用现代国际法，在和平共处五项原则、承认与继承、和平解决国际争端、"一带一路"倡议和"人类命运共同体"的构建等重大国际法问题的理论与实践上，做出了非常有价值的贡献。④

二、当代中国国际法理念体现的国际法价值观

从"和平共处"到"人类命运共同体"，事实证明，中国领导人紧跟不断变化发展中的国际形势，适应各种挑战、应对不同的国际问题而提出的

① 习近平. 携手建设更加美好的世界：在中国共产党与世界政党高层对话会上的主旨讲话 [N]. 光明日报，2017 - 12 - 02 (2).
② 徐宏. 人类命运共同体与国际法 [J]. 国际法研究，2018 (5)：3 - 14.
③ 王毅. 携手打造人类命运共同体 [N]. 人民日报，2016 - 05 - 31 (7).
④ 杨泽伟. 新中国国际法学 70 年：历程、贡献与发展方向 [J]. 中国法学，2019 (5)：178 - 194.

国际法理念是与时俱进的，每一时期的理念一经提出便能逐步获得全球共识。习近平主席指出和平共处五项原则集中体现了主权、正义、民主、法治的价值观。① 人的行为、国家的行为都是由理念引领。为实现构建人类命运共同体的理念和目标，近年来，中国在《联合国宪章》宗旨和原则的基础上，提出和倡导全球治理的一系列新原则并积极践行，旨在推动它们成为新的国际法原则，包括国际关系民主化、国际关系法治化、国际关系合理化、合作共赢、正确义利观。② 这些理念及原则包含了当代中国国际法价值体系，和平共处五项原则是中国一直以来坚持和发扬的国际法原则，之所以具备很强的生命力是因为至今仍然在实践并发挥着重要的作用，主权、正义、民主、法治的价值观是对当代中国国际法理念的深刻阐释，在新的国际关系背景下仍然能反映中国人民和世界大部分人民的共同利益和共同追求，"人类命运共同体"是在"和谐"理念基础上的进一步升华，有学者指出"人类命运共同体"所包含的全球国际观包括国际权力观、共同利益观、可持续发展观、全球治理观③，本书认为国际法语境下的"人类命运共同体"理念包含了中国传统法律文化中反映的天下观和义利观（笔者会在下文对这两种传统法律文化的现代转向作进一步阐释），以及主权平等观、共同利益观、可持续发展观、全球治理观等现代法律文化中倡导的国际观，体现了以公平和正义为核心价值追求，秩序、合理、包容、和谐、人权、民主、法治等国际法价值取向。

三、大国身份认同与国际法价值认同困境

党的十八大以来，中国外交工作主要围绕"新型大国关系""睦邻、安邻、富邻""全球治理""一带一路""人类命运共同体"等几个核心理念行进，并逐渐发展完善，构建了中国特色大国外交理念体系。中国的身份

---

① 习近平. 习近平在和平共处五项原则发表60周年纪念大会上的讲话（全文）[EB/OL]. (2014 - 06 - 28) ［2023 - 08 - 26］. http：//politics. people. com. cn/n/2014/0628/c1024-25213331. html.

② 曾令良. 推进国际法理念和原则创新［N］. 人民日报，2016 - 03 - 28 (16).

③ 曲星. 人类命运共同体的价值观基础［J］. 求是，2013 (4)：53 - 55.

认同在国内、国外的交往与互动过程中得到充分的肯定和升华，获得了自尊和他尊，并在此过程中得到了巩固和加强。但是，当今世界经济正在遭遇过去百年来前所未有之重大变局，全球政治与经济格局向着多极化方向改变，经济全球化发展也出现新的变化。全球公共卫生风险和战争给世界经济、金融、可持续发展等领域带来的突出挑战，给世界发展带来更多不确定性。同时，霸权主义、单边主义、保护主义、恐怖主义等不和谐声音此起彼伏。中国在主动参与全球治理的过程中面临诸多新的挑战，大国身份的认同亦受到多重的复杂的因素影响。

（一）东西方价值观念的碰撞

在经济全球化、互联网传播深入发展的背景下，各国间的联系不断增多，多样文化的交流也随之增多，这虽然给世界经济、政治的发展带来了一定的积极影响，却也给不同的民族文化和价值观念之间带来一定的文化认同和民族认同上的挑战。基于不同历史文明基础上的多元社会制度的矛盾在意识形态领域也更加错综复杂。有的国家打着"争取人权和自由"的幌子，损害他国权利，干预他国内政，同时扩大其文化渗透领域，企图利用文化殖民控制他国。值得注意的是，少数国家在中国境内外的颠覆破坏性活动持续发生，企图分裂我们的国家；某些错误的西方文化思想给中国的意识形态建设带来各种挑战，这些对构建新时代中国特色大国身份认同的负面影响不可忽视。

（二）中国软硬话语权的失衡

一国的身份认同与一国的整体形象紧密联系在一起，而国家形象是"硬实力"与"软实力"共同打造的结果。地区秩序的构造离不开价值理念和经济实力两个因素，一个国家要想在地区秩序构造中扮演引领角色，这两个因素缺一不可。作为世界第二大经济体，还不具备与硬实力相当的软实力。因此，已有的国际法律与规则的理念方面亟须注入带有中国元素的中国思维，即中国传统文化核心价值的精髓。中国需要运用外交和法律的手段，在国际事务中积极参与，在规则制定以及实践规则的过程中不断将带有中国传统文化核心价值的理念融入进去，并能最终融入国际法律与规则的理念体系中，这种在理念中融入、规则中引领、实践中操作的过程就是塑造、改变和强化身份认同的过程。

（三）国际法规范和规则失灵

国际关系的调整与国际法律体系及国际法规则的发展息息相关。但是，传统国际法在全球治理的相关议题上出现了规范和规则失灵现象。当前传统国际法的实践面临困境，主要因为某些大国往往能够轻松打破传统国际法的约束，而中小国家却不易获得其保护。强权政治和单边主义败坏了国际政治风气和文化，无疑给中国外交和中国国际法实践带来挑战。冷战结束后，一些美国国际法学者宣扬"国际法不应当完全接受国家的现状，而应当要求国家进行民主治理"，试图引导甚至改变传统国际法的价值取向；"例外论"是他们时常将自己置身或者孤立于国际法约束之外的正当理由；还有著名的"后法优先"原则，实际上该原则使得美国可以用任何国内法来否定其所接受的国际法，以此规避相应的国际义务。另外，美国政府不断将自由主义价值观念渗入同他国的关系之中，并试图主导甚至修改现行的国际法制度和规则，从而形成美国主导下的以民主国家和新自由主义世界为基础的全球法治秩序。因此，中国需要在参与和推进公平合理的国际法治过程中持续不断地塑造和构建身份认同，强调中国提出的代表中国传统文化核心价值的人类命运共同体等理念，努力维护公平、稳定、有序的国际秩序，为中国的发展创造和平稳定的外部环境。

第三节　构建中国特色国际法价值认同的路径

一、跨文化解读——促进国际法价值认同的前提

在国际社会，法律应是共同准绳，没有只适用于他人、不适用于自己的法律，也没有只适用于自己、不适用于他人的法律。应摒弃双重标准，坚持法律上的平等和国际公平、正义。① 近代国际法在近代国际体系中体现

---

① 曾令良. 推进国际法理念和原则创新［N］. 人民日报，2016 - 03 - 28（16）.

的不公正性应得到普遍谴责与否定。国家在近代国际法上是唯一排他性主体，国家享有某些"天赋权利"包括发动战争的权利。代表西方列强利益的近代国际法为维护西方利益，以武力为后盾进行疯狂的经济扩张和殖民争夺，还确立了一系列与强权政治相适应的国际法原则、规章和制度，包括保护关系、势力范围、合法干涉、租界、租借地、领事裁判权制度等，近代国际法价值受到扭曲与破坏。中国被迫纳入国际体系之后，中国近代国际法观念开始形成，中国传统法律体系受到强烈冲击，并陷入极度混乱。可以说，中国近代国际法观念都建立在对西方法律文化的学习与吸收和对自身传统法律文化的批评与摒弃之上。在那个民族危亡的特殊的历史时期，在两种完全不同的法律文明鲜明对比下，所有西方的法律理念似乎都是先进的、合理的、应该去追寻的，完全不顾及是否脱离了本国的传统法律文化的土壤。

中西方法律文化的区别，是人类在自身进化中逐渐产生的。包括法律在内的一切文化，都源于其自身发展的规律。① 不同国家的人们生活在各自特定的文化背景中，在宗教信仰、风俗习惯、道德观、伦理观等方面都存在巨大的差异。中西之间在历史上的相遇，"束缚在土地上的农业大国专心致力于土壤的精细耕作、人的自我修养以及社会内部控制，与历史上扩张性的西方相斗争，而西方的根基和成长模式则是建立在全然不同的环境之中的"。② 古老的中国法律史曾经是世界法律发展史上独具辉煌的一页，它有延续中华文明几千年的历史，其核心价值理念纵然有其消极的一面，但同时也有需要保持与发扬的一面。

"无讼"价值取向在"中国世界秩序"中的体现为其对国际秩序的稳定，"以和为贵""和而不同"的追求。"朝贡制度"在历史上存有发展和扩充的可能性和封建王朝采取的不干涉和不统治的政策有关，朝贡制度的建立从不以武力威慑为前提，虽然是帝国对外关系等级制度的体现，但中

---

① 田涛，李祝环. 接触与碰撞：16世纪以来西方人眼中的中国法律［M］. 北京：北京大学出版社，2007：6.

② 狄百瑞. 东亚文明：五个阶段的对话［M］. 何兆武，何冰，译. 南京：江苏人民出版社，1996：72.

国"大而不霸"，对待周边弱小国家以"君臣""父子"相待，从不欺凌或诉诸武力，即便使用武力也是在迫不得已的情形之下。如本书第二章所述，建立在平等基础上的中外第一份条约中俄《尼布楚条约》，虽然清朝政府并未因此放弃对外交往的传统"朝贡体制"，该条约的成功签订从另一个方面来说是当时的中国对外妥协和包容的表现，朝贡体制没有建立在战争的基础上，实际上该体制正是对中国为追求和平稳定接受"和而不同"的相处模式的体现，是对"大而不霸"价值取向的表述，体现了中国传统法律文化中"以和为贵"的精神价值。

"法治"是西方启蒙思想所推广的理念，但法治是整个人类社会文明进步的共同成果，世界范围内的各种国内法治国际法治，既有共同的普遍性，同时彼此之间也存在差异性。① 法治是人类文明发展的必由之路，它具有国内和国际双重属性。中国走的不是资本主义道路，而是中国特色的社会主义道路，就必须从本国的国情出发，不能用西方话语体系来解释自身法治。中国需在"依法治国"的法治建设中推行社会主义法治，将中国建设成法治大国，从而实现法治中国与中国法治的良性互动。同理，平等、公正、正义等国际法价值，虽然源于西方，但从来都不是西方的专利，不能以一个标准来称量，它们不是抽象的概念和文字符号，需要站在客观公正的角度对它们进行跨文化解读。仅以西方话语体系中的国际法价值来实践国际法会造成对国际法价值的扭曲。中国近代史上被西方国际法所推广的价值有着严重的双重标准，隐藏着侵略、瓜分世界的真实意图，与全世界共同追求和认同的国际法价值背道而驰。

通过对中西法律文化差异的跨文化解读，我们能认识到国际体系中的中西法律文化间存在的差异性和共同性，并能通过这种差异性了解，最终促进国际法价值的跨文化认同。国际法价值的认同，首先需要国际法主体具备敏锐跨文化解读意识，理解他我法律文化的主动意识，确定本我法律文化和他我法律文化的各自特殊性，通过有效的跨文化沟通，阐释国际社会中不同国际法主体文化之间的法律关系与法律活动，从而增进不同法律

---

① 曾令良. 国际法治与中国法治建设［J］. 中国社会科学，2015（10）：135.

文化之间的理解、合作与共存，促进国际法律制度的良性有效运行。

二、跨文化沟通——促进国际法价值认同的关键

国际法的构建初衷就是体现正义和公正。如前所述，国与国交往过程中由于不同的社会制度、发展程度、意识形态等差异不可避免地产生冲突，国际法是调整国与国摩擦与冲突的合法武器。国际法价值反映全人类的理性的价值追求，是以整个国际社会为背景并跟随国际情形的变迁而不断变化和发展的，其内涵主要是国际法主体之间所共同认同的观念和意识。在国际法关联论中，决定正义认同的民族文化及其融合，是最终的决定性要素，它决定了政治和经济因素所追求的社会价值。① 但是，观念与意识的认同是在国际法主体之间的互动与交流中，通过谈判、沟通、协商的方式促成。世界由多个主权国家组成，各国在国内立法、政治体制、发展程度等方面的差异很大，对国际法价值理念的文化认知差异很大。因此，如何超越各自的文化认同模式，促进对国际法价值的共同认同，使国家形成自愿遵守的行为模式是实现当今国际法制的根本要件。因此，只有站在客观理性的角度审视国际法价值理念，对其进行跨文化认识和解读，共同观念与意识才能形成，并能在国际法运行中发挥最大的作用。

从追求"平等、公正、正义"的近代国际法到追求"发展、安全、人权"的当代国际法，国际法是实现和平、繁荣、有效的国际合作等价值目标的最重要的工具。② 谢晖教授在就法律的本土性与国际性的分析中提及：法律的国际性曾经是高层次的法律文化对低层次的法律文化征服和压制的结果，随着主权国家的产生，法律的国际性不可能仅仅靠征服和压制形成，反而它的形成越来越具有国家间、文化间交涉性的特征，即法律的国际性是不同国家间交涉的结果，是以共同价值为前提，以不同国家的利益需要为导向，以国家间的对话、交涉和谈判为手段而形成的。在这里，已经意味着法律的本土性和国际性之间的内在关联。可以说，法律的国际性是不

---

① 江河. 国际法的基本范畴与中国的实践传统 [M]. 北京：中国政法大学出版社，2014：35.

② 杨泽伟. 当代国际法的新发展与价值追求 [J]. 法学研究，2010（3）：183.

同本土性间对话的结果，而不是本土性间对抗的结果，也不是对本土性的解构。① 这段观点的表述从法哲学的角度说明了国际法主体间跨文化沟通的必要性，以及国际法价值认同的重要性。

三、坚持"和而不同"的认同精神和"求同存异"的认同原则

如前所述，法律文化冲突催生国际法价值认同问题，法律文化互动是国际法价值不稳定因素。全球化为法律文化互动提供了交流的机会，不同于曾被沦为殖民统治工具的近代国际法——高层次的法律文化对低层次的法律文化征服和压制，当代国际法在建构了平等对话的国际秩序的基础上保证全球交往，国家之间自愿在和平的模式下进行广泛合作，不同国家间交涉的结果促成法律的国际性。以"和而不同"的中国传统文化作为处理国与国之间关系的原则，即彼此尊重对方现存的社会制度、政治经济制度，有利于协调异质法律文化之间的矛盾，并以和平的方式解决争端，这符合和平解决国际争端的国际法原则，在"求同存异"的基础上促成中国国际法价值认同。

"和而不同"是渗透在中国文化传统中的重要文化精神。孔子强调以"和"为贵的处事方式，用在处理国与国之间关系时，强调的是反对攻战，定分止争，不将矛盾和冲突扩大化，与他国谋求一种内在的平衡，以达到和平共处、和谐发展。但中国的"和"文化，绝不是盲从附和，而是不丧失自己的原则立场和独立性，在保持自身或本民族个性与特征的基础上协调各种矛盾和纷争，"和而不同"也指的是一种以"和"为准则去平衡问题的方式。江泽民同志 2002 年访问美国乔治·布什总统图书馆时的讲话中提及："两千多年前，中国先秦思想家孔子就提出了'君子和而不同'的思想。和谐而又不千篇一律，不同而又不相互冲突。和谐以共生共长，不同以相辅相成。和而不同，是社会事物和社会关系发展的一条重要规律，也是人们处世行事应该遵循的准则，是人类各种文明协调发展的真谛。""大

---

① 谢晖. 徘徊的思想［M］. 北京：中国法制出版社，2020：198.

千世界，丰富多彩。事物之间、国家之间、民族之间、地区之间，存在这样那样的不同和差别是正常的，也可以说是必然的。我们主张，世界各种文明、社会制度和发展模式应相互交流和相互借鉴，在和平竞争中取长补短，在求同存异中共同发展。"①

"求同存异"原则的目的，就是要在不同力量之间达到某种和谐共处的局面，组成一定的联合体，是"和而不同"思想在现代社会实践中的一个创造性的发展。在不同的法律文化互动中"求同"就是要寻找共同点，共同的理念、共同的利益。这是不同力量之间能够和谐共处和合作的基础，既能增进国家间的相互了解，又能加强彼此间的相互信任，促进国家间的合作更好更快地向前发展，在互动基础上形成共享的法律文化价值体系，这同时也是国际法律秩序稳定的必要前提，是构建国际法价值认同的积极因素。

存异是指当出现明显的异质法律文化差异时，就保留不同意见、主张和利益，不求同一、不求齐一，这是不同力量之间能够和谐共处和合作的条件。求同存异既建立起不同力量之间的合作关系，又在互动不顺畅时，帮助打破僵持或对立的状态，保证不同方面的不同利益、不同要求，从而也就保证了各方面合理的关系，达到和谐共处。一方面，存异需要在尊重差异的基础上延续自身优秀的独特的法律文化传统和积淀，保持自身民族文化的独特性和独立性；另一方面，秉持平等包容的原则，在评价衡量多元的法律文化系统时，使用更加客观、理性和多样的价值标准，在法律文化互动中发掘各民族文化的积极因素和优秀品质，保留各原生文化的差异性和独特性，寻找多元价值体系中的共通之处，提炼、建构共享文化价值体系，最终促进异质法律文化的相互了解，共同建构良好的国际法律秩序环境。因此，求同存异正是体现了和而不同，是对和而不同的运用和发展。

四、预防霸权价值认同，构建主体性认同意识

经济全球化本来就是一把双刃剑，一方面带给中国巨大的发展机遇，

---

① 江泽民在乔治·布什总统图书馆发表重要演讲［DB/OL］.（2002 - 10 - 25）［2023 - 08 - 26］. http://news.sina.com.cn/c/2002 - 10 - 25/0313781879.html.

另一方面可能会出现遭遇霸权认同的可能性。中国自愿加入经济全球化，表明中国已经认同了WTO法以及相关的争端解决方式的文化，中国坚持"和而不同"的精神和"求同存异"的原则处理法律文化冲突，不代表西方国家会用同样的方式对待异质文化。综观近代以来的全球化，我们看到，全球化中的价值认同主要采取了两种形式：强制认同、引诱认同。近代国际法时期，西方国家通过强制及殖民化的方式来实现非西方国家对西方价值的认同，近代中国的半殖民化就是突出的案例。在全球化时期，西方国家便是通过市场化来达到相同的目的，他们利用其先发优势单方制定支配这个市场的各种游戏规则，并趁全球化之势，通过各种方式不遗余力将西方法律价值植入全球法律规则体系中，以期维护其利益和霸权地位。20世纪冷战时期，西方国家开始实施引诱认同战略，冷战后期美国制定和实施的"超越遏制战略"是引诱认同战略的典型代表，它强调通过思想上的渗透进行价值认同，事实证明引诱认同的战略实施比"遏制战略"和强制认同的效果更为显著。总之，无论哪种方式的认同，都是西方力图把某种特殊价值观念即西方价值观念加以普遍化，把非西方国家的人们纳入西方价值体系。

因此，如果忽视彼此间的差异和矛盾一味求"同"，可能会将矛盾激化甚至升级，不利于国际法律秩序的和谐稳定的发展。在"和而不同"的基础上追求价值认同，首先要以承认个体间的"不同"为前提，即承认世界法律文化的差异性和矛盾性。价值认同包括自我认同和对外认同两种认同模式，在这两种模式的互动中，一国既从他国吸收对自身有用的法律文明，即正确反映客观规律的本质和社会关系发展规律的那部分法律制度、规范和价值，与此同时，又向他国输出具有普适意义的自身的法律智慧，完成自我认同，这促进了本国法律文化的进步与发展，符合国际法发展的价值追求与精神。因此，无论是认同发生在自我认同还是发生在对外认同的过程中，认同的本质是具备价值判断的能力，而是否能反映客观规律的本质和社会关系发展规律便是认同判断准则。

在以美国为首的发达国家利用其全球经济优势而单方制定的游戏规则主导，并企图将所有非西方国家纳入由它们主导的国际经济贸易体系中，世界经济秩序不可避免地被西方化，其强势地位在政治、文化乃至法律上均得到了充分的延伸。因此，在国际经济贸易法律一边倒的规则体系中，处于弱势地位的非西方国家尤其是欠发达国家因在全球结构中的经济地位的不同，得不到与国际法主权平等相符的实质性平等地位。因此，中国应该更倾向于突出自我主体性认同意识，一方面在自我认同和他我认同中找到准确的价值评判标准，避免隐形的强制认同或引诱认同陷阱，同时，应当在法律文化的交流及国际法律制度的制订中突出强调主体性认同意识，在国际社会中通过法律文化互动进行文化输出，将既具备中国特色，又反映大部分国家利益和事物发展规律的"中国观"与"世界观"输出给全世界，争取最大程度的价值认同，并能最终构成国际法的价值体系的一部分。

因此，中国首先需继续顺应经济全球化不断深化的趋势，加强国际经济贸易合作，防止本国在全球化浪潮中成为牺牲者或被边缘化，确保经济发展和社会进步。与此同时，要避免在此过程中的西方价值普遍化，防止西方国家在制度和规则的推行时进行的强制认同或引诱认同，中国需要在国际法律制度的制订中争取更多的经济话语权，就要更多更主动地向世界输出本国具有普适意义的法律文化，争取价值认同，从而推动公平、自由的国际经济秩序的建立。

五、构建新时代中国法律文化国际观

马克思主义理论认为，文化具有继承性。每个国家的法律制度体系都有其传统文化和民族特性的印记，对传统文化的继承和对民族特性的反映，不仅是出于社会关系调整的需要，也是自我认同的一部分。因此，对于中国传统法律文化一方面要进行批判地继承，另一方面要对那些属于中华文明独特的优秀文化发扬光大。在全球化过程中西方价值普遍化倾向和其已构成的不平等的国际经济体系中，世界各国呼吁构建国际政治经济新秩序，构建中国国际法价值认同，突出中国国际法传统价值中的独特性和优越性进行自我和他我的认同显得尤为重要。自新中国成立以来，相继推出的和平共处五项原则、构建和谐世界和人类命运共同体理念，是符合历史发展趋向的有中国特色的国际法理念，中国历年来的国际法实践证明，这些理念不但符合国际社会发展的规律，也有利于避免相互间的矛盾对立演化为对抗冲突，得到世界范围内的广泛认同，这些理念中所包含的中国优秀传统法律文化功不可没。中国根据国际情形的变化和世界发展的客观规律对这些优秀的传统法律文化价值进行现代性转向，这些能够突出中国国际法观的独特性与优越性的一部分。主要包括：中国的和平观、天下观和义利观。

（一）和平观

美国著名汉学家费正清认为，受儒家思想的影响，中国的军事历史显示中国有偏爱和平的传统倾向。在儒家的等级社会里，维护等级社会秩序的最重要的手段是教育，特别是灌输儒家传统思想。对于那些不懂规矩、不懂文化的普通人采用第二种手段，即通过奖励和惩罚来说服民众或下属维护等级秩序。当前面两种手段都不奏效时，才采用武力。武力是维持等级社会秩序包括朝贡秩序的最后手段。中国人的世界观与《圣经·旧约》中的世界观以及《古兰经》中的世界观相比，没有那么好战。另一位美国著名汉学家顾立雅也持类似观点。他认为对于罗马帝国来说，对外扩张和战争是帝国的支柱产业，但是对于西周时期的中国人来说，战争是件很不好的事，不得已才去做，很不值得炫耀。① 中国自古崇尚和平的中庸思想，这在古代中国各派思想家的主张中都有体现，以和为贵，反对攻战，都认为和平是社会发展的前提，战争则是一种破坏性力量，因此反对以强凌弱、以大压小、以富欺贫的各种争霸、兼并战争。孔子以"和"作为人文精神的核心。"礼之用，和为贵"（《论语·学而》）表达的就是在治理国家方面，治国处事、礼仪制度应以"和"为价值标准。"君子和而不同，小人同而不和"（《论语·子路》）表达的是在处理人际关系方面，应该承认差异，又应该与不同的事物，通过互济互补，达到统一与和谐。老子认为和是宇

---

① 王庆新. 儒家王道理想、天下主义与现代国际秩序的未来［J］. 外交评论，2016（3）：73 - 99.

宙万物的本质以及天地万物生存的基础，万物都包含着阴阳，阴阳相互作用而构成和，故："道生一，一生二，二生三，三生万物。万物负阴而抱阳，冲气以为和。"（《道德经》）孟子提倡仁政，反对暴政，主张以德服人，反对以力服人，他认为光凭武力而不注重民心是不行的，"域民不以封疆之界，固国不以山溪之险，威天下不以兵戈之利。得道多助，失道寡助。寡助之至，亲戚畔之，多助之至，天下顺之"（《孟子·梁惠王上》）。墨子的兼爱非攻思想主张每个人都应该把别人的国家当作自己的国家，各个国家之间应该承认和尊重彼此的利益，这样才能行天下之大利："爱人者，人必从而爱之；利人者，人必从而利之；恶人者，人必从而恶之；害人者，人必从而害之。"（《墨子》）同时道家思想还认为："夫兵者不祥之器，非君子之器，不得已而用之，恬淡为上。胜而不美，而美之者，是乐杀人，夫乐杀人者，则不可得志于天下矣。"（《老子·三十一章》）也就是反对兼并战争，但同时并不反对正义的自卫。本书在第一、二章中所述有关朝贡制度中中国传统文化的本质体现和中俄《尼布楚条约》都是中国"大而不霸"在中国传统外交上的体现。这些思想精神不但已经渗透到现今的和平共处五项原则里，而且，与《世界人权宣言》要求保护人类大家庭所有成员的原则相一致，也与建设和谐世界的思想有共同之处。①继改革开放以后，加之全球化进程的深入，中国虽在经济上实现了成功转型，成为世界第二大经济实体，但始终向世界表明中国要在尊重国际法基础上实现"和平崛起"，绝不称霸。中国"大而不霸"的和平观表现在处理国与国的关系上，那就是希望与各国加强交流与合作的同时，保持本国的独立性，一方面不将自身或本国的意志强加于他国，另一方面也不会一味去迎合他国，丧失自己的原则立场和独立性，而是在保持自身或本民族个性与特征的基础上与他国谋求一种内在的平衡，最终达到和平共处、和谐发展。

（二）天下观

在亚洲所有关于世界秩序的观念中，中国所持有的观念最为长久、最为清晰、离威斯特伐利亚的主张最远。中国的历史进程也最曲折复杂，从

---

① 孙玉荣. 古代中国国际法研究［M］. 北京：中国政法大学出版社，1999：203.

古老的文明到传统的帝国，到共产党革命，再到跃居现代大国的地位。中国走过的路将对人类产生深远的影响。① 如本书第一章所述，中国古代"天下观"之文明，是一种不平等外交观，与近代国际法的主权平等原则有着本质冲突，这是因为近代国际社会以平等关系为基础的条约并不被中国政权采纳，原因在于朝贡制度下中央政权理论上高于周边国家，这本身是儒家"礼"的要求。中国的传统"天下观"不仅仅是一个地理或文化上的概念，也有着深刻的政治意义，它意味着一种超越"民族国家"的单位观念。在"天下观"理念下构建的朝贡体系，是一个以中央政权为中心的同心圆结构，表达的是中央与地方之间、中央王朝与周边少数民族之间、中央王朝和外邦之间的朝贡关系，其核心层是中央王朝，反映了中国主导的东方国际秩序。"中国"一词是集地域认同、政治认同及文化认同于一体的综合性概念，在一定意义上极大地完善了中国古代的天下观，是一个非常大的进步。②

　　虽然，随着朝贡制度退出历史舞台，"天下观"的传统世界观伴随中国人追求民族国家的步伐逐渐被遗忘，但在当今纷繁复杂的国际关系中，从现代国际法视角来看古代"天下观"，它并非一无是处，如有学者研究指出，中国古代的"天下"具有重要的规范性和非描述性，即"全体人民"和一种"世界制度"，这当然暗示着一种理论规划。③ 另有学者指出中国人往往以"修身、齐家、治国、平天下"为理想，对这些概念的政治排序是"自身—家庭—国家—天下"，也就是说在国家之上还有"天下"这一更高层次的单位，而中国人的最高理想往往也是在"天下"这一层面。这样的哲学性格使中国人从一开始就认识到在个体利益之上应当有全人类共同的价值追求，考虑到世界秩序和世界制度的合理性，而不是仅仅从一个人、一个家庭或一个国家的利益出发。④ 还有很多国内外学者将其与国际关系

---

① 亨利·基辛格. 世界秩序 [M]. 胡利平，林华，译. 北京：中信出版集团，2015：276.
② 乔泰运. 天下体系与中国的世界理想 [D]. 北京：中共中央党校，2014：37 - 42.
③ 赵汀阳. 天下体系：世界制度哲学导论 [M]. 北京：中国人民大学出版社，2011：83.
④ 汤岩. 古代中国主导的国际法：理念与制度 [J]. 中南大学学报（社会科学版），2015 (5)：99 - 104.

学、国际法学、国际政治等学科结合，探讨其中包含的对现实有价值的思考或研究和其包含的全人类共同的文化价值。就如何构建中国国际法价值认同这一领域，笔者认为还有必要思考如何让"天下观"思想与国际秩序以及国际主流文化价值接轨与融合，使其具备融入国际法价值体系的可能性，并能突出中国传统法律文化价值的优越性和独特性。

（三）义利观

如何看待"义""利"的关系，便是什么样的义利观。如果"义"指某种特定的伦理规范，道德原则，"利"则仅指物质利益，那中国传统文明一直是重义轻利的。孔子曰："君子喻于义，小人喻于利。"（《论语·里仁》）孟子将义利观上升到了舍生取义："鱼，我所欲也，熊掌，亦我所欲也。二者不可得兼，舍鱼而取熊掌者也。生，亦我所欲也，义，亦我所欲也。二者不可得兼，舍生而取义者也。"（《孟子·告子上》）即为了正义的事业，可以牺牲自己的生命而在所不惜。"重义轻利"的价值观是中华文明把农耕文明发展到极致的结果，因此代表"利"的商业文明在中国传统社会一直是被压制的。不管是文明的什么组成部分——民族或文化特征，只要一进入中国，它们就都并入具有中国特色的生活方式，受其大地利用方式的哺育、制约与限制。① 也正如前文所述，封闭与扩张的经济发展观是中西两大法律文明系统的冲突，中国文明长期以来形成的重农抑商政策与西方文明的对外扩张政策形成强烈的反差，其根源在于商品经济与自然经济的价值对立，西方的重商（利）文化与东方的重义文化代表了双方在价值取向上的不同选择。随着时代的发展，代表维系宗法体制的伦理纲常的"义"也逐渐演变成处理人际关系乃至民族、国家间关系的行为准则，在以中国为中心的东方世界秩序中，中国一直坚持着"厚往薄来"原则，当弱小的国家有难时会出手相助，如《春秋左传》记载了秦国国君秦穆公在晋国遭遇荒灾的时候，不计晋国国君晋惠公背信弃义的前嫌，通过水路为晋国提供了大量的物质援助，史称"泛舟之役"。中国从不以经济利益为目的与他国交往，甚至以此为耻。持续了几千年的中国古代政治家的为政标准，

---

① 费正清. 美国与中国［M］. 4 版. 张理京，译. 北京：世界知识出版社，1999：11.

就是认为国家应当"以义为利",只有追求各国人民的共同利益,以德为政,实施仁德之政。

　　阎学通教授指出,中国是崛起中的大国,在运用现实主义理论指导外交实践的过程中必须重视儒家道义原则,以赢得国际社会的支持,最终提高中国的国际地位和影响力,实现民族复兴的梦想。① 这种传统价值观从未被遗弃,只不过需要建立在强大的硬实力基础之上,中国是世界上最大的发展中国家,目前已发展成政治经济大国,中国已经开始用行动证明和平崛起后的中国将要承担更多的大国责任。2013 年中国倡议的亚洲基础设施投资银行于 2015 年底正式成立,旨在向包括东盟国家在内的本地区发展中国家基础设施建设提供资金支持,促进本地区互联互通建设和经济一体化进程。"一带一路"倡议一经提出就得到周边及共建国家的积极回应,其愿景就是为周边地区,尤其是落后的地区和国家带来福祉。这些都是中国义利观在当代国际社会中的实践体现。正如曾令良教授所言:"习近平主席多次强调坚持正确的义利观。这不仅是我国新时期重要的外交指导思想,而且应当成为推动全球治理体系变革的一项原则。正确义利观的'义'不只是国际道义,还应包括国际法上的义务;'利'是各国的互利和共赢。其核心是,各国尤其是大国在谋求自身发展的同时应承担更多的国际责任,为广大发展中国家特别是最不发达国家的发展贡献更多力量、提供更多援助。随着中国国家实力的提升,我们将逐步承担更多力所能及的责任,努力为促进世界经济增长和完善全球治理贡献中国智慧、中国力量。"②

　　事实上,中国的义利观与国际人道主义的人道伦理、国际正义原则等方面有暗合相通之处,例如,罗尔斯的万民法包括一条人道主义援助的原则,即当某个国家遇到自然灾害时,其他国家有义务帮助受灾国渡过难关。③ 而现代国际人道主义中所包含的,如正义战争、人道主义援助的定义

---

　　① YAN X T. Ancient Chinese thought, modern Chinese power [M]. New Jersey: Princeton University Press, 2011: 222.

　　② 曾令良. 推进国际法理念和原则创新 [N]. 人民日报, 2016 – 03 – 28 (16).

　　③ 王庆新. 儒家王道理想、天下主义与现代国际秩序的未来 [J]. 外交评论, 2016 (3): 73 – 99.

与条件、自卫战争的限度、武力惩罚的比例原则等，可以说与中国的义利观或重义轻利的价值取向是相一致的。

从以上对中国传统的和平观、天下观、义利观的进一步分析证明，中西古代文化价值有不少相似之处，且具有共通性的文化价值被升华和表现在现代国际法原则与规则之中，指导当今国际关系的具体实践。异质法律文化尽管表面貌合神离，但从现实主义角度作进一步比较会发现其中一些本质上的相通之处，当代国际法源于西方国际法，其主流价值不是源自西方的法律文化。而中国的传统法律文化价值能否融入国际主流价值，一方面看中国的自身发展和国际地位的提高，另一方面有赖于在国际法理论与实践发展中凝练出具备中国元素的国际法主流价值，并能得到持续的推广和尝试，最终被国际社会接受。但从目前看来，无论是哪一方面都还远远不够，与目前中国和平崛起的国际地位是极不相称的。这也是笔者强调的中国国际法价值认同的重要性和其具备的重大现实意义。笔者认为，在当今善变的国际情形下，将中国与西方在国际法中的主流价值相比，并非比较孰重孰轻，更不是要比较孰是孰非，重要的是，不同的文明要增进交流，使符合时代发展的正义价值在国际法中得到整合，都能为完善现代国际秩序作出自身的贡献，都能在国际法的框架内更好地为全人类福祉服务，同时指导国际法朝着更公平正义的发展取向迈进。

六、做好新时代中国法律文化国际观的对外传播

全球化改变了世界的样貌，也改变了我们看待世界的方式。透过全球化的视角，我们看到自己的问题会影响到别人，而世界的问题会影响到我们。在国际格局发生深刻调整，各国开展更为密切的合作，相互依存度进一步加深的同时，各国都在努力提升自己的国际影响力与感召力，在国际社会的认可、理解和接受中争取更多的政治权力、经济空间及文化份额。新时代中国法律文化国际观蕴含了中国传统文化的思想精髓，包含了应对全球治理问题的中国构想，是马克思主义思想的继承和发展，丰富和发展了中国特色国际法理论，与中国参与全球治理、推进国际法治、推动构建人类命运共同体的中国实践形成良性发展。因此，新时代中国法律文化国

际观的对外传播有着极为深远的战略意义。

新时代中国法律文化国际观的对外传播，面向的是一个国际法律制度文化共同体。法律文化互动的全球化进程中，各国都极力地表现符合自身利益的独特性，因而不可避免地产生矛盾和冲突。从冲突到融合的走向，是法律文化互动的必然趋势。新时代中国法律文化国际观需要在全球法律文化互动中通过不断的实践，积累各国对新时代中国法律文化国际观的文化认同感，产生足够的亲和力、吸引力和凝聚力，并能在较长一段时间持续不断得到验证和推广、交流和传播，才能最终在众多的国际问题上与广大国家形成共同的利益，获得更多国际社会的呼应和认可，提升中国在国际社会的影响力和感召力。

新时代中国法律文化国际观的对外传播有助于中国融入国际社会，参与、影响甚至塑造国际制度和规则体系，为完善现代国际秩序作出自身的贡献，从而推动创建更加公平、公正的国际法律秩序，也必将为当代国际法律秩序所面临的困境带来出路。主动积极地参与国际规则的制定有利于新时代中国法律文化国际观的对外传播。新时代中国法律文化国际观的对外传播需要立足于我国自身的发展，同时放眼国际需求。中国在参与解决全球问题的过程中，既要主动了解国际关系基本准则，更要积极参与国际规则的制定与完善。中国运用国际规则处理国际事务的能力得到提高，也能在问题的解决或纠纷的化解中融入新时代中国法律文化国际观，展现并体现"中国方案"的务实和高效，这样既能做好新时代中国法律文化国际观的对外传播，加深世界对中国独有的立场和文化的理解，又能提升中国参与国际事务的能力和水平，两者形成一个相互促进的良性循环，有助于世界了解和认同中国融入国际社会表现形式，表明中华文化、中国智慧、中国方案。

新时代中国法律文化国际观的对外传播可助力中国的文化软实力的硬着陆。一国文化软实力是综合国力和国际竞争力的重要组成部分，除了经济实力、科技实力以及国防力量的加强，中国的发展离不开文化软实力的建设。作为发展中经济大国，中国理应在世界上发挥越来越重要的作用。创建公平、公正的国际法律秩序需要正确的国际法价值观的指引和评价，新时代中国法律文化国际观将发挥其指引和评价作用，并推动创建更加公平、公正的国际法律秩序。新时代中国法律文化国际观是在中国传统文化的基础上兼收并蓄，将符合时代发展要求的中西价值观体系在国际法中进行整合，是在新的时代背景下对当代国际法核心价值的丰富和创新，将新时代中国法律文化国际观融入国际法基本理论中，有利于中国建构自己的话语权和话语体系，在国际法框架内更好地为全人类福祉服务，在全球化进程中赢得主动，才能让我们在激烈的国际竞争中掌握主动权。

七、涉外法律人才的跨文化沟通与传播能力的培养

党的第十八届四中全会通过的《中共中央关于全面推进依法治国若干重大问题的决定》第六部分"加强法治工作队伍建设"中明确提出要建设通晓国际法律规则、善于处理涉外法律事务的涉外法治人才队伍。国家强调法治人才的培养。笔者认为法治人才中的涉外法律人才队伍的培养是当务之急，本书因字数有限，仅以构建国际法价值认同为目的，简要地谈谈注重涉外法律人才跨文化能力培养的重要性。

鉴于当代国际法价值的西方化倾向，促进中国的国际法价值认同，并使带中国特色或元素的价值或价值体系融入国际法价值体系中，成为国际法主流价值，对正在和平崛起、急需增加国家软实力的中国来说意义重大。一个国家在国际法上的人才储备、规范知识和操作能力是其软实力的一个重要的组成部分。世界历史的经验表明，强国的崛起主要不是依靠其领土和人口，而是靠其军事力量、经济力量组成的核心硬实力，以及社会制度、文化观念所组成的核心软实力，这些实力形成了其在国际社会中发展的核心竞争力和引领其他国家支持和追随的关键影响力。国际法价值认同主要是在国际法主体之间的交流与互动中通过谈判、沟通、协商的方式促成，培养国内优秀的涉外法律人才的认同能力便成为当务之需。① 他们首先是国家优秀的涉外法律人才，才能运用他们所具备的能力在不同的场合有效促

---

① 何志鹏，孙璐. 中国与国际法治的完善：历史分析与未来评估 [J]. 法治研究，2015 (3)：105 – 116.

进中国的国际法价值认同。

从西方发达国家的价值认同经验与方式来看，通过涉法方面的人员往来、教育交流、信息咨询等方式潜移默化地传播本国的法律价值、法律文化。近代以来，他们主要以强制认同和引诱认同的方式来达成西方的主流价值认同（前文已述）。近代时期在华的耶稣会传教士，不但是早期中西方文化交流的使者，也是国际法价值认同的有力推动者，不可否认，他们为西方国际法在中国的输入与传播奠定了基础。如史料记载，早在明末清初的 1648 年左右，在华耶稣会传教士卫匡国（Martino Martini，1614—1661）就将西班牙学者苏阿瑞兹（Francisco Suarez，1548—1617）的拉丁文国际法著作《法律及神作为立法者》译成中文。清代中国与近代西方国际法的初次接触中达成的第一份平等条约中俄《尼布楚条约》，两名葡萄牙传教士在其中的作用功不可没。① 中国的国际法价值认同的主要参与者是国内外法学、法律的专业组织机构及法学、法律工作者。中国国际法价值认同的伟大使命需要由这些法学家、法官、律师等专业人士和法院、司法部等法律专业部门以及法律团体、组织和专业院校以及研究部门共同完成，他们是推动中国国际法律价值认同的重要力量，也只有他们才能有效促进法律文化间沟通，形成有益的共识和认同。

因此，首先国际法价值认同人才必须是"卓越的涉外法律人才"，他们须具备深厚的法学理论素养、扎实的法律功底、广泛的人文社会科学和自然科学的知识、缜密的逻辑思维能力、准确运用法律的能力，以及毕生致力于国家的法治事业并维护法律尊严、公平、正义的理想和决心。② 其次，国际法价值认同人才是具备扎实的研究功底和过硬的实务技能的涉外法律人才，才能通过国家间的交流与借鉴达成理念、观念、法律价值的相互理解和融通，有效促成价值认同。就中国的国际法学研究而言，对中国的传统法律文化研究必不可少，因为要想凝练出具备中国特色或中国元素的符合国际社会发展规律的国际法价值，这需要中国学者认真研究和比较中西

---

① 杨泽伟. 近代国际法输入中国及其影响［J］. 法学研究，1999（5）：122.
② 曾令良. 卓越涉外法律人才培养的"卓越"要素刍议［J］. 中国大学教学，2013（1）：32 - 35.

方文明，推动儒家文明与西方文明之间的国际交流与对话，寻找中国传统法律文化中与现代国际法价值相容的契合点，才能最终让中国传统法律文化中的那些中国元素融入国际主流价值，从而完善现代国际秩序。在国际法实务中，涉外法律人才在国际法律的术语的交流以及国际法律规范的解读中传递着自身法律的信仰、理念及价值，达成与不同法律文化在法学理念、观念、价值等方面的相互理解和融通，进而融入具备中国元素的国际法价值，推动公正、合理的国际法律规范的形成与发展。再次，国际法价值认同人才的认同能力培养包括跨文化解读能力和跨文化沟通能力的培养，因为前者是国际法价值认同的前提，后者是国际法价值认同的关键（前文已述）。最后，国际法价值认同人才是促进法律外交实现其总目标的推动者与实施者，因为法律外交的总目标的实现离不开中国的涉外法律人才在中国的国际法价值认同上的努力。

总之，全球化是一把双刃剑，中国需要抓住时代的机遇构建中国特色的国际法价值认同。跨文化解读和跨文化沟通是促进跨文化认同的前提与关键，可以帮助我们理清思路，辩证理智地指导我们的国际法实践；坚持"和而不同"的认同精神和"求同存异"的认同原则；要预防霸权价值认同，构建主体性认同意识；要坚持传承与创新，突出新时代中国法律文化国际观的独特性与优越性，着力研究中国传统法律文化价值中的和平观、天下观、义利观等符合当今时代发展的因素，并将其凝练和提升，并经反复的实践检验得到国际社会的广泛认可，最终将其融入现有的国际法主流价值体系中；加强国际法人才的跨文化能力的培养，强调涉外法律人才的跨文化能力的重要性。最后，还要做好新时代中国法律文化国际观的对外传播，有利于中国在全球法律文化互动中获取更多文化认同感，争取更广泛的国际支持和认可，有利于中国更进一步融入国际社会，参与、影响甚至塑造国际制度和规则体系，对于中国文化软实力的硬着陆具有极为深远的战略意义。

结　语

一、本研究的主要发现

中国的传统法律文化源于几千年封建统治的积累，伴随西方列强武力打开封闭的国门开始对中国进行殖民统治而逐步瓦解和崩溃，"平等"的条约体制代替了"不平等"的朝贡体制，中国被纳入近代西方国际秩序中，但条约实质上的不平等使得中国开始思考怎样摆脱不平等条约的束缚，同时也开始为成为国际社会独立而平等的一员而努力。第二次鸦片战争的爆发从法律层面上来看也是中西传统法律文化的冲突经积累的爆发，源于西方的国际法体制与东方朝贡体制无法融合。但是如果近代国际法是实质上平等和公正的，中国人民怎会生活在被殖民压迫、列强欺凌的水深火热之中？从近代国际法时期到当代国际法时期，中国开始慢慢从被迫接受和适应国际法，发展到与国际法共同发展与进步，这个对待国际法的心态历程浓缩了中国应对中西法律价值冲突的国际法实践的整幅历史画卷，中国在此过程中不断努力尝试推动国际法更加正义和公平。

全球化时代带来法律全球化趋势，中国也加入全球化进程，不同法律文化之间因全球化而互动频繁，中西法律文化的交流与冲突伴随全球化的深入不断增加，无论在广度还是深度上，冲突都发生了很大的变化，并呈现与以往冲突不同的特征，这成为国际法调整中西法律文化冲突时的显性障碍之一。除此之外还有国际法调整范围的扩大，以及自身发展的滞后性与局限性，这些都是调整中西法律文化冲突的显性障碍。为维护其霸权统治，美国与一些西方国家不遗余力地在各个领域推广被其认为的主流价值体系，并试图挑战和改变原有的部分国际法原则和制度，加深了中国与其他非西方国家的民族认同危机，也导致了国家对于国际法共同价值认同的缺失。美国的霸权行为在所谓的"普适价值"的旗帜下变得极为隐蔽甚至是被其认为完全"正义"，这些都是笔者分析的国际法在调整当今中西法律文化冲突时的隐性障碍。

二、本研究对国际法实践的启示

国际法本身就是西方国家的产物，西方法律文化中的价值体系在国际法中占据主流地位，也伴随全球化进程侵入到国际社会的方方面面。西方所谓的"主流价值"是否放之四海而皆准？各国政治体制、法律文化、道德评价、民族意识各有不同，对"主流价值"会出现不同的解读，在法律全球化过程中，我们需要保持清醒的头脑，辩证而有选择地融入和接受，并适时批判、纠正，积极主动地将具备自身特色和现实意义的价值观融入国际法价值观体系。

任何国家、民族的文化都是在吸收、融合优秀外来文明的基础上发展壮大的，而且，那些善于学习、借鉴优秀外来文明的国家和民族总是能够保持繁荣强盛。在全球化法律文化互动浪潮中，每个法律文化都在历经文化与文化之间的交流与冲突，再从冲突的实践中改良和更新。不能迎合社会发展规律和需要的那部分会被淘汰，部分传统且优秀的部分却能继续发扬，并能在自我改良和更新中历久弥新。在剧烈的法律文化冲突过程中，固有的传统法律文化体系产生了深刻的变化，它逐渐地吸收和融合了外域法律文化的某些因素，导致法律价值取向的巨大转变，进而适应新的社会条件，开始了新的法律文化体系的整合或重建过程，并且由此获得了新的生命力。① 如，自中国加入 WTO，国内对外贸易管理制度与措施必须与世界接轨，都已逐步置于世界贸易组织的各类规则之下。历史表明，文化冲

---

① 公丕祥. 法律文化的冲突与融合：中国近现代法制与西方法律文化的关联考察［M］. 北京：中国广播电视出版社，1993：11.

突与文化压力常常是文化演进与发展的重要动力。正是在文化冲突的过程中，固有的文化体系产生了新的分化，并且在新的基础上走向新的整合。① 也就是说，全球化所带来的不同法律文化之间的冲突，经过充分的调适和整合，将逐渐走向适应和融合。随着全球化的深入发展，国际社会的普遍壮大，代表着各种文明的多元法律文化发生越来越多的相互交流与渗透。作为推动全球治理体系的重要工具和手段，以西方主流价值为中心的国际法无法适应和应对全球治理中日渐增多的挑战，广大国家呼吁全球治理体系的变革。作为新兴的发展中大国，中国在谋求自身发展的同时应承担更多的国际责任，但与此同时，也需要享有与其经济实力相称的话语权和与其日益增长的国际地位相符的话语体系。

在全球化深入发展的今天，传统安全与非传统安全问题，经济领域、社会领域、国际区域等问题不断涌现，冷战思维和强权政治根深蒂固，现行的国际法原则、规则和制度在全球治理进程中暴露出很多不合理性，不能体现当今国际社会结构和力量的深刻变化，不能适应和解决各种全球性挑战。中国在迎来中华民族伟大复兴的历史时期，也迎来了全球治理过程中的很多挑战和机遇。中国在推动全球治理体系变革中要发挥更显著的作用。作为世界第二大经济体，作为一个负责任有担当的大国，习近平主席站在历史和现实的高度，高屋建瓴，提出了"构建人类命运共同体""合作共赢""共商共建共享""新安全观""正确义利观"等一系列新时代中国特色社会主义外交理念。这些新理念、新主张、新倡议引领了人类进步的潮流，构成民族复兴战略思想的一部分，也形成了新时代中国法律文化国际观的重要组成部分。新时代中国法律文化国际观在新的时代背景下孕育而生，蕴含和平观、天下观、义利观等中华优秀传统文化思想精髓，是以"人类命运共同体"为核心价值理念的当代中国法律文化价值体系重构。

三、本研究的不足与展望

国际价值本身具备的开放性和不稳定性特征决定了国际法不会偏离公

---

① 公丕祥. 冲突与融合：外域法律文化与中国法制现代化［J］. 法律科学，1991（2）：3 - 9.

正和正义的道路前行，当代中国领导人提出的国际法理念体现了中国国际法价值观。我们需要深入思考构建中国特色的国际法价值认同的路径。跨文化解读和跨文化沟通能力必不可少，此外还需坚持"求同存异"的原则，构建主体性认同意识，预防霸权价值认同。培养我国涉外人才的跨文化能力也是促进中国特色国际法价值认同的必要路径之一。笔者认为促进中国特色国际法价值认同最为重要的一方面，就是要凝练具备中国特色的国际法价值，在我国传统法律价值中寻找应该是有效的路径之一，找出中国传统法律文化中与当代国际法的相通之处，将之凝练、宣传、推广和反复实践，最终融入到现有的国际法主流价值中去。本书受篇幅、资料搜集、时间精力、学术功底所限，笔者仅就有限的资料基础上提出了相关的思考，论述得并不深入，尚有许多没有得到很好解决的问题，加之这是一个庞大而复杂的学术课题，仅靠笔者的个人力量无法完成，还有待于笔者今后的研究中继续深化和完善，也有待于更多的人参与到这个领域的研究中来。

国际法价值具备开放性特征，并因国际法主体尤其是国际组织的推动使其往正义的方向前行，国际法的不稳定性因素在于大国的特权操纵，这种不稳定性决定了其发展进程的缓慢。国际法价值冲突与价值认同是相伴而生的，国际法价值认同本质上不同于价值趋同，是一种"求同存异"的过程。全球化背景下的国际法认同对于国际关系起着稳定性的作用，又能保证国际交往的有序性。法律文化的互动增加了国际法价值不稳定性，并催生了国际法价值认同问题的出现，主要是民族国家的自我认同与他我认同的对立与统一。促进国际法价值认同是解决中西法律文化冲突的有效保障。

因此，我们需要构建具备中国特色的国际法价值认同。"人类命运共同体"理念是中国国际法理念时代演进的结果，其中包含了"和平共处"理念和"构建和谐世界"理念的代表中国国际观的国际法价值体系。

全球化是一把双刃剑，中国需要抓住时代的机遇构建中国特色的国际法价值认同。构建中国特色国际法价值认同的路径：首先，跨文化解读和跨文化沟通是促进跨文化认同的前提与关键，可以帮助我们理清思路，辩证理智地指导我们的国际法实践。其次，坚持"和而不同"的认同精神和

"求同存异"的认同原则；要预防霸权价值认同，构建主体性认同意识；要坚持传承与创新，突出中国国际法观的独特性与优越性，应着力研究中国传统法律文化价值中的和平观、天下观、义利观等符合当今时代发展的因素，将其凝练和提升为新时代中国法律文化国际观，并经反复的实践检验得到国际社会的广泛认可，最终将其融入到现有的国际法主流价值体系中。最后，还要加强国际法人才的跨文化能力的培养，强调新时代中国法律文化国际观的对外传播的重要性。

参考文献

一、中文

（一）著作

[1] 邓正来. 王铁崖文选［M］. 北京：中国政法大学出版社，2003.

[2] 段洁龙. 中国国际法实践与案例［M］. 北京：法律出版社，2011.

[3] 江河. 国际法的基本范畴与中国的实践传统［M］. 北京：中国政法大学出版社，2014.

[4] 赖骏楠. 国际法与晚清中国［M］. 上海：上海人民出版社，2015.

[5] 李步云. 论人权［M］. 北京：社会科学文献出版社，2010.

[6] 李育民. 近代中外关系与政治［M］. 北京：中华书局，2006.

[7] 林学忠. 从万国公法到公法外交［M］. 上海：上海古籍出版社，2009.

[8] 唐健飞. 国际人权公约与和谐人权观［M］. 北京：社会科学文献出版社，2010.

[9] 田涛，李祝环. 接触与碰撞：16 世纪以来西方人眼中的中国法律［M］. 北京：北京大学出版社，2007.

[10] 王勇. 1972—2007 年中美之间的条约法问题研究［M］. 北京：法律出版社，2009.

[11] 杨泽伟. 国际法史论［M］. 北京：高等教育出版社，2011.

[12] 杨泽伟. 主权论：国际法上的主权问题及其发展趋势研究［M］. 北京：北京大学出版社，2006.

[13] 赵汀阳. 天下体系：世界制度哲学导论［M］. 北京：中国人民大学

出版社，2011.

［14］朱文奇，李强．国际条约法［M］．北京：中国人民大学出版社，2008.

［15］曾令良，冯洁菡．中国促进国际法治报告（2015 年）［M］．北京：社会科学文献出版社，2016.

［16］曾令良，余敏友．全球化时代的国际法：基础，结构与挑战［M］．武汉：武汉大学出版社，2005.

［17］刘进田，李少伟．法律文化导论［M］．北京：中国政法大学出版社，2005.

［18］俞新天．国际关系中的文化［M］．上海：上海社会科学院出版社，2005.

［19］孙国华．市场经济是法治经济［M］．天津：天津人民出版社，1995.

［20］长孙无忌．唐律疏义［M］．北京：中华书局，1983.

［21］张晋藩．中国法律的传统与近代转型［M］．北京：法律出版社，1997.

［22］王绍坊．中国外交史（1840—1911）［M］．郑州：河南人民出版社，1988.

［23］劳特派特．奥本海国际法（上卷第 1 分册）［M］．王铁崖，陈体强，译．北京：商务印书馆，1971.

［24］田涛．国际法输入与晚清中国［M］．济南：济南出版社，2001.

［25］方之光，周衍发，倪友春，等．林氏家藏林则徐使粤两广奏稿［M］．南京：南京大学出版社，1988.

［26］林则徐全集编辑委员．林则徐全集（第 5 册，文录卷）［M］．福州：海峡文艺出版社，2002.

［27］贾桢．筹办夷务始末·同治朝（卷 26）［M］．北京：中华书局，1979.

［28］王铁崖．中外旧约章汇编［M］．北京：生活·读书·新知三联书店，1957.

［29］唐才常．唐才常集［M］．北京：中华书局，1980.

[30] 谭嗣同. 谭嗣同全集（上册）[M]. 北京：中华书局，1981.

[31] 尹新华. 晚清中国与国际公约 [M]. 长沙：湖南人民出版社，2011.

[32] 孙学雷，刘家平. 清代孤本外交档案（第38册）[M]. 北京：全国图书馆文献缩微复制中心，2003.

[33] 惠顿. 万国公法 [M]. 丁韪良，译. 北京：中国政法大学出版社，2003.

[34] 程道德. 近代中国外交与国际法 [M]. 北京：现代出版社，1993.

[35] 章伯锋. 北洋军阀（第五卷）[M]. 武汉：武汉出版社，1990.

[36] 李育民. 中国废约史 [M]. 北京：中华书局，2005.

[37] 叶秋华，王云霞，夏新华. 借鉴与移植：外国法律文化对中国的影响 [M]. 北京：中国人民大学出版社，2012.

[38] 夏勇. 人权概念起源 [M]. 北京：中国政法大学出版社，1992.

[39] 徐显明. 国际人权法 [M]. 北京：法律出版社，2004.

[40] 周琪. 人权与外交 [M]. 北京：时事出版社，2002.

[41] 刘金质. 美国国家战略 [M]. 沈阳：辽宁人民出版社，1997.

[42] 吴忠希. 中国人权思想史略 [M]. 上海：学林出版社，2004.

[43] 路易斯·亨金. 国际法：政治与价值 [M]. 张乃根，马忠法，罗国强，等译. 北京：中国政法大学出版社，2005.

[44] 李浩培. 条约法概论 [M]. 2版. 北京：法律出版社，2003.

[45] 中国社会科学院近代史研究所. 顾维钧回忆录（第十二分册）[M]. 北京：中华书局，1990.

[46] 张曙光，周建明. 中美"解冻"与台湾问题：尼克松外交文献选编 [M]. 香港：中文大学出版社，2008.

[47] 冈栋俊，陈友. 美国对华政策50年 [M]. 广州：广东人民出版社，2001.

[48] 陶文钊. 中美关系史（下卷）[M]. 上海：上海人民出版社，2004.

[49] 项立岭. 中美关系史全编 [M]. 上海：华东师范大学出版社，2002.

[50] 席来旺. 美国的决策及其中国政策透析 [M]. 北京：九洲图书出版社，1999.

［51］信强．"半自主"国会与台湾问题：美国国会外交行为模式［M］．上海：复旦大学出版社，2005.

［52］司马云杰．文化社会学［M］．北京：中国科学文献出版社，2001.

［53］杨国华．美国贸易法"301条款"研究［M］．北京：法律出版社，1998.

［54］陈福利．中美知识产权WTO争端研究［M］．北京：知识产权出版社，2010.

［55］钱穆．国史大纲［M］．北京：商务印书馆，2010.

［56］王玮，戴超武．美国外交思想史［M］．北京：人民出版社，2007.

［57］孙哲．美国国会研究Ⅰ［M］．上海：复旦大学出版社，2002.

［58］李惠斌．全球化与公民社会［M］．桂林：广西师范大学出版社，2003.

［59］邓正来．谁之全球化？何种法哲学？：开放性全球观与中国法律哲学建构论纲［M］．北京：商务印书馆，2009.

［60］郭守兰，曹全来．西方法文化史纲［M］．北京：中国法制出版社，2007.

［61］高鸿钧．法治：理念与制度［M］．北京：中国政法大学出版社，2002.

［62］劳伦斯·M.弗里德曼．法律制度：从社会科学的角度观察［M］．李琼英，林欣，译．北京：中国政法大学出版社，2004.

［63］米健，等．澳门法律［M］．北京：中国友谊出版公司，1996.

［64］俞可平，黄卫平．全球化的悖论：全球化与当代社会主义、资本主义［M］．北京：中央编译出版社，1998.

［65］吉尔伯特·罗兹曼．中国的现代化［M］．陶骅，等译．上海：上海人民出版社，1989.

［66］公丕祥．法律文化的冲突与融合：中国近现代法制与西方法律文化的关联考察［M］．北京：中国广播电视出版社，1993.

［67］卓泽渊．法的价值论［M］．北京：法律出版社，1999.

［68］范忠信．中西法文化的暗合与差异［M］．北京：中国政法大学出版

社，2001.

[69] 赵震江，付子堂. 现代法理学 [M]. 北京：北京大学出版社，1999.

[70] 高岚君. 国际法的价值论 [M]. 武汉：武汉大学出版社，2006.

[71] 埃米尔·涂尔干. 社会分工论 [M]. 渠东，译. 北京：生活·读书·新知三联书店，2000.

[72] 安东尼·吉登斯. 现代性与自我认同：现代晚期的自我与社会 [M]. 赵旭东，方文，译. 北京：生活·读书·新知三联书店，1998.

[73] 罗兰·罗伯森. 全球化：社会理论和全球文化 [M]. 梁光严，译. 上海：上海人民出版社，2000.

[74] 中华人民共和国外交部条约法律司. 中国国际法实践案例选编 [M]. 北京：世界知识出版社，2018.

[75] 谢晖. 徘徊的思想 [M]. 北京：中国法制出版社，2020.

[76] 孙玉荣. 古代中国国际法研究 [M]. 北京：中国政法大学出版社，1999.

[77] 亨利·基辛格. 世界秩序 [M]. 胡利平，林华，译. 北京：中信出版集团，2015.

[78] 费正清. 美国与中国 [M]. 4版. 张理京，译. 北京：世界知识出版社，1999.

[79] M. 阿库斯特. 现代国际法概论 [M]. 汪瑄，朱奇武，余叔通，等译. 北京：中国社会科学出版社，1981.

[80] 陈延嘉，王同策，左振坤. 全上古三代秦汉三国六朝文（第一册）[M]. 石家庄：河北教育出版社，1997.

[81] 格伦顿，戈登，奥萨魁. 比较法律传统 [M]. 米健，贺卫方，高鸿钧，译. 北京：中国政法大学出版社，1993.

[82] H. W. 埃尔曼. 比较法律文化 [M]. 贺卫方，高鸿钧，译. 北京：清华大学出版社，2002.

[83] 科斯塔斯·杜兹纳. 人权与帝国：世界主义的政治哲学 [M]. 辛亨复，译. 南京：江苏人民出版社，2010.

[84] 保罗·卡恩. 法律的文化研究 [M]. 康向宇，译. 北京：中国政法

大学出版社，2018．

[85] 狄百瑞．东亚文明：五个阶段的对话［M］．何兆武，何冰，译．南京：江苏人民出版社，1996．

[86] 马士．东印度公司对华贸易编年史（1935—1834 年）第一、二卷［M］．广州：中山大学出版社，1991．

[87] 克劳塞维茨．战争论：第一卷［M］．北京：商务印书馆，1978．

[88] 约瑟夫·塞比斯．耶稣会士徐日升关于中俄尼布楚谈判的日记［M］．北京：商务印书馆，1973．

[89] 牛创平，牛冀青．近代中外条约选析［M］．北京：中国法制出版社，1998．

[90] 白桂梅．国际人权与发展：中国和加拿大的视角［M］．北京：法律出版社，1998．

[91] 廖诗平．条约冲突基础问题研究［M］．北京：法律出版社，2008．

[92] 胡文仲．跨文化交际学概论［M］．北京：外语教学与研究出版社，1999．

[93] 宋濂．元史（上）［M］．长沙：岳麓书社，1998．

[94] 王铁崖．国际法［M］．北京：法律出版社，1999．

[95] 蔡从燕．类比与国际法发展的逻辑［M］．北京：法律出版社，2012．

（二）期刊

[1] 陈茂荣．论"民族认同"与"国家认同"［J］．学术界，2011（4）．

[2] 丛培影，黄日涵．美国对华人权外交的演变及实质［J］．国际关系学院学报，2011（2）．

[3] 房广顺，郑宗保．西方国家推行人权双重标准的做法与实质［J］．思想理论教育导刊，2012（11）．

[4] 冯伟业，卫平．中美贸易知识产权摩擦研究：以"337 调查"为例［J］．中国经济问题，2017（2）．

[5] 韩琴．论林则徐摘译国际法的选择性［J］．福建师范大学学报（哲学社会科学版），2008（4）．

[6] 何志鹏．从"和平与发展"到"和谐发展"：国际法价值观的演进与中

国立场调适 [J]. 吉林大学社会科学学报, 2011, 51 (4).

[7] 李俊, 崔艳新. 新一轮国际知识产权规则重构下的中国选择: 以知识产权强国建设为目标 [J]. 知识产权, 2015 (12).

[8] 苏菲. 美国国别人权报告的前世今生 [J]. 学习月刊, 2011 (9).

[9] 苏长和. 和平共处五项原则与中国国际法理论体系的思索 [J]. 世界经济与政治, 2014 (6).

[10] 万方, 屈琦. WTO 争端解决机制下的中美贸易摩擦研究 [J]. 商场现代化, 2013 (18).

[11] 易显河. 多样性的内在价值和工具价值及相关冲突的解决: 一些哲学和法律的思考 [J]. 法学评论, 2010 (6).

[12] 余丰泳. 西方人眼中的中国法律 [J]. 浙江人大, 2015 (4).

[13] 张乃根. "一带一路" 倡议下的国际经贸规则之重构 [J]. 法学, 2016 (5).

[14] 曾令良. 卓越涉外法律人才培养的 "卓越" 要素刍议 [J]. 中国大学教学, 2013 (1).

[15] 曾令良. 国际法治与中国法治建设 [J]. 中国社会科学, 2015 (10).

[16] 杨泽伟. 新时代中国国际法观论 [J]. 武汉科技大学学报 (社会科学版), 2020 (5).

[17] 徐宏. 人类命运共同体与国际法 [J]. 国际法研究, 2018 (5).

[18] 梁治平. 比较法与比较文化 [J]. 读书, 1985 (9).

[19] 梁治平. 中国法的过去、现在与未来: 一个文化的检讨 [J]. 比较法研究, 1987 (2).

[20] 张中秋. 人与文化和法: 从人的文化原理看中西法律文化交流的可行与难题及其克服 [J]. 中国法学, 2005 (4).

[21] 高鸿钧. 法律文化的语义、语境及其中国问题 [J]. 中国法学, 2007 (4).

[22] 李胜渝. 中国近代国际法探源 [J]. 四川教育学院学报, 2001 (7).

[23] 守肃. 论国际公法关系中国之前途 [J]. 北京: 政法学报, 1903 (3).

[24] 李世安．历史学与国际关系学：略论国际关系研究中的几个重要问题 [J]．河南师范大学学报，2004（1）．

[25] 朱景文．古代中国的朝贡制度和古罗马的海外行省制度：中华法系和罗马法系形成的制度基础 [J]．法学杂志，2007，28（3）．

[26] 杨泽伟．近代国际法输入中国及其影响 [J]．法学研究，1999（5）．

[27] 张劲草．林则徐与海难救助 [J]．福建论坛（人史哲），1984（4）．

[28] 王攻黎．国际法观念与近代中国法律改制 [J]．郑州大学学报（哲学社会科学版），2003（4）．

[29] 宝成关，田毅鹏．从"甲午"到"庚子"：论晚清华夷观念的崩溃 [J]．吉林大学社会科学学报，2002（1）．

[30] 田涛．19世纪下半期中国知识界的国际法观念 [J]．近代史研究，2000（2）．

[31] 张建华．孙中山与不平等条约概念 [J]．北京大学学报（哲学社会科学版），2002（2）．

[32] 王建朗．中国废除不平等条约的历史考察 [J]．历史研究，1997（5）．

[33] 时殷弘，吕磊．美国对华态度与中国之加入国际社会：一个半世纪的历史概观 [J]．太平洋学报，1995（3）．

[34] 黄进．百年大变局下的国际法与国际法治 [J]．交大法学，2023（1）．

[35] 周尊南．我国对外政策调整的理论基础：学习邓小平同志的外交思想 [J]．外交学院学报，1988（1）．

[36] 罗艳华．论中美人权之争的根源与特性 [J]．山西大学学报（哲学社会科学版），2007（3）．

[37] B. A. 卡尔塔希金，韩延龙．人权与国际意识形态斗争 [J]．环球法律评论，1987（4）．

[38] 姜安，王亚范．意识形态与美国对华人权政策 [J]．北华大学学报（社会科学版），2006（5）．

[39] 袁枚仁，梁家峰．中西法律价值观比较的哲学反思 [J]．北京师范大

学学报（人文社科版），2000（3）.

［40］郭永虎，王禹．美国国会涉华人权立法活动的历史演进、特征及影响
［J］．统一战线学研究，2022（3）.

［41］李燕飙，许妙．中美战略博弈下的美国对华人权制裁：法理批驳与中
国因应［J］．统一战线学研究，2023（3）.

［42］王秀梅．试论国际法之不成体系问题：兼及国际法规则的冲突与协调
［J］．西南政法大学学报，2006（8）.

［43］徐崇利．国际经济法律冲突与政府间组织的网络化：以世界贸易组织
为例的研究［J］．西南政法大学学报，2005（5）.

［44］张阳．反补贴法律问题研究［J］．山东商业职业技术学院学报，
2006，（2）.

［45］卿志军．标签化：负面新闻对事件形象污名化的策略［J］．当代传
播，2014（5）.

［46］余敏友，廖丽，褚童．知识产权边境保护：现状、趋势与对策［J］.
法学评论，2010（1）.

［47］张潇剑．全球化与国际法［J］．中国青年政治学院学报，2008（1）.

［48］尹伊君．文明进程中的法治与现代化［J］．法学研究，1999（6）.

［49］公丕祥．冲突与融合：外域法律文化与中国法制现代化［J］．法律科
学，1991（2）.

［50］曾令良．当代国际法视角下的和谐世界［J］．法学评论，2008（6）.

［51］刘锦．二十一世纪法律研究的一个新课题：法律全球化［J］．中国法
学，1999（6）.

［52］梁西．国际法律秩序的呼唤："9·11"事件后的理性反思［J］．法学
评论，2002（1）.

［53］卓泽渊．法律全球化解析［J］．法学家，2004（2）.

［54］罗国强．论当代国际法基本价值之构建［J］．南通大学学报，2015
（1）.

［55］贾英健．认同的哲学意蕴与价值认同的本质［J］．山东师范大学学报
（人文社会科学版），2006（1）.

［56］ 王成兵．对当代认同危机问题的几点理解［J］．北京师范大学学报，2004（4）．

［57］ 杨泽伟．新中国国际法学 70 年：历程、贡献与发展方向［J］．中国法学，2019（5）．

［58］ 曲星．人类命运共同体的价值观基础［J］．求是，2013（4）．

［59］ 王庆新．儒家王道理想、天下主义与现代国际秩序的未来［J］．外交评论，2016（3）．

［60］ 汤岩．古代中国主导的国际法：理念与制度［J］．中南大学学报（社会科学版），2015（5）．

［61］ 何志鹏，孙璐．中国与国际法治的完善：历史分析与未来评估［J］．法治研究，2015（3）．

［62］ 王玫黎，谭畅．冲突与协调：安理会与国际法院的关系新论［J］．西南政法大学学报，2012（5）．

（三）学位论文

［1］ 王晓广．全球化背景下中西法律文化冲突论纲［D］．长春：吉林大学，2009.

［2］ 彭建程．美国对华贸易政策演变研究（2008—2018）［D］．沈阳：辽宁大学，2019.

［3］ 王芳．美国国会与美国对华人权外交政策（1980—2003）：案例的分析［D］．上海：复旦大学，2015.

［4］ 龚雪．贸易壁垒调查制度比较研究［D］．重庆：西南政法大学，2009.

［5］ 王瑞杰．美国国会与中美知识产权问题研究 1989—2005［D］．上海：复旦大学，2007.

［6］ 张婧仪．论法律趋同：从历史演进的角度分析［D］．南京：南京师范大学，2011.

［7］ 李贵武．当代国际法价值问题研究［D］．大连：大连海事大学，2007.

［8］ 王宇航．中国国际法观念变迁研究［D］．北京：对外经济贸易大学，2022.

［9］ 乔泰运．天下体系与中国的世界理想［D］．北京：中共中央党

校，2014.

（四）网络资源

［1］国纪平. 为联合国崇高事业不断作出新的更大贡献：在中华人民共和国恢复联合国合法席位 50 周年之际［EB/OL］.（2021 – 10 – 25）［2023 – 08 – 26］. https：//www. gov. cn/xinwen/2021 – 10/25/content_5644704. htm.

［2］中国外交部. 2022 年中国对外缔结条约情况［EB/OL］.（2023 – 08 – 03）［2024 – 05 – 13］. http：//newyork. fmprc. gov. cn/ziliao_674904/tytj_674911/tyfg_674913/202308/t20230803_11121839. shtml.

［3］习近平. 共同构建人类命运共同体：联合国日内瓦总部的演讲［EB/OL］.（2017 – 01 – 18）［2023 – 08 – 26］. http：//news. xinhuanet. com/world/2017 – 01/19/c_1120340081. htm.

［4］中央政府 30 多年来投入 14 亿余元维修西藏文物和重点寺庙［EB/OL］.（2015 – 09 – 16）［2023 – 08 – 26］. https：//www. gov. cn/xinwen/2015 – 09/06/content_2925609. htm.

［5］美国称不在联合国人权委员会上提出反华提案［EB/OL］.（2003 – 04 – 12）［2023 – 08 – 26］. https：//www. chinanews. com/n/2003 – 04 – 12/26/293688. html.

［6］李云龙. 美国没有资格在人权问题上对中国说三道四［EB/OL］.（2016 – 03 – 14）［2023 – 08 – 26］. http：//www. xinhuanet. com//world/2016 – 03/14/c_128796985. htm.

［7］新华社. 中华人民共和国和美利坚合众国联合公报（八·一七公报）（1982 年 8 月 17 日）［EB/OL］.（2007 – 05 – 24）［2024 – 06 – 11］. https：//www. gov. cn/ztzl/zmdh/content_624349. htm.

［8］高雅. WTO 争端解决机制上诉机构已停摆两年，何时重新运转？未来如何改革？［EB/OL］.（2021 – 12 – 10）［2023 – 08 – 26］. https：//m. yicai. com/news/101254736. html.

［9］习近平. 习近平在和平共处五项原则发表 60 周年纪念大会上的讲话（全文）［EB/OL］.（2014 – 06 – 28）［2023 – 08 – 26］. http：//

politics. people. com. cn/n/2014/0628/c1024 – 25213331. html.

[10] 江泽民在乔治·布什总统图书馆发表重要演讲 ［DB/OL］. （2002 – 10 –
25） ［2023 – 08 – 26］. http：//news. sina. com. cn/c/2002 – 10 – 25/
0313781879. html.

（五）其他

[1] 田涛. 西方人眼中的中国法律（之七）：英国使节访华未获成功因循守
旧失之交臂 ［N］. 法制日报，2007 – 05 – 13 （13）.

[2] 沈宗灵. 评"法律全球化"理论 ［N］. 人民日报，1999 – 12 – 11
（6）.

[3] 习近平. 携手建设更加美好的世界：在中国共产党与世界政党高层对
话会上的主旨讲话 ［N］. 光明日报，2017 – 12 – 02 （2）.

[4] 王毅. 携手打造人类命运共同体 ［N］. 人民日报，2016 – 05 – 31
（7）.

[5] 曾令良. 推进国际法理念和原则创新 ［N］. 人民日报，2016 – 03 – 28
（16）.

[6] 王铁崖. 中国国际法年刊（1994） ［C］. 北京：中国对外翻译出版公
司，1994.

[7] 王铁崖，陈体强. 中国国际法年刊（1983） ［C］. 北京：中国对外翻
译出版公司，1984.

二、英文

（一）著作

[1] WRIGHT M C. The last stand of Chinese conservation：the T'ung-Chih
restoration 1862—1874 ［M］. Stanford, CA：Stanford University
Press, 1957.

[2] SVARVERUD R. International law as world order in late imperial China
［M］. Leiden：Brill, 2007.

[3] ALVAREZ J E. International organizations as Law-Makers ［M］. New York：
Oxford University Press, 2005.

［4］ SIMPSON G J. Great powers and outlaw states ［M］. Cambridge：Cambridge University Press, 2004.

［5］ YAN X T. Ancient Chinese thought, modern Chinese power ［M］. New Jersey：Princeton University Press, 2011.

（二）期刊

［1］ XUE H Q. Chinese observations on international law ［J］. Chinese journal of international law, 2007, 6 （1）.

［2］ FRIEDMAN L M. Legal culture and social development ［J］. Law and Society Review, 1969 （1）.

［3］ FROST R B J. Intellectual property rights disputes in the 1990s between the People's Republic of China and the United States ［J］. Tulane Journal of International and Comparative Law, 1995 （4）.

［4］ WU X H. No longer outside, not yet equal：rethinking China's membership in the World Trade Organization ［J］. Chinese Journal of International Law, 2011, 10 （2）.

［5］ DOLLAR D. Is China's development finance a challenge to the international order? ［J］. Asian Economic Policy Review, 2018 , 13 （2）.

［3］ ALLAN B B, VUCETIC S, HOPF T. The distribution of identity and the future of international order：China's hegemonic prospects ［ J ］. International Organization, 2018, 72 （4）.

［6］ NIEUWENHUIZEN S V . Australian and People's Republic of China government conceptions of the international order ［J］. Australian Journal of International Affairs, 2019, 73 （2）.

后　记

　　法律与文化的交织是一部民族自我定义和与世界互动的历史。在中国浩瀚的法律河流中，西方法律之水的注入既滋养又冲撞。一个核心问题始终吸引着我：在中西法律文化的碰撞中，中国如何塑造其国际法的面貌？本书正是对这一问题的深入探索。

　　从晚清时期的尝试到现代中国在国际舞台上的自信表达，每个历史节点都深刻影响着中国法律的发展轨迹。在撰写本书的过程中，我试图从每一件法律事件中解读背后的文化对话和较量，这一探索过程无疑充满挑战，但也异常丰富和充满启发性。

　　通过深入研究中西法律的交融与对峙，我逐渐领悟到法律不只是条文的冰冷陈述，而且是鲜活的文化实践。法律的每一次演变都是对社会变革的响应和反映。

　　衷心感谢我的博士导师杨泽伟教授，他的洞察能力和全局观不断激励我深入这一复杂课题。同时也感谢那些与我深入讨论这一主题的学者们，他们的激烈而富有洞见的讨论使本书的论述更加深刻和立体。我还要感谢我的家人，他们的理解和支持是我完成这项研究的坚强后盾。

　　随着这本书即将与读者见面，我感到一种深重的责任——清晰而真实地传达中西法律文化的冲突。在全球化的浪潮中，理解这些差异比以往任何时候都更为重要。同时，我也满怀期待，希望这本书能开启读者对中国在国际法领域行为的新视角，揭示那些隐藏在法律条文背后的文化力量和历史逻辑。

我期待这本书能激发更多的思考和讨论，不仅在学术界，也在更广泛的公众中。这本书不仅是对过去的回顾，更是对未来的深思。未来，我将继续在法律与文化的交汇处探索，因为我坚信，正是在这些交汇点上，我们能找到推动社会前行的钥匙。

感谢每一位读者的陪伴，希望这本书能成为您理解中国以及中国与世界互动方式的窗口。这本书是一次旅程，是对话，也是一个关于可能性和未来的承诺。